人生夢幻絕景

一生至少要去一次的

歐洲最美小鎮

本書所列旅遊相關資訊，以 2020 年 5 月為基準，資訊因時因地會調動，出發前請利用書中的網址再次確認。

歐洲最美小鎮，此生必去的夢想清單！

　　出門旅行，如果是「知名大城市」和「美麗小城鎮」讓我二選一，我會毫不猶豫地選擇小鎮。我覺得造訪一個大城市，往返景點之間得搭地鐵或電車、上下班時間街上摩肩擦踵的人群和車潮，那種都會環境的繁忙壓力，似乎讓人難以放鬆心情旅遊。最重要的一點，歐洲大城市的小偷很多，因此還得努力看緊自己的財物，這樣玩起來真的會心力憔悴！

　　當初起心動念想要寫《歐洲最美小鎮》一書，因為歐洲有太多美麗的私房小景點，也許名氣不如大城市，但是走訪各國的鄉間小鎮，更能深入窺見當地傳統的生活。由於我自己很愛這種小城鎮的氛圍，所以想要推薦給更多人知道！

　　我在歐洲旅居將近 20 年的時間，縱然造訪過無數的城鎮，然而畢竟國家太多，也不可能全部都很熟悉，要囊括如此多國的城鎮，困難度真的很高！因此邀請了曾經跟我一起寫《開始在歐洲自助旅行》的作者 Nancy（鄭明佳），在她的協助下，我們和編輯經歷多次的討論、寫作的方向，千辛萬苦地才完成這本書。

　　《人生夢幻絕景：一生至少要去一次的歐洲最美小鎮》分為六大類主題介紹：遺世獨立山城、絕美濱海小鎮、中古風情小鎮、童話故事小鎮、特殊景觀小鎮、悠閒湖畔小鎮，它可以是有特色的地形景觀，或是宛如童話故事的場景，甚至是保留數百年的古城建築，讓人一看見就會驚嘆連連！並且以「值得去造訪，卻還沒被過度發掘的地方」為訴求，以步行就能造訪的小鎮，介紹每個地方的歷史故事及各具特色的環境、鄉間悠閒生活。另外，我們將小鎮分五顆星、四顆星、超推薦，方便讀者挑選景點，可以列入下次歐洲旅行的清單。

　　當然，歐洲美麗的小鎮太多了，無法完全收錄於一本書內，況且每個人的審美觀不同，喜好各異，我們只能盡量挑選心中最美的小鎮來介紹，希望大家會喜歡，並安排機會造訪！

蘇瑞銘（Ricky）

漫步歐洲秘境，享受旅行的美好！

　　自助旅行是會上癮的！二十幾年前和朋友一起踏上旅程到幾年後自己單飛，旅行模式也由跟隨旅遊書介紹或其他人的足跡，到自己經由旅遊局官網有了初步認識，或抵達當地再到旅遊中心諮詢，亦或是旅途中和來自不同國家的旅人相遇後而對某地方產生興趣，造訪了一個又一個原本不在自己旅行清單的景點，而這些秘境往往更加令人著迷！無論你是跟我一樣喜歡小鎮勝於大城市，亦或是想換換口味走訪美麗村莊，這本書都很適合你！

　　小鎮介紹以歷史背景切入，其過往今來可以讓大家更了解為何同一個國家，只因位處不同區域，其建築風格、文化、飲食習慣，甚或語言都不一樣。我因為不會開車總是依賴公共交通，而深知交通規劃的重要，不管是火車或是搭配巴士，都有詳實的交通方式介紹。歐洲自助在安排交通時最大的困惑應該是同一個地名，怎麼那麼多個車站？到底哪一個才是該下車的站呢？因此特別附上原文站名。另外，歐洲當地交通費幾乎年年漲價，原本就不便宜的價格，相對交通費不算高的台灣人而言是愈來愈感到沉重，因此特別介紹適合小鎮的票券或早鳥票，運用得宜者可省下大筆的交通費。

　　也許有些人因為英文不好而裹足不前，但其實出發前若能詳細的規劃，到了當地再照表操課也能遊刃有餘。部分非英語系國家的小鎮居民，英文並沒有很好，這時候肢體語言和微笑就是最好的溝通工具。當然自助旅行一切靠自己，途中難免遇上交通工具班次延遲或取消，本書也介紹了許多實用 APP 讓你輕鬆應變！

　　小鎮相對大城市而言，除了觀光客較少，還能更加感受不同的文化所帶來的感動。謝謝 Ricky 的邀請，也謝謝編輯素卿在過程中提出許多意見，讓我們三人藉由不斷的討論，激盪出不一樣的火花，期待《人生夢幻絕景：一生至少要去一次的歐洲最美小鎮》一書，可以讓更多讀者享受旅行的美好！

鄭明佳（Nancy）

蘇瑞銘 Ricky

塞米爾 Semur-en-Auxois ／艾日 Èze ／勾禾德 Gordes ／迪南 Dinant ／策馬特 Zermatt ／
貝林佐那 Bellinzona ／格魯耶爾 Gruyère ／羅騰堡 Rothenburg ob der Tauber ／阿貝羅貝洛 Alberobello ／
馬泰拉 Matera ／里奧馬焦雷 Riomaggiore ／伊亞 Oia ／辛特拉 Sintra ／伊比薩 Ibiza ／
克魯姆洛夫 Český Krumlov ／契斯凱布達札維 České Budějovice ／皮蘭 Piran ／莫斯塔 Mostar ／科托 Kotor

鄭明佳 Nancy

科瑪 Colmar ／凱斯堡 Kaysersberg ／里克維爾 Riquewihr ／萊伊 Rye ／巴斯 Bath ／劍橋 Cambridge ／
牛津 Oxford ／拜伯里 Bibury ／水上伯頓 Bourton-on-the-water ／艾登 Edam ／羊角村 Giethoorn ／
根特 Gent ／布魯日 Brugge ／魯汶 Leuven ／那慕爾 Namur ／哈爾施塔特 Hallstatt ／班堡 Bamberg ／
伍茲堡 Würzburg ／歐登塞 Odense ／里伯 Ribe ／卑爾根 Bergen

目　錄

童話故事小鎮

科瑪 Colmar ／凱斯堡 Kaysersberg ／里克維爾 Riquewihr ／拜伯里 Bibury ／水上伯頓 Bourton-on-the-water ／
羊角村 Giethoorn ／羅騰堡 Rothenburg ob der Tauber ／辛特拉 Sintra ／克魯姆洛夫 Český Krumlov ／
契斯凱布達札維 České Budějovice ／莫斯塔 Mostar ／歐登塞 Odense

中古風情小鎮

萊伊 Rye ／巴斯 Bath ／劍橋 Cambridge ／牛津 Oxford ／艾登 Edam ／根特 Gent ／布魯日 Brugge ／
魯汶 Leuven ／那慕爾 Namur ／貝林佐那 Bellinzona ／格魯耶爾 Gruyère ／班堡 Bamberg ／伍茲堡 Würzburg

特殊景觀小鎮

塞米爾 Semur-en-Auxois ／迪南 Dinant ／策馬特 Zermatt ／阿貝羅貝洛 Alberobello ／
馬泰拉 Matera ／科托 Kotor

遺世獨立山城

艾日 Èze ／勾禾德 Gordes

絕美濱海小鎮

里奧馬焦雷 Riomaggiore ／伊亞 Oia ／伊比薩 Ibiza ／皮蘭 Piran ／卑爾根 Bergen

悠閒湖畔小鎮

哈爾施塔特 Hallstatt

行前準備

PRE-TRIP PLANNING

規劃旅程

Step 1 挑選想去的國家或城市

　　每個人的心目中一定都有些想去旅遊的口袋名單，但是這些地點也不是在計畫假期時，隨便從中挑選一個就好，因為還要考量到天氣、治安、預算及簽證等多種因素，這樣才不會讓一趟假期敗興而歸。

　　舉例來說，如果安排在暑假出遊，但你卻是個很怕熱、不喜歡曬太陽的人，那麼像義大利、西班牙、南法這些地區，夏天往往會飆破35度以上的高溫，就要避免在這個季節前往。相反地，倘若你很怕冷，就盡量不要在凜冽的冬季，前往北歐地區或盡是冰天雪地的阿爾卑斯山區。

　　至於大家最關心的治安問題，歐洲哪些國家安全？哪裡是比較危險的地區？整體來說，瑞士、北歐都算挺安全的國家，法國、義大利等國的大城市，就經常有耳聞遊客遭遇扒手的經歷。因此，初次來歐洲自助旅遊的人，最好選擇治安好一點、交通簡單的國家，才不會有太多的突發狀況。再安全的國家都有可能會有小偷出沒，所以出門旅遊時，自己要提高警覺、盡量在天黑之前返回住處，這樣能減少意外的發生。

Step 2 天數的安排

　　來一趟歐洲旅遊，大約要安排幾天的時間？計畫歐洲單國旅遊，建議至少安排2個星期的天數，倘若是想要同時造訪多國的人，那麼最好有3個星期到1個月以上的長假，這樣才不會走馬看花。

　　像倫敦、巴黎這些歐洲的大城市，本身大約得花5～7天的時間才有辦法仔細逛完，至於規模小一點的城市，至少可以安排住個3～4天，定點放射性去周邊的小鎮旅行，這樣才不用像跟團一樣，每天打包行李換住宿，玩起來會很累。

也許有人會認為，難得來歐洲玩一趟，當然就是要把行程排得滿檔，這樣才值回票價。但是，旅行不是要比賽誰去的地方比較多，而是要體驗不同的文化風情、讓自己享受異國度假的氛圍，所以就放慢腳步悠閒地玩吧！

Step 3 交通的考量

在安排行程的時候，有一項重要的因素要列入考慮，就是交通銜接。歐洲的交通網絡四通八達，搭乘火車或是巴士，就能輕易前往其他國家，當然遠一點的也可以搭飛機。萬一交通不便或是不順路的景點，不妨先忍痛放棄，等到下次順路的時候再造訪就好。

▌飛機

歐洲的廉價航空如 easyJet、Ryanair 等早已盛行多年，搭飛機有時候比搭火車還便宜，重點是你要提早搶票。航空公司通常會在 6 ～ 10 個月前就開始預售機票，大致上來說，越早買越容易找到便宜（非必定），但是價格會依據每個航點而變動。

舉例來說，每逢 7 ～ 8 月的暑假期間，歐洲人都一窩蜂地前往希臘、西班牙、義大利等海邊或度假小島享受陽光，像這種時間和地點，沒有提早搶票只會越來越貴。不僅是這些廉價航空，許多其他航空公司也會不定期推出歐陸航線的優惠機票，可以加入各航空公司的會員，就能收到相關的優惠通知。

要提醒大家一點，依據有些航空公司規定，乘客要在搭機前自行上網辦理登機手續，並將登機證列印出來（或是傳到手用 QR Code 掃描），而且很多歐陸的便宜機票是只能攜帶一件手提行李（不限重量）。假使你有過多的行李，請務必記得要事先上網購買，否則在機場臨櫃購買會比較貴（關於歐洲的廉價航空公司，請參閱 P18）。

▌火車

歐洲城市之間的鐵路網非常便利，鄰近國家的各大城市之間，都有直達快車或是夜車，即使是鄉下的偏僻小鎮，幾乎也都可以搭火車抵達。歐洲長途的火車都附有餐車的車廂，不但整體活動空間大，坐累了還能起來走動，論舒適度絕對比搭巴士來得舒服。

基本上，歐洲各城市之間的距離如果在 4 ～ 5 個小時車程之內，以搭火車或是公車為優先考量，超過這個車程距離的才考慮搭飛機。因為搭飛機的話，還要提早 2 個小時前往機場候機，及機場往返市區的交通時間，算一算搭飛機不見得比較快。

▌ 巴士

預算有限、想省旅費的人，可以考慮搭乘聯繫歐陸各大城市的長途巴士，包括 Flixbus、Megabus、Eurolines 等等。這些巴士公司的網絡遍布全歐洲，車票費用也相對的比火車或是機票便宜，但是搭巴士所花的時間長，有時候又是長途的夜車，比較適合吃苦耐勞的年輕族群。

Step 4 旅行實用 APP

網路世界及智慧手機的發達，讓世界各國陸續推出旅遊相關的 APP，推薦下列重要的 APP，讓你只要隨身帶著手機和有網路訊號，旅行將會變得很簡單。

▌ Google

• Google 翻譯

非英語系國家的超市或店家門口的營業時間只看得懂數字，星期幾都看不懂？或是點餐時翻開菜單完全沒有概念怎麼辦？請出 Google 翻譯大師來幫你！甚至還提供拍照功能，輕鬆一拍就翻譯出來。當然機器翻譯還是會有誤差，但至少大方向不會錯，像是不吃牛肉的人，至少不會因為看不懂菜單而不小心點到牛肉料理。可設定下載離線翻譯，網路不通時也沒問題。

• Google Map

不論是找路、搜尋餐廳還是景點導航，都非常實用，出門在外最怕迷路，特別是對方向感不好的人來說它更是救星。到了人生地不熟的地方，想找超市做些補給，或是想上餐廳吃飯，也能用它找到。雖然 Google Map 還有提供查詢大眾運輸的功能，但最好跟當地所推出的交通 APP 做雙重對照比較妥當。

天氣

• BBC weather

全英文版而且準確度也很高的 BBC 氣象，可以查詢兩週內的資訊。除了每小時的預報之外，還有體感溫度及日出日落時間。

• Wetter

查詢天氣的系統，準確度甚高的德國氣象，可以查詢 15 天內的資訊，還有每小時的預報。不侷限於德國地區，世界各國城市都可以查。唯一缺點是僅有德文版，但其實日期和溫度都是數字，使用起來也沒什麼障礙。

訂房

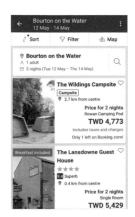

• Booking.com

全球訂房的實用系統 Booking.com，登入會員，搜尋頁面下方有即將入住的訂房資訊。管理訂單更是方便，不管是預訂、取消或是更改日期都能輕鬆完成。搜尋時也可依距離、價格、星級等條件來排序，或是從地圖上所在位置來搜尋，非常的方便。

▌機票

• Skyscanner

大家耳熟能詳的機票比價搜尋引擎 Skyscanner，不但能篩選出便宜航班，還可儲存有興趣的班機資訊，價格變動時會主動通知。出門在外臨時想查航班也沒問題，除了整合全球航班系統之外，也有酒店和租車資訊。

• easyJet

從訂機票、行程管理、預辦登機、航班即時訊息都一目了然，還能透過手機使用電子登機證，操作上既環保又便利。遇到臨時更改機型，需重新辦理登機以便取得新的座位時，有了 APP 在手更是方便。不過有少數歐洲機場尚未使用電子登機證。

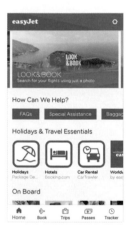

• Ryanair

由於歐美國家環保及節省人事成本的概念，近年來大力推廣電子登機證，從購買機票、航班行程、預辦登機到即時訊息查詢都能透過 APP 來操作，方便又省事。出發前可先將登機證列印出來，不然在機場櫃台列印得花 20 歐元。

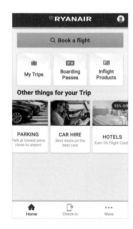

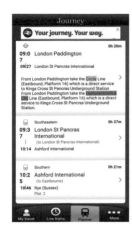

▌交通

● National Rail

英國鐵路交通的系統，可以同時查詢去回程班次。雖然僅能列出火車班次，但是像倫敦有許多個火車站，僅需輸入所在位置的火車站，如果剛好所在位置沒有火車前往想去的地方，會聰明搭配地鐵的時間及路線轉乘。另外，接近發車時間時能查詢到月台資訊，對於趕時間搭車的乘客，比較不會覺得匆忙。線上購票也沒問題。

● SNCB

查詢比利時交通的好工具，包括火車、電車、地鐵及巴士等大眾交通，只要輸入起訖站（地址或站名皆可），便會顯示路線途徑，連步行都能提供。除此之外，在第幾月台搭車、什麼車種及票價全部都查得到。最重要的一點，系統會隨時更新班次時間，萬一火車誤點臨時更換月台，也會立即更新，不用擔心行程被延誤。

於線上所購買的車票，搭車時直接在閘口掃描電子票證即可。另外可將預定行程設為離線閱讀，就算網路不通時也能查詢已存行程。

● 9292

查詢荷蘭交通最實用的軟體，舉凡巴士、火車、輕軌、地鐵、渡輪的路線及班次皆可查詢，僅需輸入起訖點（地址或站名皆可），轉車地點及次數、月台資訊和票價都清楚地陳列出來，操作起來非常簡易。

更貼心的是，火車誤點、巴士早到或晚到等等，全部都同步顯示，因此巴士站牌雖然有固定班表，但自從有了 9292 即時更新之後，路況太好而提早到站，巴士也不會再等時間到才開走。搭巴士的人最好提早 10 分鐘到站等候或是隨時關注 9292。

- **Flybussen**

挪威機場巴士的 APP，除了能夠查詢班次之外，還可以直接購票。凡事講究人工費用的北歐國度，使用 APP 購買車票比櫃台買便宜。

- **DB Navigator**

查詢德國交通的好幫手，舉凡巴士、火車、電車，甚至連步行都能查。僅需輸入起訖點（地址或站名皆可），轉車幾次、火車轉巴士、還是轉其他交通工具，全部自動幫你搭配。該在第幾月台搭車？車種為何？票價多少？全部都查的到，跨國到鄰近其他城市的火車也能查。另外，還能線上購票，節省櫃台排隊的時間及櫃台收取的手續費，甚至有些票種比火車站售票機還便宜，查票時直接出示電子車票更是方便。

德國的交通系統非常複雜，相同路段的不同時段班次，屬於不同票券，買錯票券等同逃票，罰金超高。這 APP 會顯示該班可使用的票券，讓人不會買錯票。

德國人雖然嚴謹，但火車也是時常誤點甚或取消，APP 即時更新讓你隨時掌握相關資訊，不用怕聽不懂月台德文廣播。

- **Traveline**

英國各種交通皆可查詢，特別適合用在科茲窩地區，巴士假日大部分停駛，各種假日傻傻分不清，可利用此 APP 輸入想去的日期，若沒行駛，會秀出下個有行駛日期的班次。唯一缺點是巴士部分僅能查詢一個月內的資訊。

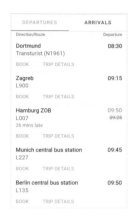

• Flixbus

　　服務範圍遍佈全歐洲的跨國長程巴士，可線上購票，手機直接出示 QR Code 就能搭車，免去臨時想線上購票卻找不到地方列印的窘境，退票及改票也能輕鬆用 APP 搞定。巴士行駛公路難免會有塞車或封路等狀況造成延誤，可以透過 APP 查詢巴士是否準時或變動。

• Vialsace（Fluo Grand Est）

　　不管是鐵路、巴士、開車，甚至步行或騎單車都有建議路線，可說是東法阿爾薩斯地區巴士查詢的好軟體，雖然網路上可以下載巴士時刻表，但此地區的巴士會依學校是否放假而班次不同，除非對當地學校假期很了解，不然很容易搞錯放假和不放假的班次。

　　利用此 APP 查詢時，輸入起訖點和日期時間即可，但假日就查不到班次，並且僅能查一個月內的班次。

• Eurail Rail Planner

　　歐鐵 APP 除了查詢自己國家的班次，還能查歐洲其他國家，集結了各國的火車班次，查詢時會標註該班次是否需要訂位之外，也可利用進階設定來搜尋無需訂位或是 Eurail pass 適用的班次。另外還提供 Eurail pass 使用者的優惠訊息，強制訂位或容易客滿的班次想要訂位，也都可透過此 APP 輕鬆預約。

餐廳或住宿

• Tripadvisor

　　國外指標性旅遊網站的 APP 版，找餐廳或住宿時非常方便，餐廳部分依據餐點類型、菜系、價位做選擇，清楚標示餐廳距離自己的位置有多遠，該餐廳在當地的排名，最重要的是有超多的評價可以參考。住宿則標示和市中心的距離，跟餐廳一樣也有排名和評價讓大家評估。

找洗手間

• Flush

　　相較於台灣或日本，在歐洲旅遊找洗手間似乎沒有那麼方便。臨時覺得內急時，開啟 APP 就會以距離遠近列出周邊的洗手間位置，並可以搭配手機的地圖功能，像是 google map 導航前往。若是使用離線搜尋，導航則視手機有無安裝離線地圖，來判定是否需要網路功能。若發現 APP 上沒有的洗手間也可新增。

　　另外，歐洲有不少洗手間會收使用費，這個 APP 也會顯示收費訊息與是否為無障礙空間，十分方便。

購買機票

如何找到便宜機票

▍ skyscanner

全中文化介面的 skyscanner，可說是方便又好用的機票比價搜尋引擎，包括同點或不同點進出都僅需簡單輸入去回程的城市及日期，就能將國內外傳統及廉價航空公司官網、旅行社和 OTA 在內的網站全部一起比價，最方便的是還能一次列出整個月價格的選項，讓人能輕鬆依票價來選擇出發日期。追蹤票價的功能，在價格變動時會主動通知也很實用。

skyscanner 僅作為搜尋引擎，本身並無銷售機票，而是提供購票網站連結，依所選的價格列出有此金額及座位的網站，進行購票。購票之後若有任何問題，也是直接跟購買的網站連絡，skyscanner 不負任何責任，因此購票的網站要慎選。航空公司官網是最有保障的，次之則為台灣信譽好的知名大型旅行社，OTA 的部分在購票前最好搜尋評價後再下手，以免遇上買了票到機場才發現根本沒有訂位記錄，或者信用卡之後被盜刷的惡夢等等。

所謂 OTA 為線上旅行社（Online Travel Agent）的縮寫，也就是非實體旅行社，所有的交易及連絡都透過網路，方便又省事。但來自不同國家的 OTA 很多，網路上時有所聞 OTA 的交易糾紛、航班改期或取消沒主動通知，萬一出現問題時有可能無法很快找到人解決，亦或是沒有中文客服的國外 OTA，對英文不好的人來說也很困擾。

▍ 訂閱各大航空公司與慣用旅行社的電子報

電子化普遍的時代，不管是航空公司或旅行社都不再僅依賴傳統方式銷售機票，所有第一手特價消息都透過電子報來發送給客戶。隨著多家航空公司經營歐洲航點，競爭愈來愈激烈，每年都會以各種名目做促銷活動，只要訂閱電子報就能輕鬆掌握先機。

價位多少才可以下手

這幾年隨著油價的下跌，加上飛歐洲的航空公司選擇多，航線也很普及，歐洲機票已經不像以前動輒 3 萬 5 千元以上起跳，北歐甚至還要破 4 萬。現今一般而言除非你決定臨時起飛或者是航點相對冷門的，票價才會比較貴，不然通常落在兩萬至兩萬五之間。

若能提早規劃行程，台灣的華航與長榮通常一年至少有兩次大特價，直飛倫敦或阿姆斯特丹才 2 萬不到，維也納、法蘭克福、羅馬 2 萬 2 千元有找，還可以不同點進出，不走回頭路。歐洲航點多到眼花撩亂的荷航及法航也經常聯手促銷，倫敦或阿姆斯特丹一樣 2 萬

不到，其他的城市也都落在 2 萬至 2 萬 5 千元，北歐的哥本哈根、斯德哥爾摩 2 萬 5 千元有找。經香港轉機的國泰、經新加坡轉機的新航、經曼谷轉機的泰航，以及經杜拜轉機的阿聯酋也經常有優惠活動。

特別需要注意的是同一天的經濟艙票價也分成不同等級出售，票價愈低變動性愈低，也就是萬一臨時更改航班或取消都得付出不低的手續費。選擇中國的航空公司，在中國轉機時需要備有台胞證，也可說是票價成本的一部分。

搭配歐洲的內陸航線

從亞洲往返歐洲的來回機票，歷年來最便宜的價位，含稅金至少要 1 萬多台幣起跳，如果你有找到歐洲來回 2 萬台幣之內的票價，馬上下手買就對了。然而，不同城市之間的機票價位，還是會有很大差異。基本上，擁有多家航空公司飛行前往的熱門城市，如倫敦、阿姆斯特丹等地，因為航空公司間彼此有競爭，比較容易出現優惠的票價。

也許你想去的國家（城市）並沒有優惠的機票，不妨先購買一段台灣到歐洲的便宜機票，再自行買歐陸的廉價航空或是搭火車來銜接。這樣不但能省錢，還能順便多玩一個國家。

近幾年經常出現超殺價格的倫敦，就算已經去過英國多次，不打算再順訪也很值得考慮，因為倫敦是 easyJet 的大本營，倫敦出發至歐洲其他航點多到看了眼花撩亂。台北倫敦加上倫敦往返其他城市票價，可能遠比你直接買一張想去的城市的票便宜許多。不過由於倫敦有 6 大機場，購票時要特別注意兩張票的起降機場，若不同機場的話記得把移動時間算好。

另外要提醒大家一點，像歐陸的廉價航空大多不屬於那些主要的航空聯盟，因此不會接受行李和其他的航空公司直掛，而且行李的規定也更嚴格，通常都得額外加買行李。如果是這樣的方式購買機票，一定要注意自己的行李重量及件數。

歐洲廉價航空的遊戲規則

歐洲的廉價航空公司，最主要的有 easyJet、Ryanair，不過大家在訂票之前要先搞懂這些航空公司的遊戲規則，這樣才不會吃虧。不僅廉價航空，近年來許多飛歐陸線的航空公司也學起廉價航空的經營策略，所以訂票前一定要注意。

無法選位置

通常廉價航空在訂票的時候，乘客無法自行事先上網選位置。不過別擔心，在同次訂票的乘客位置都會排在一起，但如果你和朋友是分次購買機票的話，那麼座位就不一定會坐在一起了，地勤也不會幫你更換座位。

如果你想要選某些特殊的座位，例如前排或是安全門的座位（因為空間比較大），那就得額外加錢。另外加錢購買座位，同時享有優先登機的好處，若不想排隊的人不妨考慮一下。

▌ 僅包括一件手提行李

多數的廉價航空公司，限制每位乘客只能拿一件不限重量的手提行李，特別的是女性慣用的隨身包包也得塞進手提行李，包括輪子在內的尺寸，easyJet 要小於 56x45x25cm，Ryanair 則是小於 40x20x25cm，其餘超過的行李都要額外付費。

以 easyJet 為例，上網加購 15 公斤以內的額外行李費用為 6.99 ～ 34.99 英鎊，23 公斤以內的行李費用則為 9.49 ～ 37.49 英鎊，售價會依照航線而變動。如果你沒有事先上網買額外的行李，到了機場櫃檯再買的費用會比較貴。

▌ 更改機票

基本上，這些廉價機票通常非常便宜，有時往返歐洲兩個城市之間的來回票大約才 50 歐元（不到兩千塊台幣），在更改機票的規定上也相對的嚴格。所以在訂票之前，一定要再次確認乘客的姓名拼字及搭機的日期是否正確。

以 easyJet 為例，乘客的名字拼字錯誤，是可以免費修改。但如果是要更換其他航班、轉讓給其他人使用，每一趟則是收取 25 ～ 50 英鎊，因此說不定重新買票還比較划算。

▌ 飲料或食物都要額外付費

廉價航空不會在航程中提供飲料或食物，但是乘客可以在機上自費購買，通常價位還算是在可接受的範圍內。如果你想省錢的話，也能自行攜帶簡單的零食或麵包上機，航空公司並沒有禁止攜帶外食的規定。

▌ 機場的位置

有些廉價航空公司，機場的位置並不是在該城市的主要機場（甚至是在鄰近的城市），尤其歐洲許多大城市都會有好幾個機場，所以搭機之前一定要再次確認自己的航班是從哪個機場起飛，以免錯過了！

規劃住宿地點

在規劃好行程之後，就要預計在哪些地方住宿。以多年在歐洲旅遊的經驗，建議大家定點放射性玩法是最輕鬆的方式。例如來歐洲玩 2 個星期 14 晚的話，可以抓 3～4 個住宿點，這樣才能有充裕的時間造訪每個區域。

挑選住宿地點及城市

住宿地點的選擇，通常可以根據以下幾點來決定：交通便利性、價位、景觀等。如果喜歡逛街購物的人，大城市就是最佳選擇，名牌或是當地品牌的各式專門店及商家應有盡有。但熱鬧的地方就會比較擁擠，價格也相對高檔。

喜歡感受在地傳承文化氛圍的人，小鎮就是最佳選擇，歐洲許多小鎮都很重視在地文化，居民們也樂於保護及傳承，很有可能入住的旅館或民宿就是充滿歷史的建築，小鎮的生活節奏也不似大城市那般快速，可以放慢腳步，深刻感受不一樣的歐洲風情。

交通便利性的部分，若是自駕，選擇的範圍比較廣，也比較容易找到相對低房價的住宿。若依賴公共交通的話，僅能選擇火車或是巴士可以抵達的周邊住宿。一般而言，距離車站愈近房價愈高，走路約 10 到 15 分鐘左右可抵達的房價相對合理。

定點放射性玩法

自助旅行不似跟團，每天都有人幫忙推行李，移動時不管搭飛機、火車、巴士都得靠自己拉著行李上下車。人生地不熟的地方找飯店位置也很花時間，更不用說打包行李了。以兩週的行程來看，可以將行程拆成 3～4 個區域，每個區域找個適中的位置，車程約 2 小時以內的城市住宿，每天悠閒吃完早餐出門，當天來回，可說是最輕鬆的玩法。

旅館 VS 民宿

來歐洲旅遊，該選擇住旅館還是民宿呢？整體來說，歐洲地區旅館的價位比民宿高上許多，通常 3 星級以上的旅館都有一定的水準。至於民宿，雖然比不上富麗堂皇的旅館，也沒有冷氣等空調設備，但是讓旅人比較有居家的溫馨感覺。要提醒大家一點，歐洲的民宿是跟主人同住在一個屋簷下，如果想要體驗國外的生活方式，住民宿倒是不錯的選擇。如果覺得跟民宿主人一起住會不好意思，不妨選擇出租公寓，這樣既保有家的氛圍又不會覺得彆扭。

簽證及保險

簽證

自 2011 年 1 月 11 日起，免簽證方案生效，持台灣護照者可免簽證入境申根成員國家及其他雖非屬申根公約國，也適用以免申根簽證入境。停留日數為任何 180 天內，總計至多不可超過 90 天。另外要注意的是，英國不屬於非申根免簽證的國家，12 個月內停留不超過 6 個月，愛爾蘭則是單次入境停留不超過 90 天。

護照效期至少需 6 個月。離開申根國家當日，護照須仍具有 3 個月以上之效期。若攜未滿 14 歲的兒童同行進入申根區時，必須提供能證明彼此關係的文件或父母（或監護人）的同意書，而且所有相關文件均應翻譯成英文或擬前往國家的官方語言。

保險

旅遊醫療險雖然已經不是免簽入境歐洲的必要條件，惟因歐洲各國醫療費用相對於台灣可說是非常高昂。以奧地利的住院費用為例，一天約需 1000 歐元以上，折合台幣為 3 萬 5 千元（匯率以 1:35 計算），更不用說更高昂的手術費用了。

雖然台灣的全民健保包含國外就醫部分，但並不是全額給付，而是設有上限，僅以國內特約醫院及診所平均費用為最高限額。門診約給付 900 多元、急診約 2850 元、住院約 5650 元。以上述奧地利住院費用為例，一天折合台幣 35000 元，全民健保僅支付 5650 元。可想而知萬一在歐洲旅遊途中突然需要就醫，台灣全民健保的支付根本是杯水車薪。

刷卡支付機票票款也有贈送旅平險，各家銀行給付的內容不同，但不管是哪一家的保險項目或額度都有不足之處，為了因應突如其來的狀況，建議還是在出發前購買適當的保險項目，運用保險來分散風險。

除了基本的意外險及意外醫療之外，建議附加海外突發疾病、緊急救援等等。保安心也保心安，才不會萬一在海外遭逢急難須支付高額的醫療費用時，造成本人及家屬極大的財務負擔。

旅費及兌換貨幣

現金 VS 刷卡

歐洲國家刷卡普及率很高，北歐自 2015 年開始推動無現金政策，至今僅有少數小店或攤販只能現金付款，其他全部都接受信用卡或行動支付。連以前只收現金的民宿，目前都已經可以刷卡了。至於其他歐洲國家，像是英國的市集也可以刷卡、荷蘭許多地方的巴士或路面電車陸續取消現金購票，此時若沒有信用卡連搭巴士都很麻煩。

雖然刷卡很方便，但歐洲有些地區仍然是現金當道，尤其是鄉下的民宿和小商店，包括東法阿爾薩斯的巴士、東歐的攤販。因此除了北歐之外，身上最好同時有現金和信用卡比較好。不過隨身攜帶太多的現金也令人擔心，所以大家出門前可以估算一下必須付現金的民宿（因為金額比較高），以及緊急預備金即可，其他的部分就交給信用卡。萬一現金真的不夠，國外的提款機都能提領當地貨幣，不需要煩惱沒現金的問題。

刷卡的好處是不用帶鉅額現金在身上，降低被扒的風險，而且花多少刷多少，不用煩惱多換或是少換現金。尤其是多國旅遊，一次得帶各種不同貨幣在身上也相當麻煩，因此能刷卡的情況下就盡量使用信用卡消費吧。否則換太多外幣，剩下的錢回國後還得跑銀行換回台幣，每兌換一次就會損失了一筆匯差及手續費。

歐洲有些國家刷卡並不是像台灣一樣用簽名的方式，而是要自行在刷卡機輸入密碼，大家出發前記得打電話去銀行的客服中心申請一組四位數字的密碼，跟預借現金密碼是一樣。但只要是在刷卡機上使用，而非使用提款機領出現金，就不會變成手續費不低的預借現金。可以的話，最好 VISA 及 MASTER 各帶一張，盡量不要同家銀行，以防遇上刷不過時，還有另一張可以派上用場。

雖然國外刷卡需交易手續費，感覺上似乎用現金比較划算，但是現在好多銀行都推出《國外刷卡優惠方案》的信用卡，不但在國外刷卡的手續費會退還，還能賺取其他的回饋。以台新銀行的 Richart Fly Go 為例，採用電子帳單取代傳統紙本帳單就能免年費，如果信用卡綁定數位帳戶扣款，則享有海外消費 2.8% 的現金回饋（無額度上限）；元大鑽金卡不需任何綁定，海外消費就有 2.2% 的回饋。至於匯豐的現金回饋御璽卡，只要年消費滿 12 次，就有次年免年費的優惠，海外消費的回饋也高達 2.22%。刷卡其實非常划算（各家銀行信用卡活動可能會隨時間而更動，建議出發前先行查詢）！

刷卡時，如果被店家詢問要使用何種幣別支付時，建議都以「當地貨幣」為準，而不要以「台幣」計費，因為採用「DCC」動態貨幣轉換機制的關係，通常以台幣結帳的匯率都不會太好。

經常前往歐元區的人，也可以考慮提供歐元計價的雙幣卡，平常趁歐元低點時分批換入，當做存旅遊經費。等到前往歐洲刷卡時，就能直接刷歐元，帳單也是從歐元帳戶扣款。目前台灣歐元的雙幣卡，不是需要年費就是要達一定消費金額，次年才能免年費，唯有永豐銀行僅需申請電子帳單就能免年費，海外消費 2% 回饋，扣除國外交易手續費 1.5%，還有 0.5% 回饋。

至於現金面額的部分，盡量不要兌換額度太高，有些店家超過 100 歐元的鈔票就不願意收了。舉例來說，東法阿爾薩斯地區的巴士採上車時現金購票，提供找零，但只收面額 20 歐元以下；而且不管幾個人一起購票，就算票價加起來超過 20 歐，也無法使用面額 50 歐購票。

國外提領現金

前往的國家如果以現金為主要交易，或是長時間的旅行，身上帶太多錢風險很大；或者信用卡刷不出來，身上現金又不夠時，就得靠國外提領現金來解套了。另外，旅遊國家的貨幣在台灣無法兌換，得攜帶歐元或美元等國際貨幣前往當地兌換的話，等於兩次匯兌損失。到國外直接提領現金，雖然要支付手續費，搞不好還比較划算。不過，有時難免會發生金融卡在國外無法提款的窘境，或是較偏遠的地區，可能也很難找到 ATM 提款機，所以最好還是不要完全依賴比較好。國內各大銀行都提供國外提領現金的功能，以下幾點要特別注意：

1. 確認自己所持有的銀行金融卡背面是否有「PLUS」或「Cirrus」的標誌。
2. 確認需支付的手續費，各家收取標準不同。通常為一筆固定的，約台幣 70 ～ 100 元，加上提領金額的 1 ～ 1.55%，還有每日及每次可提領的上限，每日約折合台幣 10 ～ 15 萬，每次約折合台幣 2 ～ 3 萬。由於每次提領都有一筆固定費用，因此領的金額若不夠多，則相對手續費成本較高。
3. 使用前需在台灣前往所持有之金融卡的銀行，臨櫃開通金融卡的跨國提款功能，開通的同時設定磁條密碼，大多數為 4 位數，依照各家銀行有所不同。
4. 出發前確認帳戶裡有足夠金額，不然也無法提領。
5. 國外也經常出現一些 ATM 詐騙，會竊取金融卡資訊，因此盡可能使用銀行、火車站、機場、大規模商場裡的 ATM，其他的盡量避免使用。

西歐 最美小鎮

WESTERN EUROPE

萊伊 Rye・巴斯 Bath・劍橋 Cambridge・
牛津 Oxford・拜伯里 Bibury・
水上伯頓 Bourton-on-the-Water

艾登 Edam・
羊角村 Giethoorn

北海

英國
United Kingdom

荷蘭
Netherlands

英吉利海峽

比利時
Belgium

法國
France

根特 Gent・布魯日 Brugge・
魯汶 Leuven・那慕爾 Namur・
迪南 Dinant

科瑪 Colmar・凱斯堡 Kaysersberg・
里克維爾 Riquewihr・
塞米爾 Semur-en-Auxois・艾日 Èze・
勾禾德 Gordes

英國拜伯里小鎮

法 國
FRANCE

巴黎●
Paris

里克維爾
Riquewihr

凱斯堡●●
Kaysersberg

●科瑪
Colmar

塞米爾 ●
Semur-en-Auxois

● 勾禾德
Gordes

艾日●
Èze

26

基本資訊

» 參觀時間　　1 天
» 鄰近機場　　法瑞德邊境歐洲機場（EuroAirport
　　　　　　　Basel-Mulhouse-Freiburg）
» 鄰近城市　　史特拉斯堡（Strasbourg）、
　　　　　　　巴黎（Paris）

●巴黎　　　　　　　史特拉斯堡●
　　　　　　　　　　科瑪●
　　　　　法瑞德邊境歐洲機場✕

» 交通方式

1. 法瑞德邊境歐洲機場入境時，移民官蓋完章後有
　左右兩個入口，走左邊法德的入口（上面標示著 Mulhouse 和 Frieburg 方向），
　搭機場巴士至 Saint Louis，轉火車前往 Gare SNCF Colmar 車站，約 1 小時。

2. 從史特拉斯堡搭火車前往 Gare de Colmar 車站，約 30 ～ 45 分鐘。

3. 從巴黎東站（Gare de l'Est）搭乘快速火車直達，或經史特拉斯堡轉車前往 Gare de
　Colmar 車站，約 2 小時 30 分鐘。

科瑪位於法國東部阿爾薩斯區（Alsace），直到中世紀時才開始發展，在 13 世紀成為神聖羅馬帝國的帝國城市。15 及 16 世紀可說是農業、貿易及葡萄酒釀造都蓬勃發展的黃金年代，興建許多傑出的建築及豪宅，進而成為阿爾薩斯地區的葡萄酒貿易中心。

但隨之而來的三十年戰爭引發巨大震盪，城市也遭到破壞，期間還曾短暫被瑞典統治過。隨即在法國國王的保護之下，繼續保有其帝國城市地位，1678 年升格成為法國的皇家城市。

普法戰爭後被德國併吞，直到第一次世界大戰德國戰敗才又回到法國手中。第二次世界大戰時又歸德國所有，二戰結束德國戰敗，科瑪再度回歸法國直到今日。歷史上數度易主，對文化造成深遠的影響，不管是建築或飲食都融合德法風格。二戰期間雖歷經戰火摧殘，但舊城區的中世紀建築大部分保存良好。

小鎮不大，以其保存完好的老城區及眾多建築地標而吸引各國觀光客前來，2018 年獲得歐洲最佳旅遊景點第三名。遊客可輕鬆地漫步在彷彿童話世界的街道上，也能搭乘可愛的觀光火車來趟懷舊之旅，約 35 分鐘的車程帶你認識主要景點，並還提供中文的語音導覽。

這裡距離阿爾薩斯葡萄酒之路（Route des vins d'Alsace）中心點不遠，也是不開車的自助旅者，搭乘巴士前往臨近小村莊最方便的地方，旅遊中心可以免費索取巴士時刻表及相關旅遊資訊。

1 菩提樹下博物館 Musée d'Unterlinden
STAY 90分鐘

Rue Kléber

2 人頭屋 La Maison des Têtes
STAY 20分鐘

Rue des Serruriers

Grand Rue

Rue des Marchands

5 聖馬丁學院教堂 Collégiale Saint-Martin
STAY 60分鐘

4 菲斯特屋 Maison Pfister
STAY 20分鐘

3 巴多第博物館 Musée Bartholdi
STAY 60分鐘

● Restaurant La Soï

Au Koïfhus ●

6 舊海關大樓 Koïfhus
STAY 20分鐘

Rue des Tanneurs

Rue des Écoles

7 傳統室內市集 Marché couvert
STAY 60分鐘

8 小威尼斯 La Petite Venise
STAY 60分鐘

參觀重點

1 / 菩提樹下博物館
Musée d'Unterlinden

博物館坐落於科瑪旅遊中心對面，建於 13 世紀，前身為一座女修道院，因為位於菩提樹下而得名。館內展出中世紀晚期及文藝復興時期的畫作、雕塑、手工藝品、裝飾藝術、考古藝術及現代藝術等等，橫跨了歷史、藝術及設計不同領域，另外還有不定期舉辦的特展。館內最傑出的展品為畫家 Matthias Grünewald 及雕刻家 Nikolaus Hagenauer，根據聖經故事所描繪耶穌一生的祭壇畫 Isenheim Altarpiece。

博物館無論是建築本身或收藏都是科瑪歷史的一部分，2015 年進行整修及擴建，乃是法國境內除了巴黎以外參觀人數排名第二的博物館。

✆ INFO

地址　1, rue d'Unterlinden, 68000 Colmar
網站　musee-unterlinden.com
價位　成人 13 €、12 ～ 17 歲或 30 歲以下持有學生證 8 €、65 歲以上 11 €、12 歲以下免費。家庭票（2 位成人＋ 2 ～ 5 位小孩）35 €
時間　週三～週一 9:00 ～ 18:00，週二休館，每月的第一個週四 9:00 ～ 20:00，1/1、5/1、11/1、12/24、12/25、12/31 休館

官網

地圖

2／人頭屋
La Maison des Têtes

　　興建於 1609 年的人頭屋，位於 14 世紀的古街道人頭街（Rue des Têtes）上；山形牆裝飾著 105 個頭顱雕刻，立面的凸窗頂端還有個陽台，在許多半木結構建築的市區中顯的特別搶眼。屋頂的青雕像則是出身科瑪、也是美國紐約自由女神像的創作者巴多第（Frédéric Auguste Bartholdi）的作品。曾為葡萄酒交易中心，現今為飯店，不住宿也可在仍然保留文藝復興風格設計的一樓餐廳享用傳統佳餚。

INFO

地址　19 Rue des Têtes, 68000 Colmar
網站　maisondestetes. com/fr/

官網　　　　地圖

3／巴多第博物館
Musée Bartholdi

INFO

地址　30 rue des Marchands, 68000 Colmar
網站　musee-bartholdi.fr
價位　成人 6.7 €、12 ～ 17 歲或 65 歲以上 5 €、家庭票（2 位成人＋ 2 ～ 5 位小孩）15 €、11 歲以下免費
時間　3 ～ 12 月週二～日 10:00 ～ 12:00、14:00 ～ 18:00，週一休館
　　　1 ～ 2 月、5/1、11/1、12/25 休館

官網　　　　地圖

　　活躍於 19 世紀的雕塑家：巴多第，出生於科瑪，因此小鎮上有許多他的雕塑作品。為了紀念他，在 1922 年將其位於熱鬧的商人街（Rue des Marchands）上的故居設成博物館，展出過去他所使用的家具與收藏的紀念品、素描及繪畫，還有 60 幾件在世界各地的雕塑模型。三樓展出自由女神像的雕塑模型、等同巨大真像左耳一半大小的耳朵雕塑，及其艱鉅的完工過程。

4 / Maison Pfister
菲斯特屋

菲斯特屋位於 Mercière 和 Marchands 兩條街的轉角處，距離市中心歷史悠久的大教堂僅有幾步之遙，是科瑪保存至今最漂亮的宅邸之一，同時也是熱門的地標。1537 年由帽商 Louis Scherer 出資建造，得名自19 世紀出資修復並入住五十幾年的家族。

即使是文藝復興時期的代表建築，仍然保有中世紀元素的木造結構。精緻雕刻的木製陽台與突出的窗櫺，是這棟房屋最特別之處，尤其窗櫺上彩繪著 16 世紀德國皇帝和聖經中的人物場景，更是維妙維肖。此建築也是日本宮崎駿動畫《霍爾的移動城堡》（ハウルの動く城）的參考藍圖，吸引無數動畫迷前來朝聖。

〰 **I N F O**

地址　11 Rue des Marchands, 68000
　　　Colmar

地圖

---

5 / Collégiale Saint-Martin
聖馬丁學院教堂

教堂建於 1235 ～ 1365 年間，是阿爾薩斯地區（Alsace）哥德式建築的代表，也可說是科瑪的地標之一。1572 年的一場大火中，南塔的結構和環狀屋頂遭受嚴重的破壞，修復時保留了哥德式的風格，加上文藝復興的元素。由於採用黃色砂岩所建，在陽光照射下更顯得燦爛奪目。

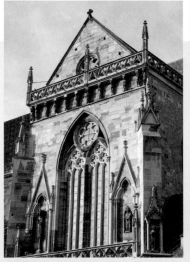

教堂內部最引人注目的是中殿13 世紀的彩色玻璃窗，描繪了最後的晚餐、亞伯拉罕、利亞升天等聖經故事。規模如主教座堂般的莊嚴壯觀，對科瑪人而言聖馬丁學院教堂就是他們心目中的大教堂，並在 1840 年被列為國家古蹟。

〰 **I N F O**

地址　18 Place de la Cathédrale, 68000
　　　Colmar
價位　免費
時間　8:00 ～ 18:30，週日中午過後才開放

地圖

6 / Koïfhus
舊海關大樓

興建於 1480 年的舊海關大樓,是科瑪最古老的公共建築,曾於 16 世紀進行擴建,兼具哥德式與文藝復興的建築風格。屋頂特殊的琉璃花裝飾,成為最吸引眾人目光的焦點。

早期科瑪地處重要交通樞紐,海關大樓即為當時的經濟及政治中心,一樓是存放貨物的倉庫,還有來自四面八方的商人在此進行交易,繳交進出口稅,二樓則為十個帝國城市代表會議的場所。雖然曾在 19 世紀狀況不佳差點面臨拆除命運,後來幸獲得整修,才有目前的樣貌,現今為公眾集會活動之用。

∾ I N F O

地址 Koïfhus, Grand Rue, 68000 Colmar, France

地圖

7 / Marché couvert
傳統室內市集

室內市集坐落在小威尼斯旁,由操刀設計科瑪歌劇院的法國建築師 Louis-Michel Blotz 於 1865 年所打造,紅磚和金屬框架的建築在四周多為色彩繽紛、半木結構的童話小屋中顯得與眾不同,卻完全沒有違和感。

這裡曾當作其他多種用途,直到 2010 年整修後才化身為室內市集。裡面販售多樣當地的生鮮蔬果、形形色色的香腸及火腿肉類加工製品、烘焙食物、葡萄酒和可愛的家飾品等等,還有簡單的輕食。另外,彷彿漂浮在 River Launch 上的露台酒吧,坐下來在此品酒曬太陽也很愜意。

∾ I N F O

地址 13 Rue des Écoles, 68000 Colmar
網站 marche-couvert-colmar.fr/
時間 週二～三 8:00 ～ 18:00、週四 7:00 ～ 18:00、
　　 週五 8:00 ～ 19:00、週六 8:00 ～ 17:00、週日 10:00 ～ 14:00

官網　　　　地圖

8 / La Petite Venise
小威尼斯

勞赫河沿岸兩旁的小威尼斯，一幢幢五顏六色的中世紀半木結構房屋櫛比鱗次，家家戶戶的窗台錯落有致。石橋欄杆上花團錦簇的繽紛模樣及河邊成排鬱鬱蔥蔥的柳樹，一整個營造出浪漫的氛圍。即使是冬天前來，特別是聖誕節燈飾的點綴下，又是另一番夢幻景象。

自 17 世紀開始，小威尼斯為科瑪主要的貿易區。過往漁夫在郊外湖裡捕魚，順著運河回來這裡販賣，花商也藉由河流將商品輸出交易。如今，乘載觀光客的遊船行駛其中，船伕搖櫓的小船緩緩穿梭運河，是科瑪最具代表性也是最迷人的景象，成為明信片的經典畫面之一。

當地
特產　　本書所介紹的科瑪、凱斯堡及里克維爾都屬於阿爾薩斯地區，此地區擁有著共同的飲食習慣，因此將美食特產全部集中在此介紹。

紐結麵包 Bretzel

看起來像放大版的蝴蝶捲餅，是阿爾薩斯的特色美食，口感跟一般麵包比起來有點鹹度、稍硬。通常上面會撒鹽粒，吃的時候先吃一點試看看口味，若太鹹可先撥掉一些鹽粒再吃。也有店家推出各種不同口味，像養生的芝麻或是葵花籽等。價格約 1 ～ 3€。

奶油圓蛋糕 Kougloff

阿爾薩斯地區隨處可見的傳統糕點，也是聖誕市集裡不會缺席的點心，吃起來的口感介於麵包與蛋糕之間。使用阿爾薩斯特產的特殊圓形陶模所烘烤，看起來像皇冠也有點像城堡，通常有大大小小不同尺寸，價格約 2 ～ 8.5€。

火焰烤餅 Tarte Flambée

阿爾薩斯地區的傳統美食之一，大大的方形看起來類似薄餅 Pizza，因此也有人稱為阿爾薩斯披薩，但是因為餅皮比 Pizza 更薄，所以一人獨享還是沒問題的。主要成分為培根搭配不同種類的起司，另外也有蘑菇、洋蔥、香腸等等其他口味，部分餐廳也提供甜的口味選擇。通常一份不超過 12€。

白酒燉肉鍋 Baeckeof

與酸菜醃肉香腸鍋並列阿爾薩斯兩大傳統經典菜的白酒燉肉鍋，通常包括牛、羊、豬三樣肉類與馬鈴薯、紅蘿蔔、洋蔥，一層肉一層蔬菜層層疊上後倒入白酒放進烤箱料理而成。如同酸菜醃肉香腸鍋一般，分量為德國風格，而不是法式精巧路線。

酸菜醃肉香腸鍋 Choucroute Garnie

法文 choucroute 是酸菜之意，源於德國酸菜（sauerkraut）的阿爾薩斯傳統經典菜色，使用大量的酸菜跟各種香腸、火腿、煙燻培根、豬肩胛肉，加入馬鈴薯，倒入白酒一起燉煮。餐廳有分為 Choucroute Garnie 與 Choucroute Royale，前者為傳統作法，後者是用香檳或啤酒料理。

餐廳推薦

Restaurant La Soï

專賣阿爾薩斯地區傳統美食之一火焰烤餅的餐廳，室內裝潢非常溫馨，但是空間不大，所以經常客滿，建議最好事先訂位，以免向隅。

地圖

地址　17 rue des Marands, 68000 Colmar
電話　+33 3 89 29 63 50
價位　7.5 ～ 10 €
時間　12:00 ～ 13:30、19:00 ～ 22:00，週三休息

Au Koïfhus

位於舊海關大樓對面，提供道地傳統佳餚，食量不大或是不喜歡吃太多肉的人，可以酸菜醃肉香腸鍋、白酒燉肉鍋二選一，再點一份火焰烤餅或沙拉兩人一起分享。好天氣時，不妨和歐洲人一樣坐在露天座位，同時享受美食和佳餚。官網提供網路訂位。

官網　　　　地圖

地址　2 Place de l AncienneDouane, 68000, Colmar
網站　restaurant-koifhus-colmar.fr/koifhus_anglais/
價位　火焰烤餅 8.2 ～ 11 €、酸菜醃肉香腸鍋 16.50 €、白酒燉
　　　肉鍋 17.20 €
時間　12:00 ～ 13:45、19:00 ～ 21:45。12/24、12/25、12/31 僅
　　　中午營業，1/1 全天休息

凱斯堡 *Kaysersberg*

童話故事小鎮

☙ 基本資訊

» 參觀時間　半天～ 1 天
» 鄰近機場　法瑞德邊境歐洲機場（EuroAirport Basel-Mulhouse-Freiburg）
» 鄰近城市　科瑪（Colmar）

凱斯堡●
　　●科瑪

法瑞德邊境歐洲機場✈

» 交通方式
1. 法瑞德邊境歐洲機場入境時，移民官蓋完章後有左右兩個入口，走左邊法德的入口（上面標示著 Mulhouse 和 Frieburg 方向），搭機場巴士至 Saint Louis，轉火車到 Gare SNCF Colmar，再轉巴士 145 前往凱斯堡車站（Porte Basse Kaysersberg），車程約 1 小時 35 分鐘。
2. 從科瑪舊城區（Théâtre Colmar）或 Gare SNCF Colmar 車站搭巴士 145 前往凱斯堡車站，車程約 35 ～ 40 分鐘，建議由科瑪安排一日遊。
· 巴士週日及假日停駛，安排行程時要特別留意。直接在車上跟司機購票，僅收現金，面值限 20 €以下的紙鈔或硬幣，提供找零服務，來回票較便宜。

凱斯堡德文地名為 Kaisersberg，意為皇帝之山的中世紀小鎮，曾屬於神聖羅馬帝國。第一次被提及是在 1227年，腓特烈二世之子亨利七世在此收購一座城堡，意圖控制村莊，而城堡也成為抵抗洛林公國的戰略要塞。

1293 年托了阿道夫（Adolphe）國王的福，成為帝國城市。因為地理位置優勢之便被賦予許多特權，除了貿易及工藝產業，還輸出葡萄酒到萊茵河。說到葡萄酒，第一批葡萄藤是在 17 世紀時由匈牙利帶到這裡，已經有超過 4 百年的歷史，現在也仍然是此區主要的經濟作物，主要聞名的品種是白葡萄酒之灰皮諾。

1354 年凱斯堡加入由十個阿爾薩斯城鎮所組成的 Décapole 聯盟，達成城市間的協議，提供援助和保護彼此，主張維護自己作為帝國城市的權利。三十年戰爭（1618～1648 年）後割讓給法國，戰爭不只停止了經濟擴張，小鎮也被破壞至幾乎廢棄。一直到百年後的法國大革命，人口才又慢慢回流，漸漸恢復之前的經濟榮景。無奈命運多舛，1871 年被德國併吞，一戰結束才再返回法國手中。

19 世紀開始發展紡織工業，1944 年 12 月解放戰爭期間再度遭到嚴重破壞，但重建過程中也為其帶來新的動力，使其現今成為阿爾薩斯地區重要資產之一。同時由於曾被德國併吞的過去，現今這裡不管是建築型式或飲食習慣仍然保有德國風味。

迷人的中世紀小鎮散發著如詩如畫的氛圍，獲選為 2017 年法國最美的村莊。家家戶戶的窗台種了各式鮮花爭奇鬥艷，春夏兩季五彩繽紛，秋季則是葡萄成熟時，葡萄園區田園風景如畫，冬季聖誕時節更是妝點的美輪美奐，這裡的聖誕市集乃是法國最古老的聖誕市集之一，不管是哪個季節前來都有不同景觀可欣賞。

史懷哲博士博物館 Musée du docteur Schweitzer
5 ⏱STAY 60分鐘

● Restaurant Hassenforder

Rue des Forgerons

Rue du Général de Gaulle

凱斯堡城堡 Château de Kaysersberg
3 ⏱STAY 60分鐘

防禦橋 Pont Fortifié
4 ⏱STAY 30分鐘

Rue du Général de Gaulle

聖十字教堂 Église Ste Croix
⏱STAY 60分鐘

Boulangerie
Pâtisserie Loewert

市政廳 Hôtel de ville
2   1

一日遊行程路線

Rue du Général de Gaulle
⏱STAY 90分鐘

參觀重點

1 / 主要道路 Rue du Général de Gaulle 及周邊巷弄

　　小鎮最主要道路 Rue du Général de Gaulle，兩旁建築大部分建於 15、16 世紀，有一般民宅、烘焙店、博物館、紀念品店及個性商店等，說是走完這條路就遊遍小鎮所有重要景點也不為過。周邊許多巷弄景色也十分迷人，隨意走進去常有不同發現，小鎮很迷你，毋需擔心迷路。

2 / Église Ste Croix
聖十字教堂

　　重建於 1230 年左右的教堂建築，為晚期羅馬式藝術的典範，爾後幾個世紀另外進行了擴建，並將塔樓變成現今所見的鐘樓。羅馬式門廊上的雕像栩栩如生，教堂內宏偉的祭壇畫更是藝術傑作。

　　神聖羅馬帝國君士坦丁（Emperor Constantine）帶著聖十字架的雕像噴泉，於 16 世紀文藝復興時期所建，就在採用紅砂岩所建造的教堂前方。

❧ I N F O

地址	41 Rue du Général de Gaulle, 68240 Kaysersberg
價位	免費
時間	4 ～ 10 月 9:00 ～ 19:00、11 ～ 3 月 9:00 ～ 18:00

地圖

3 / Château de Kaysersberg
凱斯堡城堡

　　1200 年左右，為了神聖羅馬帝國皇帝腓特烈二世（Frederick II）所建的城堡，當時小鎮位居神聖羅馬帝國跟洛林公國戰爭期間的重要戰略位置，主要作為抵擋洛林公國的防禦屏障。

　　雄偉的圓塔是城堡中最古老的部分，也是阿爾薩斯地區最久遠的圓形地牢之一，牆厚深達 4 米，旨在使城堡成為軍事要塞。現今城堡雖然僅剩廢墟遺址，但具歷史的圓塔仍在，爬上 100 層階梯即可居高臨下將小鎮及綿延不絕的葡萄園壯麗美景盡收眼底，甚至還可遙望德國的村莊。

❧ I N F O

地址	Rue du Général de Gaulle, 68240 Kaysersberg
價位	免費
時間	全年 24 小時開放

地圖

4 / 防禦橋
Pont Fortifié

　　防禦橋橫跨在小河流 Weiss 之上，原先的木造橋樑在 1514 年重新使用石材建造，以防禦敵人由水線入侵。橋中央有個小小的教堂，裡面是聖母瑪麗亞和小孩的雕像，18 世紀時用來關輕微犯行的罪人。防禦橋位於舊城區和上城區的分界點，橋的造型獨特在阿爾薩斯地區也極為少見。河岸兩旁的房屋色彩繽紛，彷彿童話世界的小屋，由此也可仰望聳立在半山腰的城堡。附近小巷弄景色迷人，民宅、酒莊、餐廳、小店散佈其中，很值得造訪。

5 / 史懷哲博士博物館
Musée du docteur Schweitzer

　　諾貝爾和平獎得主史懷哲博士集哲學家、神學家、管風琴家和音樂學家於一身的人道主義者，30 多歲才決定習醫，被視為醫界的偉人，於 1875 年生，博物館就設在他出生的小屋。

　　博物館主要展示他在非洲開設醫院及行醫的相關文件、照片及新聞報導，陪伴他一起遠赴非洲的管風琴、親筆寫的信等，還有許多他收藏的紀念品，和從非洲帶回來的手工藝品，甚至是他在非洲生活的家具、飾品等，充滿著濃濃非洲風情。博物館目前大幅度整修，預計在 2021 年重新開放。

❧ I N F O

地址　126 Rue du Général de Gaulle, 68240 Kaysersberg
價位　成人 2.5 €、小孩 1.5 €（僅收現金）
時間　3 月 中 旬 ～ 6 月、10 ～ 11 月中旬 9:00 ～ 12:00 ／ 14:00 ～ 18:00，週 三 休 館、7 ～ 9 月 每 日 9:00 ～ 12:00 ／ 14:00 ～ 19:00

地圖

餐廳推薦

Restaurant Hassenforder

　　位於史懷哲博士博物館斜對面，旅館兼營的餐廳，牆上裝飾著打獵的戰利品，也有戶外座位。提供傳統阿爾薩斯地區的傳統美食火焰烤餅、酸菜醃肉香腸鍋、白酒燉肉鍋等。

官網　　　地圖

地址　129 Rue du Général de Gaulle, 68240 Kaysersberg
網站　roger-hassenforder.com/en/restaurant-brasserie/
價位　火焰烤餅 7.5 ～ 12 €、酸菜醃肉香腸鍋 17 €、白酒燉肉鍋 18 €
時間　12:00 ～ 14:15、19:00 ～ 21:15

特殊景觀小鎮

塞米爾 *Semur-en-Auxois*

基本資訊

» 參觀時間　半天
» 鄰近機場　巴黎戴高樂機場
　　　　　　（Paris Charles de Gaulle）
» 鄰近城市　巴黎（Paris）、迪戎（Dijion）
» 交通方式

1. 這裡的大眾交通不方便，建議自行開車前來。自巴黎開車過來車程約 3 小時，自迪戎開車過來車程約 1 小時。

2. 自巴黎戴高樂機場 2 號航廈搭乘 RER B 線到 Chatelet-les-Halles，轉搭 RER A 到里昂車站（Gare de Lyon），然後搭乘高速火車 TGV 到 Montbard，再轉乘 120 號公車到塞米爾，車程約 1 小時 40 分鐘。

地圖標示：
巴黎● ✈戴高樂機場
塞米爾●　●迪戎

　法國中部歐舒瓦區的塞米爾，為一處非常美麗的中古世紀城鎮，整座小鎮矗立於花崗岩的峭壁上，周圍被阿曼頌河（Arman3on）所環繞。在中古時代，人們利用這條河流的水力興建了磨坊和皮革工廠，支撐起這地區經濟發展的重要角色。後來因為水壩的建造，使得河流的水量減少，才逐漸失去其功用。

　關於塞米爾最早的記載，出現在 606 年的一份修道院文獻中，當時便描述了這裡防禦性的城牆。因為佔有地勢高和河流環繞的優點，到了 11 世紀時，塞米爾已經成為當時勃良第（Burgundy）公國的主要城鎮，而被授予公共憲章。在英法百年戰爭期間，這座城鎮堅固的塔樓及城牆，更發揮了其防禦性的成果，晉升為這地區的首府。

　如今，聳立於峭壁上的塔樓散發著古意盎然的氛圍，市區裡的百年老屋，瀰漫著一股懷舊的氣息，整體的環境都突顯出法國中世紀小鎮的特色，彷彿是回到過往的時光。

一日遊行程路線

嘉佛廣場 Place Gaveau **1**
🕐 STAY 10分鐘

布豐街 Rue du Buffon
🕐 STAY 30分鐘

黃金塔 Tour de l'Orle d'Or

聖母學院教堂 **2**
La collégiale Notre-Dame
🕐 STAY 30分鐘

地獄塔 Tour de la Géhenne

監獄塔 Tour de la Prison
5 🕐 STAY 60分鐘

瑪歌塔 Tour Margot

富諾階梯通道 L'escalier du Fourneau
🕐 STAY 10分鐘

皮納橋 Le Pont de Pinard
🕐 STAY 15分鐘 **4**

Rue du Rempart

Rue de l'Hôpital

Rue de la Fontaignotte

峰丹紐門 Porte de la Fontaignotte

Rue Chaude

亞伯瓦街 Rue de l'Abreuvoir **3**
🕐 STAY 10分鐘

阿曼頌河 Armançon

Quai d'Armançon

洗衣棚 bateau lavoir

參觀重點

1 / Place Gaveau
嘉佛廣場

　　由於塞米爾三面被河流所環繞，所以這個廣場的城門，可說是城市的主要入口。穿過城門入口後的塔樓，外牆上懸掛著城市的市徽。這市徽已經沿襲了數百年的歷史，盾牌的外型裡面畫著城堡的塔樓，盾牌外圍則以桂冠裝飾，代表著古代公爵的權力象徵。

　　貫穿城門底下的布豐街（Rue du Buffon）起，就是行人徒步區。這條石板街道的兩旁，矗立著自17～19世紀期間遺留下來的古老房舍，雖然只是短短的一條街，但卻頗有味道。如今，擺著幾張桌椅的露天咖啡座、或將自家貨品堆在店門口的商家，都讓這裡洋溢著輕鬆悠閒的氛圍。

1 | 2　1. 嘉佛廣場是城鎮的主要入口 2. 城門上的市徽

2 / La collégiale Notre-Dame
聖母學院教堂

這座聖母學院教堂最早的歷史可追溯回 11 世紀，是勃艮第公爵羅伯特一世（Robert 1st）下令興建，當時是一座本篤會修道院，後來在 18 世紀的時候成為學院教堂。由於這間教堂的存在，印證了塞米爾在中世紀是一處重要城鎮，而被列為國家級的古蹟。

教堂立面是三座拱門造型，頂端有兩座方形的塔樓。在入口處木門上方的雕像裝飾，描繪著聖經裡的人物。至於教堂內部，雖然不是以華麗取勝，但是最古老的彩繪玻璃窗是自 16 世紀保存至今；除了呈現早期農民生活的情況外，也為了紀念一次大戰犧牲的美國士兵。

教堂內部簡單的風格

∽ I N F O

地址　3 Rue Notre Dame, 21140 Semur-en-Auxois

時間　每天（4 ～ 10 月底 9:00 ～ 18:30、11 ～ 3 月 9:00 ～ 17:30）

地圖

3 / Rue de l'Abreuvoir
亞伯瓦街

自城裡穿過峰丹紐門（Porte de la Fontaignotte），這條下坡的小徑就是亞伯瓦街。走在這條街上，少了份觀光的氣息，更能窺見當地居民的生活百態。亞伯瓦街走到底便會抵達阿曼頌河邊，你會看到一座古老的洗衣棚（bateau lavoir），這裡是古代居民來河邊洗衣服的場所。看著這些老舊的設施，彷彿是一場歷史的回味之旅。

地圖

1 ｜ 2 　1. 亞伯瓦街是寧靜的住宅區 2. 古老的洗衣棚

4 / 皮納橋
Le Pont de Pinard

　　這座橫越阿曼頌河的石橋，底部有兩道拱形的設計，多年來經過多次的修建，目前的橋樑是 1713 年被洪水沖毀後所重建的樣貌。皮納橋古老斑駁的外型，和峭壁上方的城塔同時倒映在平靜的河面上，成為一幅最動人的景色。橋旁有一條 141 階的富諾階梯通道（L'escalier du Fourneau），是連繫市區和河邊的捷徑，早期居民就是透過這條通道，利用河流運輸商品。

地圖

1 | 2

1. 皮納橋和塔樓倒映在河面上的美景
2. 富諾階梯通道

5 / 城塔
les Remparts

　　塞米爾的外圍總共有 4 座圓柱狀的城塔，包括黃金塔（Tour de l'Orle d'Or）、監獄塔（Tour de la Prison）、地獄塔（Tour de la Géhenne）、及瑪歌塔（Tour Margot）。早期這幾座塔由城牆連接起來，遠遠望過去就像是一座堅固的堡壘，展示了當年公爵權力的象徵。其中最高的黃金塔高達 44 公尺，頂部的牆壁就有 2.2 公尺厚，目前是當地歷史和自然科學的博物館。

∾ I N F O

地址　Rue du Donjon 和 Rue du
　　　Rempart
價位　3 €、18 歲以下兒童免費
時間　6 月底～ 8 月底（週二～日
　　　14:00 ～ 19:00，週一休）

地圖

在市區的任何角落幾乎都能看到城塔

里克維爾 *Riquewihr*

—童話故事小鎮—

» 參觀時間　半天～ 1 天
» 鄰近機場　法瑞德邊境歐洲機場（EuroAirport Basel-Mulhouse-Freiburg）
» 鄰近城市　科瑪（Colmar）
» 交通方式

●里克維爾
●科瑪

法瑞德邊境歐洲機場

1. 法瑞德邊境歐洲機場入境時，移民官蓋完章後有左右兩個入口，走左邊法德的入口（上面標示著 Mulhouse 和 Frieburg 方向），搭機場巴士至 Saint Louis，轉火車到 Gare SNCF Colmar 車站，再轉巴士 106 前往里克維爾車站（Poste Riquewihr），車程約 1 小時 33 分鐘。

2. 從 Gare SNCF Colmar 車站搭巴士 106 前往里克維爾車站，車程約 33 分鐘。

· 巴士週日及假日停駛，安排行程時要特別留意。直接在車上跟司機購票，僅收現金，面值限 20 € 以下的紙鈔或硬幣，提供找零服務，來回票較便宜。

　　1269 年因為里克維爾生產的優質葡萄酒，而受到後來成為神聖羅馬帝國的皇帝魯道夫一世（Rudolf von Habsburg）的青睞，將村莊提升至城鎮的地位。同世紀末 Horburg 伯爵在村莊周圍打造了一座作為防禦工事之用的城牆，現今仍然屹立不搖。

　　小鎮不大卻擁有豐富的中世紀和文藝復興時期的建築，部分甚至成為國家遺產建築，其輝煌乃源自於 16 及 17 世紀的文藝復興時期，生產優質葡萄酒所帶來的豐沛收入，更曾經作為德國和阿爾薩斯地區葡萄酒的交易中心，其重要性可見一般。

　　三十年戰爭中，兩度被洛林公國圍攻，過往繁榮因此暫時畫下休止符。爾後的幾十年又因為鼠疫、斑疹傷寒、霍亂等流行病而讓小鎮經濟雪上加霜。幸而第二次世界大戰的戰火在世界蔓延之時，里克維爾由於地理位置處於死胡同，因而幸運地成為阿爾薩斯地區為數不多、遭受極少破壞的小鎮之一。

　　保存完好的中世紀城牆內，盡是石板鋪設而成的街道與狹窄的小巷弄。可追溯至 15 至 18 世紀的半木結構建築，有別於歐洲中世紀暗色系，而是典型的阿爾薩斯地區風格，如彩虹一般五顏六色、色彩鮮艷又繽紛，每一幢相鄰的建築都不同顏色。許多人家的窗台種植了各種花卉，或是用可愛俏皮的裝飾品妝點，無論晴天或雨天村莊都是彩色的。

　　現今主要的產業仍然圍繞著釀造葡萄酒，居民們也擁有著和過去相同的生活方式。迷你卻輝煌的小鎮將歷史建築和揚名世界的葡萄酒結合在一起，而有阿爾薩斯葡萄園中的明珠之美稱，也是法國最美麗的村莊之一。

1 / 主要大街 Rue du Général de Gaulle 及周邊巷弄

老城區所在的位置,就是以這條大街為中心向外擴散出去,保存完好的中世紀建築和城牆,幸運地逃過第二次世界大戰的破壞。

走在石板街道上,整座小鎮宛如是一座露天博物館。大街上有各式各樣的餐廳、咖啡店、酒窖及紀念品店等,對葡萄酒有興趣的人可以找間酒窖試酒並買酒帶回家。

走入周邊蜿蜒曲折的巷弄裡,還能欣賞家家戶戶用心打造的窗台,亦或是在隱身寧靜住宅區裡的餐廳享用阿爾薩斯區的美食,恣意地逛逛個性小店。

2 / Le Dolder

阿爾薩斯方言中的 dolder 意指最高點，建於 13
世紀，為當時小鎮防禦工事的一部分，既是防禦
塔、瞭望塔，也是鐘樓，乃為小鎮的象徵也是地
標建築。鑽進巷弄想確認方位時，尋找它準沒錯。

內部為小型博物館，適合對小鎮歷史有興趣或
是想要登上樓頂俯瞰景觀的人。

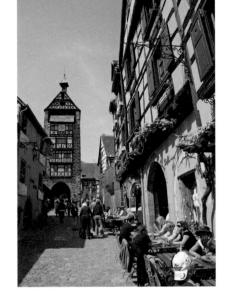

∞ I N F O

地址	57 Rue du Général de Gaulle, 68340 Riquewihr
價位	4 €
時間	4 ～ 11 月 10:30 ～ 13:00、14:00 ～ 18:00

地圖

當地特產

Macarons de Riquewihr

被稱作里克維爾的馬卡龍，經典口
味為椰子的奶油酥餅，另有巧克力、
覆盆子、甜橙、檸檬等等口味，吃起
來甜而不膩。小鎮裡有許多店家販售，
部分店家有提供試吃。

∞ I N F O

價位　可自行挑選口味按重量計價 200g 約 6 €，也有店家已包裝好的綜合口味。

阿爾薩斯模型小屋

沒機會永久住在彷彿童話世界的屋子
裡，那就買個模型小屋回家做紀念吧！
本書介紹同屬阿爾薩斯地區的科瑪與凱
斯堡也有販售。

葡萄酒鄉
健行一日遊

1. 被葡萄園包圍的里博維萊 2. 里克維爾中世紀遺留下來的城門及防禦塔 3. 彷彿油畫般的浪漫田園風光

阿爾薩斯地區是法國東北著名的產酒區之一，由坦恩（Thann）沿著佛日山脈（Massif des Vosges）往北至馬爾勒南（Marlenheim）的葡萄酒鄉之路（La Route des Vins d'Alsace），綿延長達 170 公里，夏秋之際綠油油葡萄園中的小村莊、教堂、山坡上的城堡等，一幅幅彷彿油畫般的田園風光，十分推薦來趟酒鄉之路健行。漫步在上下起伏、兩旁盡是結實累累的葡萄藤或是參天高樹的步道中，夢幻又浪漫。

眾多健行路線中，推薦距離科瑪不遠的里博維萊 Ribeauvillé － 納維爾 Hunawihr － 里克維爾 Riquewihr 三個村莊，村莊與村莊之間步行時間約 30 分鐘，沿路僅偶有緩上坡，其他多為平坦道路，村莊本身也很小，一天內即可以輕鬆完成。三個村莊同中有異，異中有同，最知名、店家與觀光客也最多的是里克維爾，次之是里博維萊，而納維爾則是住家多於商店，透過健行也同時感受不一樣的村莊氛圍及魅力。

建議由科瑪搭巴士 106 約 45 分鐘至里博維萊，這裡剛好也是巴士的最後一站，不用擔心下錯站，最後再由里克維爾搭巴士 106 回科瑪。當然，反過來由里克維爾開始健行之旅也沒問題。巴士班次不多，建議早上出發，並且先看好去回程班次。若實在不想用走的，附有中文選項語音導覽機的白色觀光小火車，也是不錯的選擇。

∞ I N F O

里克維爾與葡萄園
網站 petit-train-riquewihr.fr/?lang=en
價位 成人 7 €、6 ～ 14 歲 5 €
時間 4 ～ 10 月 11:00 ～ 17:00、5 ～ 9 月 10:00 ～ 18:00、3 月 & 11 月初 11:00 ～
　　　16:00，13:00 除外的每整點出發，行程約 30 分鐘。出發前請至官網確認時間

官網

里博維萊、葡萄園、納維爾
網站 petit-train-ribeauville.fr/?lang=en
價位 成人 7 €、6 ～ 14 歲 5 €
時間 3、4、11 月 11:00 ～ 16:00，7 ～ 9 月 10:00 ～ 18:00、5、6、10 月 10:00 ～
　　　17:00，13:00 除外的每整點出發，行程約 45 分鐘。出發前請至官網確認時間

官網

★★★★

艾日 Èze

── 遺世獨立山城 ──

蒙地卡羅●
艾日●
尼斯●

✈尼斯機場

» 參觀時間　半天～1天
» 鄰近機場　尼斯（Aéroport Nice Côte d'Azur）
» 鄰近城市　尼斯（Nice）、蒙地卡羅（Monte Carlo）
» 交通方式

　1.從尼斯機場搭乘2號公車或2號電車到市區，然後從公車總站Terminus Station搭乘82、112號公車到艾日村莊（village d'Èze）站下車，要注意100號公車雖然也是走這條路線，但是會開去山下的海邊艾日（Eze-sur-mer），不是山上的村莊。車程約40分鐘，單程票價1.5€。

　2.從尼斯開車前往，車程約20分鐘；蒙地卡羅開車前往，車程約15分鐘。這地區夏季很容易塞車，實際車程可能會較長。

　3.從尼斯搭乘火車抵達位於海邊的艾日車站，再轉搭公車到山上的村莊。如果會從艾日村莊沿著尼采小徑健行到海邊艾日的話，可以直接從這裡搭火車返回尼斯。

　4.建議可以自行租車前往，時間會比較彈性。如果不想租車的人，從尼斯市區也可以租摩托車，比較不會有塞車問題。

　　嚴格來說，艾日小鎮分為兩個部分，包括位於山頂的艾日村莊（village d'Eze）及海邊艾日（Eze-sur-mer），大多數觀光客造訪的是位於山頂的村莊。

　　介於南法尼斯和蒙地卡羅這兩大城市之間的村莊艾日，盤據於海平面 427 公尺高的山頭峭壁上，而擁有絕佳的景觀，能夠從高處欣賞到一望無垠的地中海海景，因此有「鷹巢山城」的美稱。

　　早在 2000 年前，便已經有人們來到這一帶定居。因為地理優越位置的關係，這裡曾經被古羅馬人及北非的摩爾人所占領，以控制地中海沿岸。在 19 世紀末期，村莊內挖掘出前 3 世紀的古希臘銀盤及零星的碎瓦片，足以證明艾日悠久的歷史背景。

　　到了 14 世紀左右，艾日受尼斯的薩沃伊公爵管轄，作為防禦城市外圍的據點。正由於其易守難攻的地理優勢，在戰略上扮演著相當重要的角色，歷史上長期處於兵家爭奪之地。直到 1860 年 4 月，多數艾日居民決定歸屬於法國的領土，才正式成為法國的一部分。

1 / Vieux Eze
中古世紀的村莊

瀰漫著中古世紀風情的艾日村莊，本身就是一處非常迷人的景點。鋪滿著石板階梯的蜿蜒小巷，盤錯綜橫於整座山頭，每條小徑都美的讓人驚艷。巷弄兩旁櫛比鱗次的石板屋，懸掛著復古精美的招牌，屋頂則覆蓋著一片片紅磚瓦，更顯露出古樸的氣息。

雖然，這個小鎮曾經是軍事要塞，但是目前已經不復見往日的碉堡景觀。相反地，恣意遊走在這個村莊，你會看到小店家和藝廊隱藏於懷舊的石板屋內，或是在榕樹下的露天餐廳，都散發了一股與世無爭的祥和氣息。

艾日小鎮地圖

● 公車站

● Fragonard香水工廠

聖十字教堂
Chapelle de la Sainte Croix

異國花園 ●
JardinExotiqued'Èze

● 中古世紀的村莊
Vieux Eze

● La Taverne d'Antan à Eze

Château Eza ●

● 尼采小徑
Chemin de Nietzsche

2 / Chapelle de la Sainte Croix
聖十字教堂

　　興建於 1306 年的聖十字教堂，是目前艾日最古老的建築物。當時，這間教堂屬於羅馬天主教兄弟會的分支，因其服裝以頭套加白色外袍為主，而被稱為「白色懺悔者」。他們的任務主要是照顧病人、埋葬死者，並協助那些無能力的弱勢人們。目前教堂黃色的外觀，是 1953 年重新修復後的樣貌。

地圖

3 / Jardin Exotique d' Èze
異國花園

　　異國花園位於艾日村莊的最頂端，也是全村景觀最讚的地方。原本，異國花園這裡是一處碉堡的廢墟，在二次大戰之後只剩下斷壁殘垣的淒涼景象。但是這區因為山勢的關係，免於受北方高原的強風所侵襲，再加上排水良好的岩石地形，非常適合種植花卉和植物。

　　當時的鎮上村長安德烈·尚同（André Gianton）便找來尚·賈斯妥（Jean Gastaud），也就是這座花園的創建者，親手打造了這座花園。他們和其他幾名壯丁，將土壤及仙人掌、龍舌蘭和蘆薈等異國植物的種子搬運來山頂，一點一滴塑造出煥然一新的景象。如今，矗立於山坡上的巨大仙人掌，讓人彷彿有置身於異國的錯覺呢！

∽ I N F O

地址 Rue du Château, 06360 Eze
網站 jardinexotique-eze.fr
價位 4 ～ 11 月（成人 6 €、12 歲以下免費）
時間 全年開放（9:00 ～ 16:30、4 ～ 6 月和 10 月延長至 18:30、7 ～ 9 月延長至 19:30）

官網　　　　地圖

4 / Chemin de Nietzsche
尼采小徑

尼采小徑是聯繫艾日山城和海邊艾日的捷徑，這條山路大約45～60分鐘內的路程，雖然沿途能欣賞到壯闊的海景，但是部分路段偏滑又稍微陡峭，不算太容易走的山路。計畫健行的人，記得穿雙好走的登山鞋，再來嘗試一下這條尼采小徑。

地圖

1/2

1. 尼采小徑的入口
2. 從山上眺望海邊艾日
（照片由曾一純提供）

Fragonard 香水工廠

Fragonard 是法國相當知名的香水品牌，已經有 300 多年的歷史。他們採用天然的植物花卉來提煉，清新的氣味深受大家青睞。除了香水之外，香皂和其他的化妝品也相當受歡迎，售價約 10 ～ 60 歐元不等。

官網　　　地圖

地址　L'Usine Laboratoire,06360 Eze-Village
網站　fragonard.com
時間　全年（8:45 ～ 18:45，最晚進場時間 17:45）

餐廳推薦

Château Eza

這間餐廳隸屬於五星級城堡飯店 Château Eza，是艾日村莊內最高檔的餐廳之一。在享用美味的法式及地中海料理同時，還能透過玻璃窗飽覽無垠的海景，堪稱是人生奢華享受。

官網　　　地圖

地址　Rue de la Pise, 06360 Eze Village, France
網站　chateaueza.com
價位　午餐三道式套餐約 60 €
時間　12:00 ～ 14:00、19:30 ～ 22:00（1 ～ 3 月週一 & 二休息；
　　　11 月～聖誕節休息）
附註　晚餐得穿著正式服裝（西裝或禮服），建議事先訂位

La Taverne d'Antan à Eze

這家餐廳提供道地的義大利料理，包括現烤的披薩、各式各樣醬料的義大利麵、燉飯，而且餐廳也有多種紅酒的選項，經濟實惠又可以吃得很滿足。

官網　　　地圖

地址　6 rue Plane, 06360 Eze Village, France
網站　lataverne-eze.fr
價位　肉醬麵 14 €、海鮮麵 22 €
時間　12:00 ～ 15:00、19:00 ～ 23:00（週二休息）

★★★★

遺世獨立山城

勾禾德

Gordes

» 參觀時間　　**1 天**
» 鄰近機場　　**馬賽機場**
　　　　　　　（**Aéroport de Marseille Provence**）
» 鄰近城市　　**馬賽（Marseille）、亞維農（Avignon）**
» 交通方式

里昂機場✈

亞維農● ●勾禾德

✈馬賽機場

1. 勾禾德沒有火車站，最快的方式是自巴黎里昂車站（Paris Gare de Lyon）、里昂（Lyon Part-Dieu）或馬賽（Marseille-Saint-Charles）等城市的火車站搭 TGV 高速列車前往亞維農（Avignon TGV）。抵達亞維農後，搭乘 10、14、21、51 號巴士可以到市區，再從亞維農市區搭 7 號公車前往勾禾德。

2. 自馬賽機場搭乘 8 號公車到 Aix-Gare TGV 車站，轉搭高速列車 TGV 前往亞維農。抵達亞維農後，搭乘 10、14、21、51 號巴士可以到市區，再從亞維農市區搭 7 號公車前往勾禾德。

3. 由於公車班次不多，建議大家自行租車、自亞維農市區搭計程車前往，車程約 45～ 50 分鐘，單趟車資大約 80～ 90 €。不想開車的人，也可以在亞維農報名參加當地的旅遊團。

　　早期的城鎮，幾乎都是位居於重要的地理位置而發展起來，普羅旺斯的山城勾禾德（Gordes）也不例外。這座高於海平面 340 公尺高石灰岩塊上的古城，能夠將周邊的平原和谷地一覽無遺，長期以來就扮演著該地區關鍵的角色。

　　從考古的證據顯示，勾禾德最早歸屬於為古羅馬帝國的領地。這附近不但發現了當時穿越谷地的古老路徑，村莊出土的建築遺址和古文物，都是古羅馬人曾經在這裡活動最直接的證明。

　　8 世紀時，一群來自聖夏福（Saint-Chaffre）修道院的神父，在羅馬神廟的遺跡上方建立了本篤修道院，是這裡最早的指標性建築物。1031 年，古羅馬人在此地建造了一座軍事性城堡（castrum），並在周圍築起防禦性的城牆，方便從高處掌控整個地區的局勢。

　　如此重要的戰略位置，一直延續到二次大戰期間，拒絕合作的勾禾德居民和德軍發生了嚴重的對抗，村莊一側有多棟房屋被砲火襲擊，造成多人犧牲或被處決。戰爭之後，散發著南法樸實氛圍的勾禾德，吸引了藝術家馬克‧夏卡爾（Marc Chagall）、維克多‧瓦沙雷利（Victor Vasarely）等人前來，形成一處充滿文藝氣息的小村莊。

1 / Vieux Ville
舊城

　　目前勾禾德的建築，幾乎都是採用石塊堆砌而成，屋頂則使用黏土燒製的紅色赤陶瓦，放眼望去盡是古意盎然的景象，彷彿是回到中古世紀的錯覺。走在村莊裡，你看不到任何籬笆或是柵欄，取而代之的是石砌的牆垣；鋪滿著石片的曲折街道，瀰漫著懷舊的風情，絕對是法國最有特色的小鎮之一。

1 | 2　　1. 勾禾德散發著悠閒的氣息 2. 勾禾德市區的廣場

勾禾德小鎮地圖

舊城區 Vieux Ville

勾禾德城堡
Château de Gordes
● Le Teston

● Les Cuisines du Château

● 聖菲蒙教堂
Eglise Saint-Firmin

● 聖菲蒙洞穴
Caves du Palais Saint-Firmin

2 / Eglise Saint-Firmin
聖菲蒙教堂

18 世紀的時候，由於勾禾德的人口日益增加，原有的小教堂已經不敷使用，於是建造了這間聖菲蒙教堂取代舊有的教堂。從遠處望去，雄偉的聖菲蒙教堂猶如這城鎮的守護神一般，佇立於勾禾德的最頂端。走進教堂的內部，斑駁的岩壁中鑲嵌著裝飾木板，繪上繽紛的色彩，雖然老舊但又洋溢著活潑的氣息，完全不像傳統教堂那種嚴肅的刻板印象。

∽ I N F O

地址　84220 Gordes

地圖

聖菲蒙教堂內部充滿歷史氣息

3 / Caves du Palais Saint-Firmin
聖菲蒙洞穴

位於勾禾德村莊底下的聖菲蒙洞穴，是在 1961 年偶然間被發現，許多居民和考古學家便陸陸續續加入勘查整修的工作。當時，洞穴內因為缺乏光線和空氣，增加了清理上的難度，經過多年來的挖掘工程後，目前僅不到一半的洞穴能開放給大眾參觀。

這地下洞穴就像時光機一般，呈現著勾禾德的歷史縮影。從出土的石灰岩塊和破碎瓦片當中，最早可以追朔回 12 ～ 13 世紀古羅馬修道院的時期，在經年累月地不斷坍塌又修建的過程中，讓我們了解到不同時期的生活型態，並呈現普羅旺斯地區的傳統建築工藝。

∽ I N F O

地址　Rue du Belvédère, 84220 Gordes
網站　caves-saint-firmin.com/
價位　成人 6 €、其餘 5 €
時間　4 ～ 10 月每天（10:30 ～ 13:00、14:30 ～ 18:00，7 和 8 月延長至 18:30）

官網

地圖

4 / Château de Gordes
勾禾德城堡

勾禾德城堡位居於村莊的中心，數百年來都是最重要的核心建築。這座城堡最早由古羅馬吉歐・達古（Guillaume d'Agoult）家族所建造，作為保護勾禾德的防禦工事；包括壯觀的圓塔頂端，規劃放置大砲的露臺、視野極佳的眺望塔，方便觀察周遭的敵情。1525 年之後，城堡經歷過多次重建工程，並在南側融入文藝復興的風格，和北側圓塔的堡壘外觀形成強烈的對比。

壯觀的勾禾德城堡

∽ I N F O

地址　Place du Château, 84220 Gordes
網站　gordes-village.com
價位　成人 4 €、12 歲以下免費
時間　4/5 ～ 10/15（每天 10:00 ～ 12:30、13:30 ～ 18:00）

官網

地圖

近郊景點

Abbaye Notre-Dame de Sénanque

塞農克修道院

距離勾禾德村莊 4 公里遠的塞農克修道院，因為外面有片薰衣草田，而成為熱門的觀光景點。這座修道院建於 1148 年，採用當地的石灰岩為材料，沒有過於花俏的簡單設計，裡裡外外都顯露樸素的氛圍。每年 6 月底到 7 月初期間，當紫色的薰衣草田綻開的時候，吸引了大批遊客前來拍照。

塞農克修道院及薰衣草田

∽ I N F O

地址　84220 Gordes
網站　senanque.fr
價位　成人 7.5 €、18 ～ 25 歲學生 5 €、6 ～ 17 歲兒童 3.5 €
時間　夏季（每天 9:00 ～ 11:00、13:00 ～ 17:00），冬季（每天
　　　10:00 ～ 11:00、13:00 ～ 16:30），週日早上不開放。
交通　從勾禾德步行前來約 30 分鐘

官網

地圖

當地特產

薰衣草 & 相關產品

淡紫色的薰衣草，散發出迷人的清新香味，花穗不但能整把作為乾燥花或飾品，還能提煉成精油、做成香皂、香料等各種用途，是普羅旺斯地區最熱門的紀念品。

週二市集

每週二的早上到中午 13:00，勾禾德市區會有市集，喜歡逛傳統市集的人不能錯過。

餐廳推薦

Les Cuisines du Château

提供法式餐點的餐廳，非常熱情的服務，搭配美味的食物和多款的葡萄酒，讓人有賓至如歸的感受。

官網　　　地圖

地址　18 Place Genty Pantaly,84220 Gordes
網站　lescuisinesduchateau.com
價位　三道式套餐約 23 ～ 28 €
時間　12:15 ～ 14:00、19:15 ～ 21:00（週一整天及週日晚間休息）

Le Teston

環境和氣氛都不錯的餐廳，提供傳統的法式料理，筆尖麵搭配生火腿、檸檬塔和巧克力蛋糕等甜點，也都是非常受歡迎的菜餚。

地圖

地址　Route Neuve, 84220 Gordes
價位　平均約 20 €內
時間　9:00 ～ 17:00（週四～五休息）

英國
UNITED KINGDOM

● 劍橋
Cambridge

水上伯頓
Bourton-on-the-water

拜伯里 ●
Bibury

牛津 ●
Oxford

倫敦 ●
London

● 巴斯
Bath

萊伊 ●
Rye

英吉利海峽

萊伊 *Rye*

中古風情小鎮

» 參觀時間　1 天
» 鄰近機場　倫敦希斯洛（Heathrow）、
　　　　　　倫敦蓋威克（Gatwick）
» 鄰近城市　倫敦（London）
» 交通方式

1. 從倫敦希斯洛機場搭地鐵前往 King's Cross St. Pancras，出地鐵站之後走至 London St Pancras International 火車站（火車站和地鐵站可相通，只是站名略有不同），搭火車經 Ashford International，轉車前往萊伊車站（Rye〔Sussex〕），車程約 2 小時 18 分鐘。

2. 從倫敦蓋威克機場搭火車經 Hampden Park，轉車前往萊伊車站，車程約 1 小時 55 分鐘。

3. 從 London St Pancras International 車站，搭火車經 Ashford International，轉車前往萊伊車站，車程約 1 小時 10 分鐘，建議可以從倫敦安排一日遊。

· 前往萊伊、巴斯、劍橋、牛津，若能提早確定行程，官網購買早鳥票可省下不少交通費，自搭乘日前 3 個月開賣，但早鳥票限該班次搭乘，無法改期或退票，搭飛機抵達當日變數較多較不適合利用。

　　城市名稱 Rye 源自撒克遜語（Saxon words）意為島嶼，其歷史可以追溯至諾曼征服（Norman Conquest）之前，當時僅是個三面被海洋包圍的小型漁業社區。1205 年英國被迫將諾曼第歸還給法國，萊伊也因此被法國所統治。1247 年回到英國手中，但直到宗教改革後才真正為英國所治理。

　　13 世紀萊伊成為五港同盟（Cinque Ports），享有免除稅收和關稅及交易特許權，貿易港口的地位日益提高，14 世紀初更躍升為南海岸的重要港口，在保衛英格蘭南部海岸方面發揮了重要作用。

　　隨著和法國間的百年戰爭展開，實施了長期的防禦工事建設，陸續建造了四座城門 Landgate、Strandgate、Baddings Gate、Postern Gate 和一座城牆。小鎮兩度被法國燒燬，僅有部分石材建築倖免於難。如今僅剩一座城門（Landgate）、Ypres Tower（現在為萊伊博物館）和位於五港同盟街（Cinque Port Street）的一部分城牆，其他部分的城牆都是經過重建的。小鎮上的都鐸式建築也多是此時期後所建。

　　最特別的一段歷史當屬 18 世紀，萊伊曾經依賴走私而繁榮，甚至被視為英國的走私之都。美人魚街上的美人魚酒店（The Mermaid Inn）曾是走私者的據點之一，走私的物品被存放在酒店裡古老的拱形酒窖中。

　　往昔的小島由於 14 世紀後期港口開始淤塞，到了 16 世紀大海退去迅速淤積而和英國本土連結，現在大海距離小鎮兩英哩遠。往日停滿戰艦的港口隨著河道的縮減，現今僅有捕魚船隊停泊。

　　萊伊是英國保存最好的中世紀古城之一，1573 年都鐸王朝的最後一任女王伊莉莎白一世在這停留三天後，賜予 Rye Royale 的封號，至今許多當地人仍然深深引以為榮。爾後更是吸引過不少知名作家及藝術家來此定居以汲取創作靈感，有些小說的故事場景就設定在這個小鎮，因而吸引書迷前來朝聖。

　　由於保留完整的傳統建築及鵝卵石街道，過往走私者和海盜所利用的秘密通道，經常吸引拍攝歷史背景時代的電影劇組前來取景。這裡距離倫敦僅 70 分鐘左右的車程，觀光客又不甚多，可說是交通方便的秘境，成為英國居民假日休閒的好去處。2017 年還被票選為英國最古色古香的鄉村小鎮。

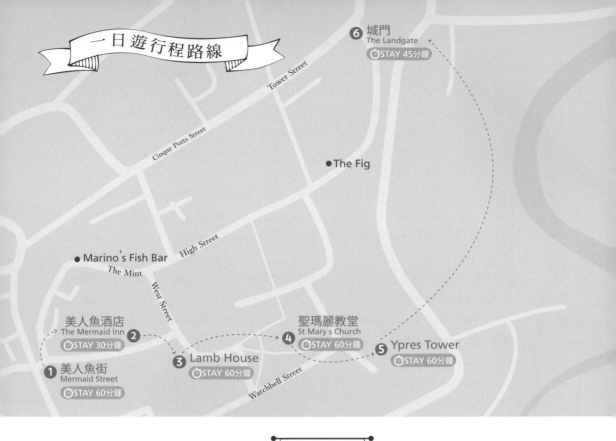

Tower Street

❻ 城門
The Landgate
⏱STAY 45分鐘

Cinque Ports Street

● The Fig

High Street

● Marino's Fish Bar
The Mint

West Street

美人魚酒店
The Mermaid Inn ❷
⏱STAY 30分鐘

聖瑪麗教堂
St Mary s Church ❹
⏱STAY 60分鐘

❺ Ypres Tower
⏱STAY 60分鐘

❶ 美人魚街
Mermaid Street
⏱STAY 60分鐘

❸ Lamb House
⏱STAY 60分鐘

Watchbell Street

參觀重點

1 / Mermaid Street
美人魚街

　　美人魚街狹窄彎曲的鵝卵石路有點坡度，路邊的街縫處冒出些許青苔，兩旁林立著建於 15 世紀的都鐸式房屋，街如其名地充滿童話的氛圍。其中有許多建築擁有獨特又直白的名字，像是第一棟取名為 The First House，有兩扇前門的房子取名為 The House with Two Front Doors，讓人看了不禁莞爾。

　　許多住戶種了各式植物和鮮花，一路從低處往上走，彷彿通往天堂的小路。反之，從最上面往下走則直通田園風光、停泊捕魚船隻的河邊。這裡是小鎮最具代表性的景點，也是世界上最迷人且又保存完整的中世紀街道之一。

1　1. 小鎮最知名的美人魚街 2.15 世紀時的
2　醫院

2 / The Mermaid Inn
美人魚酒店

曾為走私組織據點的美人魚酒店

美人魚酒店建於 12 世紀，因被大火吞噬而重建於 1420 年，是英國最古老酒店之一，許多皇室貴族及名人都曾入住。最知名的為伊莉莎白一世女王曾經在 16 世紀下榻於此，並賜給小鎮 Rye Royale 的封號，也曾是惡名昭彰走私組織 Hawkhurst Gang 的據點之一。

除了入住傳統客房體驗之外，酒店還提供以在地當季食材料理的菜餚，滿足饕客的需求。其諾曼式酒窖的歷史，可以追溯到 12 世紀，坐在 Giant's Fireplace Bar 酒吧裡小酌，能遙想 18 世紀時走私集團成員們在此暢飲作樂的那番景象。

∾ I N F O

地址 Mermaid St, Rye TN31 7EY
網站 mermaidinn.com/
住宿 含英式早餐單人房 90£ 起、雙人房 140£ 起，也有含晚餐組合
餐廳 午餐 12:00 ～ 14:30、晚餐 19:00 ～ 21:30
午餐 12 ～ 21£，晚餐兩道式 29.5£、三道式 39.5£
酒吧 週一至四 12:00 ～ 14:30、18:00 ～ 21:30，週五～日 12:00 ～ 18:30

官網　　　　地圖

3 / Lamb House

1722 年由在地葡萄酒富商兼政治家 James Lamb 出資所興建的紅磚建築，隱身在聖瑪麗教堂區後面寧靜的鵝卵石街道上，距離風景如畫的美人魚街也僅有咫尺之遙。國王喬治一世曾因海上風暴而暫時上岸在此住過幾日，他住過的房間命名 King's Room。

∾ I N F O

地址 West Street, Rye, TN31 7ES
網站 nationaltrust.org.uk/lamb-house
價位 成人 7.5 £、小孩 3.75 £
時間 3 ～ 10 月週五～二 11:00 ～ 17:00

19 世紀末兩位知名作家先後住在這裡，並且創作了不少作品，一位是曾獲得諾貝爾獎提名，於美國出生的 Henry James；另一位則為英國在地知名作家 E. F. Benson。現今，Lamb House 為國家信託局資產。

整棟建築仍然保留了當年的風格魅力，紅木鑲板、牆壁上的肖像，以及桌子上的瓷器和銀器等等。裡面還有座美麗的花園，乃為萊伊舊城區最大的花園之一，有很多長椅及鮮花。

官網　　　　地圖

4 / St Mary's Church
聖瑪麗教堂

聖瑪麗教堂建於 1120 年，擁有超過 900 年歷史，有時被稱為「東薩塞克斯大教堂」（the Cathedral of East Sussex，萊伊僅是 East Sussex 郡的一個小鎮，此教堂地位可見一般）。1377 年時教堂曾經因為法國侵略者入侵小鎮搶劫，還放火焚燒，教堂屋頂倒塌並且遭到嚴重破壞，連塔樓的鐘都被盜走。

隔年萊伊聯合鄰近的溫奇爾西人民一起前往諾曼第展開報復，並將那些鐘給奪回，其中一個掛在 Watchbell Street 街上，當作未來被攻擊時的警鐘之用，直到 16 世紀初才被送回教堂。Watchbell Street 也是在鐘被偷走那年才有的街名。現今的鐘則是 16 世紀末期及之後所陸續安裝，是英國最古老的鐘。

現有建築為歷經 18 和 19 世紀大規模重建而得已保存下來。教堂展出許多拼布製成的畫作，一針一線畫出小鎮風情特色及歷史。

教堂免費參觀，也可付費登塔。通往塔樓的樓梯很陡，通常只容一人通過，辛苦爬上後的代價就是擁有 360 度美麗景觀，居高臨下把紅色的屋頂、蜿蜒的河流等小鎮美景盡收眼底，還能遠眺萊伊港自然保護區及山頂小鎮 Winchelsea。

1. 隱身在狹小街道的教堂入口
2. 教堂的後院

∽ INFO

地址 Church Square, Rye, East Sussex, TN31 7HF
網站 ryeparishchurch.org.uk/6613c646.htm#
價位 教堂免費、登塔 3.5 £
時間 4 ～ 10 月 9:15 ～ 17:30、11 ～ 3 月 9:15 ～ 16:30

官網　　　地圖

5 / Ypres Tower

Ypres（讀成 Wipers） Tower 又稱為 Rye Castle，13 世紀亨利三世為了免受法國攻擊而下令興建的堡壘，以作為防禦工事的一部分。幸而在與法國的戰爭中逃過一劫，而得以保留這中世紀防禦古蹟，它也是萊伊最古老的建築之一。爾後曾經作為私人住宅及監獄，現今為萊伊博物館。

博物館內可參觀過往因犯的監牢，讓遊客體驗被鎖在監牢的感覺、試戴中世紀的頭盔及感受中世紀武器的重量等，另外還展示曾經作為走私中心的過往歷史。陽台可以眺望農地（往日是熙來攘往的忙碌港口）及沼澤，俯瞰中世紀香草小花園。城堡後方有座 Gun Garden，展示了大砲和砲彈的免費開放空間。

✎ INFO

地址 Gun Garden, Rye, East Sussex, TN31 7HH
網站 ryemuseum.co.uk/home/ypres-tower/
價位 成人 4 ￡、65 歲以上 3 ￡、16 歲以下免費（須由成人陪同）
時間 4 ～ 10 月 10:30 ～ 17:00、11 ～ 3 月 10:30 ～ 15:30
12/24、25 休館

官網　　地圖

6 / The Landgate 城門

萊伊一開始是座島嶼，當海水漲潮之際，城門是唯一和陸地接觸的通道，也是亨利三世為了抵抗法國的侵襲而建造。原本共有 Landgate、Strandgate、Baddings Gate、Postern Gate 四座城門，戰爭時被法國燒燬；目前僅存建於 1329 年的 Landgate 這座雙塔樓城門，在此屹立不搖將近七百年。穿過城門之後，附近的住宅區景色也非常迷人，可以順路前往散步，放鬆身心。

✎ INFO

地址 Rye TN31 7LD

地圖

75

餐廳推薦

Marino's Fish Bar

　　英國的國民美食炸魚和薯條（Fish & Chips），大城小鎮幾乎都看得到它的蹤影。小鎮上的 Marino's Fish Bar 不僅受到當地人推薦，而且大受歡迎，外帶區經常大排長龍。不管是炸魚或薯條都炸的恰到好處，不會過乾。價格也非常的平易近人，小份的魚＋薯條僅 5.7 £，食量不算小的女生還吃不太完。

　　餐廳有座位區，也有提供外帶服務。可以入境隨俗跟著歐洲多數人選擇外帶後邊走邊吃，或是隨意站在路邊吃。

地圖

地址　37 The Mint, Rye, East Sussex, TN31 7EN2
價位　外帶炸魚和薯條依分量大小 5.7 ～ 8.3£、飲料 0.7 ～ 2.5£
　　　也可單點薯條，另外還有炸雞、漢堡及派。內用價格較高
時間　週一～六 11:00 ～ 22:00、週日 11:00 ～ 20:00

The Fig

　　The Fig 是全部使用在地食材新鮮現作的英式早午餐咖啡廳，有三明治或捲餅，適合喜歡輕食的人，也有許多適合素食者的選項。

官網

地圖

地址　2 High Street, Rye, East Sussex, TN31 7JE
網站　thefigrye.com/
價位　早午餐 4.5 ～ 9.5£、三明治或捲餅 5.5£、茶或咖啡 1.8 ～
　　　2.8£、其他飲品 3.75£
時間　每日 10:00 ～ 17:00

基本資訊

» 參觀時間　　1 天

» 鄰近機場　　倫敦希斯洛（Heathrow）、
倫敦蓋威克（Gatwick）

» 鄰近城市　　倫敦（London）

» 交通方式

1. 從倫敦蓋威克機場搭火車經 Reading，轉車前往
巴斯車站（Bath Spa），車程約 2 小時 45 分鐘。

2. 從倫敦希斯洛機場搭火車經 Hayes & Harlington 及 Reading，轉車前往巴斯車站，
車程約 1 小時 55 分鐘。

3. 從 London Paddington 車站搭火車前往巴斯車站，車程約 1 小時 25 分鐘，建議
可以從倫敦安排一日遊。

（地圖標示）
倫敦
希斯洛機場
●巴斯
蓋威克機場

　　位於英國西南部的巴斯，相傳西元前 9 世紀左右，布拉杜德王子（Bladud）在年輕時曾經罹患痲瘋病而被流放至此養豬，他為了將豬趕上岸意外地掉進池塘，沒想到這水居然出奇的熱，上岸後卻感到神清氣爽，困擾許久的痲瘋病也不藥而癒，因此發現了溫泉的療效，所以登基為英王之後就在這裡建立了巴斯古城。

　　另一說法是 1 世紀由入侵的羅馬人所建立，他們利用天然溫泉打造的溫泉療養聖地，在羅馬帝國占領期間逐步擴張為完整溫泉浴池。但 5 世紀由於羅馬人退出英國，浴池失去維護而逐漸荒廢。中世紀時化身為羊毛產業的重要中心。溫泉療養風氣盛行的 16 世紀伊莉莎白時代，巴斯浴場才得已進行大幅整修，也順利的保存至今。

　　18 世紀泡溫泉的皇室貴族和觀光客大幅增加之下，巴斯進一步擴建，藉由帕拉第奧建築風格的影響，而將其興建為新式與古典融合的優雅城鎮，例如著名的普爾特尼橋、圓形廣場及皇家新月樓都建於此世紀。

　　歐陸多數國家的城鎮，皆融合不同年代擴充的混合建築風格，而巴斯則是全部用米黃色的石灰岩所打造出來，一整個古典優雅，因此這裡也有英國最典雅城鎮的美名。巴斯於 1987 年登錄為世界文化遺產，是英國唯一榮獲此殊榮，也是唯一擁有天然溫泉的城鎮。

1 / The Roman Baths
羅馬浴場博物館

溫泉療養聖地是 1 世紀時羅馬人所建造，於羅馬帝國期間逐漸形成完整溫泉浴池。但浴池在 5 世紀羅馬人退出英國後而逐漸荒廢，直到 16 世紀伊莉莎白時代才大幅整修。

當時僅有少數皇室貴族才可浸泡溫泉，然而因為沒有頂棚，陽光直射下促進了藻類的生長，所以泉水呈現泛著青苔的草綠色，但是水質依舊非常清澈，圓柱、建築的倒影仍然清晰可見。

古羅馬時期的建築都是低於地面，高於街道的部分增建於 19 世紀，雕像幾乎都是羅馬皇帝或大將軍、行政首長等等，凱薩大帝也置身其中。內部的小型考古博物館，保存了廢棄的溫泉坑，還有關於羅馬人的文化、宗教信仰等器物，可說是追尋與了解古代文明的豐富遺產。

門票包含中文選項的語音導覽機，讓參觀者能完整了解每一處的重要典故。

1 | 2　1. 博物館正門主要入口處 2. 巴斯最熱門觀光景點，早點入場參觀的人比較少

∽ INFO

地址　Abbey Church Yard, Bath, BA1 1LZ
網站　romanbaths.co.uk/
價位　依淡旺季不同。
　　　平日：成人 16 ～ 21 £、學生或 65 歲以上 14.5 ～ 19.5 £、6 ～ 18 歲 8.5 ～ 13.5 £、家庭票（2 成人 + 最多 4 位小孩）41 ～ 57 £、家庭票（1 成人 + 最多 4 位小孩）28.5 ～ 40.5 £
　　　週末：成人 18.5 ～ 23 £、學生或 65 歲以上 17 ～ 21.5 £、6 ～ 18 歲 11 ～ 15.5 £、家庭票（2 成人 + 最多 4 位小孩）49 ～ 63 £、家庭票（1 成人 + 最多 4 位小孩）34.5 ～ 44 £
　　　網路購票打九折，最晚在參觀日前一天購買，當日票只能現場購買
時間　1 ～ 2 月、11 ～ 12 月 9:30 ～ 18:00，3 月～ 6/20 9:00 ～ 18:00，6/21 ～ 8 月 9:00 ～ 22:00，9 ～ 10 月 9:00 ～ 18:00（閉館前 1 小時即無法購票入內，復活節會延長閉館時間，12/25、26 休館）

官網　　　地圖

皇家新月樓 The Royal Crescent
5 STAY 60分鐘

皇家新月樓1號博物館場
No 1 Royal Crescent
6 STAY 60分鐘

Brock Street

圓形廣場 The Circus
4 STAY 60分鐘

Gay Street

George Street

Broad Street

普爾特尼橋 Pulteney Bridge
3 STAY 60分鐘

High Street

Cheap Street

羅馬浴場博物館 The Roman Baths
STAY 150分鐘
1

巴斯修道院 Bath Abbey
2 STAY 60分鐘

Sally Lunn's Historic Eating House & Museum ● ● The Bath Bun

2 / Bath Abbey
巴斯修道院

　　和羅馬浴場相鄰的修道院，始建立於 7 世紀，並在 12 及 16 世紀重建，是巴斯市中心最宏偉也是最明顯的地標。由於它是英格蘭西部規模最大的哥德式建築之一，因而被列為國家的一級古蹟。

　　修道院正面最吸晴的是天使們攀爬著階梯通往天堂的雕塑，內部則是有 56 面彩繪玻璃描繪耶穌生平事蹟。修道院建築為十字形平面，佔地甚廣，其庭院如廣場一般有許多長木椅供民眾休憩，經常有街頭藝人在此演出。

　　另有登塔導覽可參加，跟著導覽爬上 212 階樓梯，從不一樣的角度欣賞修道院，中間和制高點都有平台可以俯瞰巴斯。

∞ I N F O

地址　Bath BA1 1LT
網站　bathabbey.org/
價位　以自由捐獻代替門票，建議捐獻金額為成人 4£、小孩 2£、
　　　家庭 10£
時間　週一 9:30 ～ 17:30，週二～五 9:00 ～ 17:30
　　　週六 9:00 ～ 18:00，週日 13:00 ～ 14:30、16:30 ～ 18:00
導覽　時間：週一至五 10:00 ～ 16:00 整點出發，週六則為每半小時出發，長度約為 45 ～ 50 分鐘
　　　價位：成人 8£、5 ～ 15 歲 4£

官網　　　　地圖

3 / Pulteney Bridge
普爾特尼橋

∞ I N F O

地址　Bridge Street,
　　　Bath, BA2 4AT

地圖

普爾特尼橋是英國的一級古蹟，一座古老兼具典雅浪漫的橋，典型的喬治亞式建築，1769 年由建築師艾登（Robert Adam）設計，建於 1773 年，現今所見為 1936 年英國政府修復後的樣貌。位於貫穿巴斯的雅芳河（River Avon）上方，三座圓形拱橋墩，使河水經過三道弧形階梯時形成弧形瀑布，這裡也是拍攝電影版《悲慘世界》羅素克洛飾演的警長賈維跳下場景的地方。

此橋最特別的是，橋上兩側都是商店和餐廳，世界上僅有四座類似的橋。佇立橋頭眺望雅芳河兩岸風光，也可以在橋下河邊公園散步，或是搭船遊河，從不同角度欣賞普爾特尼橋和周邊建築。

4 / The Circus
圓形廣場

∞ I N F O

地址　The Circus,
　　　Bath, BA1 2EW

地圖

列為英國一級古蹟的圓形廣場，是典型的喬治亞式建築風格，由三排氣勢磅礴的環狀連幢街屋所構成，象徵著太陽。其設計靈感來自古羅馬競技場，1754 年由巴斯出身的建築師老約翰伍德（John Wood the Elder）操刀設計，但他在開工不久後過世，由兒子小約翰伍德（John Wood the Younger）接續完成於 1768 年，巴斯許多歷史建築都出自父子兩人之手。

廣場的中央是長滿參天古樹的公園綠地，有許多長木椅可以坐下來慢慢欣賞廣場建築。這附近曾有多位名人雅仕入住，像是 18 世紀的英國藝術家 Thomas Gainsborough，近代的好萊塢明星尼可拉斯凱吉也曾是屋主之一。

5 / The Royal Crescent
皇家新月樓

　　由圓形廣場順著 Brock Street 走約兩分鐘，即來到皇家新月樓，這也是出自同一位設計師小約翰伍德（John Wood the Younger）之手。興建於 1767～1775 年間的樓房，位處鬧中取靜的高地之上，由 30 幢房屋相連成美輪美奐的弧形建築，象徵著月亮，可說是英國喬治王朝時期最壯觀的老建築，也是國家一級古蹟。

典雅高貴的風韻，兩百多年來絲毫未減。其中門牌 1 號為博物館，展示喬治王朝時期的貴族生活，另有一間化身為皇家新月飯店，是巴斯最高級的星級飯店之一，其他則為私人宅邸。

∞ I N F O

地址　Royal Crescent, Bath, BA1 2LS
網站　royalcrescent.co.uk

官網　　　　　地圖

6 / No 1 Royal Crescent
皇家新月樓 1 號博物館

20 世紀當成博物館對外開放，不僅是喬治亞式建築，連內部都完全採用 18 世紀的風格進行修復及裝潢，是喬治亞式室內設計的典範。搭配正宗家具、紡織品、繪畫、地毯等，甚至陳列著當時的報紙和書籍，展出許多珍貴文物、肖像畫，完整呈現當年英國的貴族生活樣貌及休閒生活。也有廚房、洗衣間、儲藏室重現僕人的工作情景，深刻體會到當時的階級制度。每個房間都有穿著當年服裝的解說員，可以向他們詢問或是簡單聊聊。不僅吸引對過往貴族生活有興趣的旅人，許多古裝電影或影集都曾來此取景。

∞ I N F O

地址　1 Royal Crescent, Bath, Avon BA1 2LR
網站　no1royalcrescent.org.uk/
價位　成人 10.9 £、6～16 歲 5.4 £、學生或 65 歲以上 9.8 £、家庭票（2 位成人＋最多 4 位小孩）27.2 £
時間　10:00～17:00。12/25、12/26、1/1 休館

官網　　　　地圖

當地特產

圓麵包 Bun

圓麵包 Bun 是巴斯的特產，又大又圓、香氣四溢的奶油麵包，配上甜或鹹的醬料。市中心有許多餐廳都有提供，通常可以搭配英國茶為套餐。當做簡單的午餐或下午茶都不錯，也可提供外帶。

餐廳推薦

Sally Lunn's Historic Eating House & Museum

這裡是圓麵包最古老也最知名的餐廳，位於羅馬浴場博物館附近，店門口經常大排長龍。餐廳的建築為巴斯現存最久遠的房子之一，地下室有個小小博物館呈現以前烤麵包的廚房場景。餐廳白天現場候位，晚餐線上或電話訂位。

官網　　　地圖

地址　4 North Parade Passage, Bath BA1 1NX
網站　sallylunns.co.uk/
價位　單點圓麵包依甜或鹹的配料約 5 ～ 10£、茶或咖啡約 3.5£、二或三道式午餐含一壺茶約 15 ～ 21£。
　　　17:00 ～ 19:00 兩道式英式晚餐 16.5£；18:00 ～晚餐單點，前菜約 6 ～ 8£、主餐約 13 ～ 15£
時間　週一～六 10:00 ～ 22:00、週日 9:00 ～ 21:30
　　　博物館時間：10:00 ～ 18:00

The Bath Bun

巴斯另一家也很具歷史的圓麵包咖啡廳，充滿傳統英式氛圍。除了圓麵包之外，也有帕尼尼或經典英式下午茶之一 Cream Tea。

地址　2 Abbey Green, Bath BA1 1NW
網站　thebathbun.com/index.html
價位　起司帕尼尼搭配英國茶套餐 7.5£、Cream Tea 7.5£
時間　週二～六 9:30 ～ 17:00、週日一 11:00 ～ 17:00

官網　　　地圖

中古風情小鎮

劍橋 *Cambridge*

基本資訊

» 參觀時間　1 天

» 鄰近機場　倫敦希斯洛（Heathrow）、
　　　　　　倫敦蓋威克（Gatwick）

» 鄰近城市　倫敦（London）

» 交通方式

1. 從倫敦希斯洛機場搭地鐵前往 King's Cross St.
　 Pancras，出地鐵站之後走至 London St Pancras
　 International 火車站，搭火車前往劍橋車站，車程約 1 小時 57 分鐘。

2. 從倫敦蓋威克機場搭火車前往劍橋車站，車程約 1 小時 55 分鐘。

3. 從「London Kings Cross」或「London Liverpool Street」車站搭火車前往劍橋車站，
　 車程約 90 分鐘，建議可以從倫敦安排一日遊。

●劍橋

希斯洛機場✈　●倫敦

蓋威克機場✈

劍橋在 875 年由當時征服東英格蘭的丹麥人所建立。10 世紀遭受撒克遜人占領，1010 年被丹麥人燒燬。當時的建築幾乎是茅草屋頂的木屋，很容易就被破壞，但反之也很快重建。

13 世紀開始每年舉行一次為期幾天的交易會市集，許多東英格蘭人會來此買賣交易。在那水路運輸比陸地運輸更為便利的年代，劍河穿過的劍橋因此繁榮起來，15 世紀前甚至發展了皮革及羊毛產業。

1209 年在牛津大學受到迫害的學者們移居來此，成立了劍橋大學。早期由於年輕的學生容易引起衝突，加上居民常超收學者和學生的住宿及其他費用而偶有摩擦。直到 1231 年，國王亨利三世頒發飭令將學者們納入保護，讓他們免受居民的剝削。

第一所彼得學院（Peterhouse）成立於 1284 年，14 及 15 世紀又陸續設立了幾所學院，像是由國王亨利六世在 1441 年所設置的國王學院（Kings College），緊接著 16 世紀又成立了包括由國王亨利八世創立的三一學院（Trinity College），17 及 18 世紀間學院發展停滯，19 世紀才又繼續發展，現有 31 所學院，是英語系國家中第二古老大學，也是誕生最多諾貝爾獎得主的搖籃。

著名詩人徐志摩的《再別康橋》（劍橋舊譯康橋），乃是 1928 年故地重遊離開時，在回國的輪船上所寫的詩作。詩作誕生 80 週年之際，2008 年國王學院在劍河畔立下詩碑紀念。

南北走向的劍河微微彎曲，穿過整座小鎮，各學院幾乎都坐落在劍河旁，不同年代的建築風格，讓這座大學城不僅洋溢著學術氣息，也瀰漫著濃濃的歷史氛圍。現今許多學院化身為觀光景點，需另付門票才可入內參觀。遊劍河可以自行挑戰撐篙亦或是僱位船伕兼導覽，聽他娓娓道來沿途美景，甚是浪漫，也是許多人不會錯過的當地活動。

1 / Gonville & Caius College
岡維爾與凱斯學院

岡維爾與凱斯學院是劍橋大學排名第四古老、也是誕生第二多諾貝爾獎得主的學院。校名即是兩位先後創辦者之名 Gonville & Caius。位於 Trinity Street 上的出入口正門上懸掛著院徽，左右兩邊各代表先後創辦時的院徽。

擁有三座迷人的石門，分別代表入學時的謙卑 The Gate of Humility、學術路上不忘培養美德 The Gate of Virtue、畢業時穿過的榮譽之門 The Gate of Honour。因此榮譽之門僅有畢業典禮那天才會開啟，其他日子都是大門深鎖。

Tree Court 是學院裡最大的庭院，夏天時林蔭道的茂密綠葉非常優美，冬天另有一番蕭瑟之感。這裡是劍橋學院中難得免費開放參觀的校園，雖是免費，景觀卻不輸需收費的學院。

| 1
| 2

1.Tree Court 2. 榮譽之門上方的塔樓擁有微型的希臘式四柱神殿，上頭嵌著六面日晷

∽ INFO

地址　Trinity St, CambridgeCB2 1TA
網站　cai.cam.ac.uk/visiting-caius
價位　免費
時間　6 月中旬～9 月週一～五 8:00～12:00、10～4 月中旬每天 9:00～14:00

官網

地圖

一日遊行程路線

2 / Trinity College
三一學院

　　劍橋大學規模最大的三一學院，由亨利八世於 16 世紀所建，因而隨處可見都鐸王朝的標幟。其前身為 14 世紀的麥可學院（Michaelhouse），及國王學堂（King's Hall），因此學院裡最有年份的建築可追溯至中世紀。The Great Court 如其名一般是座廣大遼闊的庭院，而位在其中的噴泉涼亭則是劍橋三大觀光景點之一。

　　這裡是誕生最多諾貝爾獎得主的學院，校友裡也有許多貴族及各領域的知名人士。關於學院最有名的傳說，是牛頓當年被蘋果砸到進而悟出地心引力的那棵蘋果樹，就在學院正門跟禮拜堂間的草地上。據說當年的蘋果樹早就被移植到牛頓的家鄉，而三一學院這棵則是原生樹利用嫁接方式，生長出樹根移植過來的。

∾ I N F O

地址　Cambridge CB2 1TQ
網站　trin.cam.ac.uk/about/public-opening-hours/
價位　成人 3£、小孩 1£
時間　7 ～ 10 月 10:00 ～ 16:30、11 ～ 6 月 10:00 ～ 15:30

官網

地圖

3 / St John's College
聖約翰學院

學院成立於 1511 年，創建者為英國國王亨利七世的母親博福特夫人（Lady Margaret Beaufort），校園裡有古老與現代風格的建築，及廣闊的草坪和花園，總共高達 11 座庭院，是劍橋地區規模第二大的學院。

學院裡最知名景點是連接 New Court 與 Third Court 的嘆息橋，號稱是劍橋三大景點之一。相傳，因為學生們要經過這座橋去考試而得名，這跟威尼斯犯人行刑前走過嘆息橋時所發出的感嘆有些相仿，但其實只是承繼於威尼斯嘆息橋的寓意罷了。門房處有販售印有校徽的相關紀念品。

∾ I N F O

地址 St John's Street, CambridgeCB2 1TP
網站 joh.cam.ac.uk/visiting
價位 成人 10£，12 ～ 17 歲、年長者、學生 5£，12 歲以下免費
時間 2 ～ 10 月 10:00 ～ 16:00，其他則為 10:00 ～ 15:30

官網　　　地圖

4 / Great St Mary's Church
大聖瑪麗教堂

位於舊城區的中心，為了和鎮上另一座小聖瑪麗教堂做區別而稱為大聖瑪麗教堂，當地人習慣用縮寫 GSM 來稱呼它。建於 1205 年，之後被惡火吞噬，現今所見為 15 世紀重建。在 1730 年之前除了宗教性質用途之外，也是劍橋大學舉辦重要活動的場地。

教堂內部普通，但是其鐘樓敲出的鐘聲享有盛名，倫敦知名大笨鐘（Big Ben）的鐘聲設計就是仿傚自它。喜歡從高處俯瞰美景的人，不能錯過爬上 123 階樓梯至塔樓頂端，從 35 公尺高的鐵塔上將劍橋美景盡收眼底。教堂後方為市集廣場（Market Square）和不少商店與餐廳。

∾ I N F O

地址 Senate House Hill, Cambridge CB2 3PQ
價位 教堂免費，塔樓 5£
時間 週一～六 10:00 ～ 17:30、週日 12:30 ～ 17:30

地圖

5 / King's College
國王學院

1441 年由國王亨利六世所成立的國王學院，雖然規模不是最大也非最久遠，卻是劍橋最受歡迎的學院，氣勢磅礴的大門吸引眾人的目光。

其中，國王學院教堂（King's College Chapel）歷經好幾位國王的支持，花費了 1 世紀才終於建造完成，是劍橋三大觀光景點之一。教堂挑高的穹頂及巨幅彩繪玻璃，盡顯露了典型的哥德式風格，壯觀的模樣讓每位來訪的遊客都嘆為觀止。

中國詩人徐志摩的《再別康橋》誕生 80 週年之際，也就是 2008 年，國王學院在劍河畔立下全中文的紀念詩碑，吸引許多華人購票進來參觀。

有別於其他學院將紀念品販售設在門房處，其商店規模大到擁有實體店面，位於學院正門口斜對面，門票也在此購買。憑門票購買紀念品可享有折扣，有興趣買紀念品的人，不妨來這裡逛逛。

∽ I N F O

地址 King's Parade, Cambridge CB2 1ST
網站 kings.cam.ac.uk/visit/index.html
價位 7 ～ 8 月成人 10 £、12 ～ 17 歲或學生 8 £。其他月份，
　　成人 9 £、12 ～ 17 歲或學生 6 £、11 歲以下與家人同行免費
時間 1 月中旬～ 3 月中旬＆ 4 月下旬～ 6 月中旬＆ 10 月上旬～
　　12 月上旬 週一～五 9:30 ～ 15:30、週六 9:30 ～ 15:15、週日
　　13:15 ～ 14:30。其他則為每天 9:30 ～ 16:30。12 月 ＆1 月教
　　堂只開放至 15:30
特別提醒：各學院考試期間或學校有特別活動時不開放，請特別留意官網公告

官網　　　地圖

═ 特別體驗 ═

Punting Tours

　　許多人來到劍橋就會想到撐篙，慵懶的坐在船上，以船代步划過一座座學院，也是各學院在考試期間不對外開放時的最佳選擇。

價位　成人 18 ～ 20£、小孩 9 ～ 12£，船程約 45 ～ 60 分鐘

時間　3 ～ 10 月 9:30 ～天黑，11 ～ 2 月預約制

備註　旅遊中心平日中午前有早鳥優惠票券或參考官方認證業者的行程，可網上預訂

旅遊中心
Visitor Information Centre

地址　The Guildhall, Peas Hill, CB2 3AD

網站　visitcambridge.org/ things-to-do/punting- bus-and-bike-tours/ punting-tours

官網

餐廳推薦

Michaelhouse Café

　　重新裝修過的 14 世紀維多利亞哥德式風格的教堂，大約一半左右的區域為咖啡廳，採用在地食材製作的簡單美食，從早餐到每日變化菜單的 6 種午間主餐，還有三明治、披薩、蛋糕、Scone 等，享受在神聖教堂用餐的特別體驗。

FB

地圖

地址　Trinity Street, Cambridge, England, CB2 1SU
價位　午間主餐約 7 ～ 11£、三明治約 6 ～ 7£
時間　週一～六 8:00 ～ 17:00

牛津 *Oxford*

── 中古風情小鎮 ──

» 參觀時間　　1 天

» 鄰近機場　　倫敦希斯洛（Heathrow）、
　　　　　　　倫敦蓋威克（Gatwick）

» 鄰近城市　　倫敦（London）

» 交通方式

1. 從倫敦蓋威克機場搭火車經 Reading，轉車前往
牛津車站（Oxford），車程約 2 小時 10 分鐘。

2. 從倫敦希斯洛機場搭火車經 Hayes & Harlington 及 Slough，轉車前往牛津車站，
車程約 1 小時 20 分鐘。

3. 從「London Kings Cross」或「London Marylebone」車站搭火車前往牛津車站，
車程約 1 小時。建議可以從倫敦安排一日遊，或是科茲窩的水上伯頓及拜伯里行程
前或後在這住一晚。

●牛津

希斯洛機場✈　●倫敦

✈ 蓋威克機場

泰晤士河（流經牛津部分又稱為愛西斯河〔River Isis〕）和查韋爾河兩條河流過的牛津，城市名稱源自撒克遜語「Oxenaforda」公牛涉水之意，意指農民趕牛涉水進城交易，而稱為 Oxford。

牛津的歷史可遠溯至 9 世紀，當時為阿佛烈大帝所建之防禦城市網裡的其中一個城市，10 世紀不僅是戰略地位的防禦小鎮，更形成了繁榮的城鎮。然而卻被丹麥人給燒燬，當時大部分為木造建築，重建之路也相對容易。

之後諾曼人在此建設木造城堡，11 世紀時以石材取代了原本的木造建築。城堡爾後在無政府狀態時發揮了重要作用，可惜最後還是被對手摧毀。不過，牛津很快從這場災難中重新站起來，並再次蓬勃發展。

距今擁有 800 多年歷史的牛津城，是孕育英國皇族和學者的搖籃，也是英語系國家最古老的牛津大學所在地。維多利亞時代詩人馬修·阿諾德（Matthew Arnold）因牛津大學迷人且令人驚嘆的建築，而將牛津形容為夢想頂尖之城。雖然這一座座的學院建築跟劍橋一樣，多數要收費才能入內參觀，但整體的範圍相對的大，非常值得造訪。

牛津大學在 12 世紀時首次被提及，當時由於英法關係惡化，國王亨利二世禁止學生前往巴黎大學學習，返國的學生在牛津定居，因此校園規模迅速擴大。12 及 13 世紀時，牛津不僅是個大學城，還發展為以布料和皮革聞名的製造業城鎮，但經濟終究還是得依賴學生。跟劍橋相似，學者和鎮民時常發生衝突，最嚴重的一次甚至導致有些學者逃到劍橋，並建立了劍橋大學。牛津的每任市長，除了每年給付牛津大學賠償金，還得到教堂懺悔，達數百年之久。

除了學院之外，整座城鎮還有許多可看之處。瀰漫著濃濃大學城氣息的牛津，距離倫敦不遠，可由倫敦當天來回一日遊，或者是住宿一晚再繼續前往不遠處的科茲窩地區小旅行。

嘆息橋 Bridge of Sighs ④
STAY 30分鐘

博德利圖書館 Bodleian Libraries ③
STAY 60分鐘

瑞德克里夫圖書館
Radcliffe Camera ②
STAY 30分鐘

Vaults & Garden

① 聖瑪麗大學教堂
University Church of St. Mary the
STAY 60分鐘

Market Street
Cornmarket St
Turl Street
Catte Street
High Street

⑥ 卡爾法克斯塔
Carfax Tower
STAY 60分鐘

⑦ 頂篷市集
Covered Market
STAY 60分鐘

Queen Street
St Aldate's

一日遊行程路線

⑤ 基督堂學院 Christ Church
STAY 120分鐘

參觀重點

1 / University Church of St. Mary the Virgin
聖瑪麗大學教堂

　　四周被大學建築所環繞的聖瑪麗教堂，已經有近千年歷史，乃是牛津大學第一座教堂，也是主教堂。早期，牛津大學各學院共用教堂，所有重要的儀式及正式的會議都在此舉行；後來各學院擁有各自的教堂，此功能才逐漸弱化。

　　教堂最古老的部分是建於 1270 年的塔樓，哥德式的尖頂是 14 世紀早期所增建，被譽為英格蘭最美的尖頂之一，現今為牛津地標。遊客可以付費爬上塔樓，飽覽牛津市區 360 度的風光，這裡也是拍攝瑞德克里夫圖書館的最佳位置。

∾ I N F O

地址　The High St, Oxford OX1 4BJ
網站　universitychurch.ox.ac.uk/content/plan-your-visit
價位　教堂免費，登塔＆紀念品店：成人 5£、家庭票（2 位成人＋
　　　2 位 8 ～ 16 歲小孩）15£，8 歲以上才能登塔
時間　週一～六 9:30 ～ 17:00、週日 12:00 ～ 17:00，7 ～ 8 月
　　　延長至 18:00。12/25、12/26 休館

 官網　　 地圖

2 / Radcliffe Camera
瑞德克里夫圖書館

　　Camera 一字源自拉丁語的「房間」，由出身蘇格蘭、在英國頗具影響力的建築大師詹姆斯・吉布斯（James Gibbs）所打造，於 1747 年完工，是英國第一間圓形圖書館。

　　圖書館周邊有廣闊的草坪，特殊的圓柱形和引人注目的圓頂建築，為牛津辨視度最高的地標之一，經常出現在明信片中。每位來到這裡的旅人，都會被其風采所吸引，而忽略周遭其他建築的存在。目前是博德利圖書館的閱覽室，無對外開放，得報名一週僅有四場的 90 分鐘導覽團，才能入內參觀。

∽ INFO

地址　Radcliffe Sq, Oxford OX1 3BG
網站　bodleian.ox.ac.uk

官網　　　　地圖

3 / Bodleian Libraries
博德利圖書館

成立於 1602 年的博德利圖書館，是牛津大學主要的研究中心，同時也是歐洲最古老的圖書館之一。內部收藏各種主題的書籍，數量僅次於大英圖書館，為英國規模第二大的圖書館。電影《哈利波特》曾在此取景，當大家親臨現場時或許會有似曾相識的熟悉感。

遊客入內參觀時，可以自行租語音導覽機（有中文），或是參加導覽團（僅英文）。導覽團依參觀範圍不同分 30、60、90 分鐘；30 及 60 分鐘行程每天有許多場次，最受歡迎的 90 分鐘僅週三及週六各一場、週日各兩場，可當日購票。官網也開放兩週前購票，但線上購票得加 1 鎊手續費，特別是同行人數較多的話，事先上網購買較安心。

11 歲以下兒童僅能跟著成人有租語音導覽機入內參觀，11 ～ 16 歲兒童需成人陪同才能參加導覽團，請特別留意。

∽ I N F O

地址　Broad St, Oxford OX1 3BG
網站　bodleian.ox.ac.uk/whatson/visit
導覽　網站：visit.bodleian.ox.ac.uk/tours/tours-for-individuals
　　　價位：30 分鐘 8 £、60 分鐘 12 £、90 分鐘 18 £
　　　時間：請參照購票網站的場次
語音導覽機自行參觀
　　・External quadrangles and the 15th-century Divinity School
　　　時間：週一～六 9:00 ～ 16:00、週日 11:00 ～ 16:00，長度 40 分鐘
　　　價位：成人 4£、家庭票（2 位成人＋ 3 位 11 ～ 15 小孩）10£
　　・15th-century Divinity School
　　　時間：週一～六 9:00 ～ 17:00、週日 11:00 ～ 17:00，長度 10 分鐘
　　　價位：成人 2£、家庭票（2 位成人＋ 3 位 11 ～ 15 小孩）5£

官網

地圖

導覽

4 / Bridge of Sighs
嘆息橋

連接赫特福德學院（Hertford College）南北兩棟建築的嘆息橋，正式名稱為赫特福德橋（Hertford Bridge），因外型類似義大利威尼斯的嘆息橋而得名。20 世紀初由傑出的英國建築師 Thomas Graham Jackson 所打造，他同時也是學院的設計者。

雖然這座橋不像威尼斯或劍橋的嘆息橋跨越在河上方，似乎少了一點什麼，但也因為如此，讓人可以更近距離地欣賞。不管是拱形窗戶或是盾徽雕飾，大家都能佇足橋下細細品味。牛津的嘆息橋不似劍橋，還得購票入學院才能一睹風采，而是位於博德利圖書館對面的開放空間，隨著不同時間的光線變化，流露出多樣的氛圍。

∾ I N F O

地址　New College Ln, Oxford OX1 3BL

地圖

5 / Christ Church
基督堂學院

這是牛津大學最大的學院之一，1525年由紅衣主教沃西建立。因為在近 200 年內培育出 16 位英國首相，所以和英國政壇有很深的淵源。學院教堂的前身為古老修道院，大部分的建築重建於 1170 至 1190 年間。雖然是英格蘭最小的教堂，但內部的雙拱頂造型，讓大堂顯得特別壯麗。建築本身和內部裝飾都值得細細品味，尤其 15 世紀所建的迴廊古色古香，頗有懷舊的味道。

學院最受歡迎的景點莫過於學生用餐的 The Great Hall，這裡為電影《哈利波特》裡魔法學院餐廳場景的靈感來源。學院宿舍暑假期間開放非學生入住，入住者可免費參觀之外，某些日期的房客還能加購早餐，早餐就在 The Great Hall 享用，哈利波特迷千萬不要錯過。

The Great Hall 平日 12:00 ～ 14:00、週六 10:00 ～ 14:00 為用餐時間，基本上不對外開放。另外，教堂有活動時，開放時間會縮短，需特別留意，建議安排行程時先上官網確認。

另外售票的畫廊為英國最重要的私人畫廊之一，收藏許多 18 世紀前歐洲大畫家的作品。

∽ INFO

地址　St. Aldates, Oxford, OX1 1DP
網站　chch.ox.ac.uk/plan-your-visit
價位　成人 15 £，60 歲以上、學生、5 ～ 17 歲 14 £，5 歲以下免費
　　　家庭票（2 位成人 +2 位小孩或 1 位成人 +3 位小孩）45 £
時間　週一～六 10:00 ～ 17:00、週日 14:00 ～ 17:00

官網　　　地圖

6 / Carfax Tower
卡爾法克斯塔

　　Carfax 意指十字路口,位於市中心多條街道的交會處,匯集了許多店家而形成熱鬧的商圈,周遭還有不少特色的建築。這裡原本有座建於 12 世紀的聖馬丁教堂,約百年後又增建獨立塔樓。然而到了 19 世紀時,因拓寬道路而將教堂主體拆除,僅保存塔樓的部分。

　　礙於法規的限制,這地區的建築高度不得超過此塔,所以這裡是除了聖瑪麗教堂之外,牛津另一處居高臨下將城市美景盡收眼底的地方,鼎鼎大名的基督教堂學院就在不遠處,爬上 99 層階梯就可來到 23 公尺的塔頂。離去前別忘了欣賞塔樓外牆上的舊式時鐘,和可愛的一刻鐘男孩,每 15 分鐘就會敲響一次。

∾ I N F O

地址　Queen St, Oxford OX1 1ET
價位　成人 3 £、小孩 2 £
時間　4 ～ 9 月 10:00 ～ 17:00、3&10 月 10:00 ～ 16:00、11 ～ 2 月 10:00 ～ 15:00
　　　12/25、12/26、1/1 休館

地圖

7 / 頂篷市集

Covered Market

　位於市中心的頂篷市集，在 High Street 與 Market Street 分別有四個出入口，每天皆有營業。這處市集源自 1770 年代，當時為了解決市場攤位所衍生的雜亂環境而興建這棟建築。現今裡面超過 50 個攤位，包括農產品、生鮮肉品、傳統工藝品、服飾、紀念品及現烤點心等等，還有餐廳和咖啡廳。英國知名新鮮烘焙餅 Ben's cookies 的第一家店，就是由此開始發跡，許多店家也傳承經營好幾代了。穿梭在迷宮般的攤位間，你能感受牛津的古樸魅力及文化。部分店家星期日不營業，請上官網確認。

INFO

地址　Market St, Oxford OX1 3DZ
網站　oxford-coveredmarket.co.uk/
時間　週一〜五 8:00 〜 17:30、週六 8:00 〜 17:00、週日 10:00 〜 17:00

官網

地圖

餐廳推薦

Vaults & Garden

　14 世紀大學教堂舊會眾之家的建築，擁有迷人的拱形天花板，戶外花園區座位面向牛津最美的地標瑞德克里夫圖書館。餐廳的食材選購以對環境友善為優先考量，供應早餐、午餐及英國經典午茶之一 Cream Tea。每天會在午間主餐內容做變化，包含素食選項在內共 4 〜 5 道可選擇。

官網

地圖

地址　UniversityChurch, 1 Radcliffe Sq, Oxford OX1 4AH
網站　thevaultsandgarden.com/
價位　早餐 5.5 〜 9.5 £、午間主餐約 9.8 〜 11 £、Cream Tea 6.4 £
時間　每日 8:00 〜 17:30

超·推·薦

童話故事小鎮

拜伯里 *Bibury*

基本資訊

» 參觀時間　半天
» 鄰近機場　倫敦希斯洛（Heathrow）、
　　　　　　倫敦蓋威克（Gatwick）
» 鄰近城市　牛津（Oxford）、
　　　　　　莫頓因馬什（Moreton-in-Marsh）
» 交通方式

● 莫頓因馬什

拜伯里 ●　　● 牛津

希斯洛機場 ✈

蓋威克機場 ✈

1. 從倫敦希斯洛機場搭火車經 Hayes 及 Harlington Slough，轉車前往莫頓因馬什車站，並轉搭巴士 801 至水上伯頓，接著轉乘巴士 855 至拜伯里「The Square, Bibury」，車程約 3 小時。

2. 從倫敦蓋威克機場搭火車經 Reading，轉車前往莫頓因馬什車站，轉搭巴士 801 至水上伯頓，接著轉乘巴士 855 至拜伯里，車程約 4 小時 25 分鐘。

3. 從牛津搭火車前往莫頓因馬什車站，轉搭巴士 801 至水上伯頓，接著轉乘巴士 855 前往，車程約 2 小時 10 分鐘。

4. 從莫頓因馬什搭巴士 801 至水上伯頓，接著轉乘巴士 855 前往，車程約 1 小時 5 分鐘。建議可以由莫頓因馬什或水上伯頓安排半日遊（巴士 855 週日及假日停駛）。

巴士時刻表　　科茲窩
　　　　　　　一日券

科茲窩（Cotswolds）的 cot 意為羊群圍場，wold 則是山丘，連在一起即成「羊群棲息地的山丘」，足以看出這地方羊群的重要性。12 世紀曾流傳著一句話：「全歐洲最棒的羊毛來自英國，而英格蘭品質最好的羊毛源於科茲窩」（In Europe the best wool is English and in England the best wool is Cotswold.）。

從中世紀以來，科茲窩憑著羊毛產業，一直在英國經濟上佔有一席之地。因工業革命帶動紡織業的興起，使得羊毛製品逐漸從英國的主流市場中消失，小鎮的發展也停滯不前。略過了 20 世紀的現代化過程，卻讓這裡完整地保存傳統風貌，尤其以科茲窩石（Cotswolds stone）堆砌而成的小屋，是採用當地黃色的石灰岩，在陽光照耀下會呈現如蜂蜜般的顏色而聞名。

科茲窩可說是英國人眼中最具代表性的鄉村景致，也是英國法定《特殊自然美景區》（Areas of Outstanding Natural Beauty，簡稱 AONB）；由於涵蓋眾多村莊，分屬不同的郡，因此不具實際行政分區上的實質意義。其中最著名的拜伯里，可追溯至 12 世紀的聖瑪麗教堂周圍，教堂牆上嵌入的撒克遜墓碑，似乎訴說著這是座更古老的遺產。另外，還有 13 世紀的方形字體及彩繪玻璃，15 世紀的木造結構屋頂等。許多撒克遜文物已經被移到大英博物館，教堂內展示的是複製品。

這裡曾被英國最具影響力的藝術家、同時也是詩人的威廉莫里斯（William Morris）形容為「英國最美麗的村莊」，2010 年阿靈頓排屋更登上英國護照內頁，拜伯里的魅力可見一般。每年有各國觀光客不遠千里而來，其中又特別受到日本旅客的青睞，是因為裕仁天皇在 20 世紀上半期，以皇太子的身分造訪歐洲時，曾經在拜伯里下榻過。他返回日本後，宣揚了這村莊的美好，成為日本人來到英國必去的景點。

1 / Arlington Row
阿靈頓排屋

清澈小溪旁沿著山坡而建的阿靈頓排屋，屬於國家信託保護區，大約建造於1380 年左右。起初只是一間修道院的羊毛商店，17 世紀時被改造為整排的編織工小屋，織布機就架在閣樓上，現今已成為私人建築。

這裡是拜伯里甚至是科茲窩最受歡迎的景點，絡繹不絕的旅行團、自駕或是換兩趟巴士前來的自助旅者，就只為這整排高低起伏的老屋。許多電影也曾前來取景，像是《BJ 單身日記》、《星塵傳奇》等等，縱然村莊雖小，卻吸引眾多遊客遠道而來。

拜伯里小鎮地圖

天鵝酒店
The Swan Hotel

拜伯里鱒魚場
Bibury Trout Farm

阿靈頓排屋
Arlington Row

聖瑪麗教堂
St Mary's Church

2 / Bibury Trout Farm
拜伯里鱒魚場

英國最古老的鱒魚養殖場之一，由著名的博物學家 Arthur Severn 於 1902 年所創立。當地原生的鱒魚每年能孵化 600 萬粒鱒魚卵，產量相當可觀。遊客不但能買飼料餵鱒魚，甚至還可以在初學者的魚場體驗捕魚，按重量秤重購買，或是直接採購新鮮及煙燻的鱒魚。除此之外，咖啡廳內提供各式鱒魚輕食點心及飲品，千萬不能錯過。

∾ INFO

地址 Bibury, Cirencester GL7 5NL
網站 biburytroutfarm.co.uk/
價位 成人 4.5£、小孩 3.25£。家庭票（2 位成人、2 ～ 3 小孩）15£
時間 鱒魚場參觀：4 ～ 9 月 8:00 ～ 18:00、3&10 月 8:00 ～ 17:00、
　　 11 ～ 2 月 8:00 ～ 16:00，週日延至 8:30 開始
　　 咖啡廳：3 ～ 10 月 10:00 ～ 17:00
　　 釣鱒魚：4 ～ 9 月 10:00 ～ 17:00、3&10 月 10:00 ～ 16:00

官網　　　　地圖

---

3 / The Swan Hotel
天鵝酒店

毗鄰科隆河（River Coln）的天鵝酒店，在 17 世紀時是馬車驛站，如今是拜伯里最高級的四星級飯店，雙人住宿一晚含早餐約 175 英鎊起跳。有機會來訪的話，不妨坐下來享用庭園下午茶，或是品酒，品嘗時令的鱒魚料理。

∾ INFO

地址 Bibury, Cirencester GL7 5NW
網站 cotswold-inns-hotels.co.uk/the-swan-hotel/

官網　　　　地圖

水上伯頓

Bourton-on-the-Water

—童話故事小鎮—

» 參觀時間　　半天～1天
» 鄰近機場　　倫敦希斯洛（Heathrow）
　　　　　　　倫敦蓋威克（Gatwick）
» 鄰近城市　　牛津（Oxford）、莫頓因馬什
　　　　　　　（Moreton-in-Marsh）

```
       ● 莫頓因馬什
            ●
水上伯頓      ● 牛津

        希斯洛機場 ✈

            蓋威克機場 ✈
```

» 交通方式

1. 從倫敦希斯洛機場搭火車經 Hayes &Harlington 及 Slough，轉車前往莫頓因馬什車站，接著轉搭巴士 801 至水上伯頓「Bourton-on-the-Water High St」，車程約 2 小時 20 分鐘。

2. 從倫敦蓋威克機場搭火車經 Reading，轉車前往莫頓因馬什車站，並轉搭巴士 801 至水上伯頓，車程約 3 小時 50 分鐘。

3. 從牛津搭火車前往莫頓因馬什車站，並轉搭巴士 801 至水上伯頓，車程約 1 小時 5 分鐘（巴士 801 週日及假日班次很少，請特別留意）。

4. 從莫頓因馬什搭巴士 801 前往，車程約 30 分鐘。

· 水上伯頓與拜伯里同屬科茲窩地區，相關票券請見 P103

　　水上伯頓與拜伯里同樣位於科茲窩地區，是這一帶遊客最多的村莊。Bourton 這字源自撒克遜語，burgh 意指營地、ton 則為村莊，兩字合起為營地村莊。根據考古發現，遠在 4 千年前就有遊牧民族的營地標誌，像是箭頭及燧石、還有新石器時代的陶器，印證了曾作為定居點的過往。45 年時羅馬人在此建立小型城鎮，羅馬軍隊於 5 世紀時離開英國，也同時從此撤出。

　　源自小鎮約十英哩外的溫德拉許河（River Windrush），一路蜿蜒地穿過村莊，這裡因而被稱為水上伯頓。即使 1976 年乾旱期間，豐富的河水仍然涓涓不息的流動著。

　　有河流過的村莊就有橋，水上伯頓也不例外，共有五座橋樑成為這裡的地標，全由當地特有的科茲窩石（Cotswolds stone）建造而成。年代最久遠建於 1654 年，坐落於最西邊的 Mill Bridge（後來稱為 Broad Bridge 或 Big Bridge），往東依序有建於 1756 年的 High Bridge、1911 年的 New Bridge、1776 年的 Paynes Bridge，以及建於 1953 年的 Coronation Bridge，此乃取代 18 世紀的木橋，也是最晚建造的一座橋。而這小橋流水人家的景致，也讓水上伯頓被稱為科茲窩的威尼斯。

　　現今，村莊裡多數的建築是於 16 及 17 世紀時期所興建，跟橋一樣全都採用當地獨有的科茲窩石，溫潤的石灰石色澤形成一種特殊的風貌。由於與牛津郡相鄰，同時也是交通相對便利的小鎮，前往拜伯里或附近其他科茲窩地區的巴士多在此轉乘。因此夏日時分，許多英國人會攜家帶眷來此戲水野餐，唯美的鄉村景色吸引眾多遊客來訪。

1 / River Windrush
溫德拉許河沿岸

　　流經小鎮的溫德拉許河岸，可說是水上伯頓的精華區，即使來回走了多遍也不會感到厭倦。五座古樸的石橋橫跨在河流上方，底下清澈的潺潺流水深約及膝，成群的鴨子悠遊其中，是多麼愜意的畫面啊！夏日時分，人們結伴在水中嬉戲，氣氛非常熱鬧；到了冬日雪景，又是另一番浪漫的景致。

　　河道精華地段的兩旁，一側是餐廳、手工藝品店及民宅，另一邊則為翠綠的草坪。早晨和傍晚過後，是不受團客打擾，享受清幽的好時段。你可以悠閒地徜徉在建築物和河流中間的步道，穿越典雅的石橋，都能把優美的景色盡收眼底。不論是坐在露天咖啡座品酒或享受美食，還是去烘焙店外帶些點心，坐在木椅或草坪上野餐都很愜意。

科茲窩汽車博物館
Cotswold Motoring Museum

● Bakery on the Water

溫德拉許河沿岸
River Windrusht

● The Cornish Bakery

模型村
The Model Village

水上伯頓小鎮地圖

2 / Cotswold Motoring Museum
科茲窩汽車博物館

博物館展出經典老爺車、敞篷車及看上去不穩的摩托車，還有獨特的玩具收藏品，裡面提供小庭院備有小車給兒童開車繞行，推薦給帶小朋友的家庭或是喜歡汽車、玩具的人。

∞ I N F O

地址 Bourton-on-the-Water, Gloucestershire, GL54 2BY
網站 cotswoldmotoringmuseum.co.uk/
價位 成人 6.5£、4 ～ 16 歲 4.6£、4 歲以下免費
時間 2 月中旬～ 12 月中旬每天 10:00 ～ 18:00

官網　　　　地圖

3 / The Model Village
模型村

由本地工匠利用科茲窩特有的蜂蜜色石頭，以 1:9 的比例手工製作，歷時 5 年再現水上伯頓全村風貌，為整座城鎮的縮影。每座石造建築完整地呈現其細節，包括烘焙坊、咖啡廳、手工藝品店和酒吧，更不用說流過小鎮的溫德拉許河及五座石橋，連圍牆花園和樹木草坪都鉅細靡遺。這裡非常受到小朋友的喜愛，冬天有雪覆蓋時，一幢幢迷你雪白薑餅屋，彷彿是童話世界。

∞ I N F O

地址 Bourton-on-the-Water,
　　 Gloucestershire GL54 2AF
網站 theoldnewinn.co.uk/model-village
價位 成人 4.25£、小孩 3.25£、60 歲以上
　　 3.75£、3 歲以下免費
時間 夏天 10:00 ～ 18:00、冬天 10:00 ～
　　 16:00，12/25 休館

官網　　　　地圖

當地
特產

Cream Tea

Cream Tea 為經典的英式下午茶之一，一壺茶、司康（Scone）、Clotted cream 和草莓果醬的組合。Clotted cream 源自於英國西南部的 Devon，使用新鮮濃醇的牛奶做成的，吃起來不會油膩，口感也比鮮奶油還要香濃。果醬的話，則是配上有很多草莓果肉的手工果醬最好吃。

在許多鄉間小鎮或者觀光景點，都有很可愛的 Tea Room，水上伯頓也不例外。雖然是知名觀光景點，卻只需 4.5 ～ 6 £，價格十分平易近人。

Bakery on the Water

　　水上伯頓最受歡迎的烘焙店，小家族經營模式，以傳統工法製作各式各樣的烘焙食品、麵包、三明治及英國經典下午茶之一 Cream Tea。

　　擁有河邊小花園座位區，但座位不多經常滿座，許多人選擇外帶至溫德拉許河沿岸，在木椅或草地上野餐。

右手邊第一間即為 Bakery on the Water

官網　地圖

地址　1 Sherborne Street, Bourton-on-the-Water, Gloucestershire GL54 2BY
網站　bakeryonthewater.co.uk/
時間　每天 8:00 ～ 17:00，週四 18:30 開始為披薩之夜，可預訂

The Cornish Bakery

　　來自康沃爾餡餅（Cornish pasty）發源地的康沃爾郡（Cornwall）的連鎖分店，位於溫德拉許河旁，戶外座位區可欣賞河畔美景。

　　Pasty 為英國傳統國民小吃之一，半圓形貝殼狀、外層厚酥的派皮，經典口味內餡為牛肉加上洋蔥、馬鈴薯、蕪菁，另有雞肉、洋蔥、起司等其他口味，熱熱的吃起來非常美味。除了招牌 Pasty 之外，也有其他輕食選擇，打烊前 Pasty 只需一半價格，非常超值。

$\frac{1}{2}$　1. 河岸旁的冰淇淋店 2 精緻的家飾品店

官網　地圖

地址　High Street, Bourton-on-the-Water GL54 2AQ
網站　thecornishbakery.com/
時間　每天 8:00 ～ 18:00
備註　英國的烘焙店內用費用比較高，座無虛席時可外帶至河邊野餐，既省錢又享有野餐的樂趣

一 荷蘭
NETHERLANDS

馬肯湖

艾登 ●
Edam

● 阿姆斯特丹
Amsterdam

艾登 *Edam*

― 中古風情小鎮 ―

基本資訊

» 參觀時間　半天～1天
» 鄰近機場　阿姆斯特丹史基浦（Schiphol）
» 鄰近城市　阿姆斯特丹（Amsterdam）
» 交通方式

馬肯湖

艾登 ●

● 阿姆斯特丹

阿姆斯特丹史基浦機場

1. 從阿姆斯特丹機場搭乘火車前往阿姆斯特丹中央車站（Amsterdam Centraal），轉搭 EBS 巴士 314 前往「Busstation, Edam」車站，車程約 47 分鐘，或是搭 EBS 巴士 316 前往「De Meermin」車站，車程約 57 分鐘。

2. 從阿姆斯特丹中央火車站的公車站（CS IJzijde, Amsterdam）搭 EBS 巴士 314 前往「Busstation, Edam」車站，車程約 30 分鐘，單程 4.67 €；或是搭 EBS 巴士 316 前往「De Meermin」車站，車程約 40 分鐘，單程 5.44 €。

· 若搭 316 來回或同天安排前往沃倫丹（Volendam）或馬肯（Marken），買 EBS 一日券 10 € 較划算。車上購票僅能使用信用卡，現金購票需到票務中心。

艾登是一座可追溯至 12 世紀的歷史悠久小鎮,當時農民和漁民沿著 River IJe 建造了簡單的木屋在此定居,逐漸形成小村莊而稱這裡為 IJedam。IJe 發音和 eye 相同,因此後來稱為 Edam。

艾登在 14 世紀發展成為重要港口及造船中心。造船業對這小鎮的經濟成長扮演著舉足輕重的角色,這裡的造船廠打造了許多著名的船隻,像是英國航海家亨利哈德森(Henry Hudson),在 1609 年試圖發現東印度群島的北方航線所航行的船 Halve Maan,就是出自艾登的造船廠。

早期水手們航行前,總會帶著不易變質的起司上船當食物,之後更進一步用來交易東方香料或其他貨品,於是起司產業也順勢發展。造船業及起司產業之外,商業也是艾登蓬勃發展的助力之一。艾登曾經與阿姆斯特丹、荷恩(Hoorn)及恩克赫伊森(Enkhuizen),並列荷蘭最重要的商業城鎮。

在荷蘭 17 世紀的黃金年代,阿姆斯特丹的規模持續地茁壯發展,艾登卻停滯不前。幸而這裡生產的起司,一直是荷蘭著名的出口商品,幾個世紀以來已經銷售至世界的每個角落。

艾登位於阿姆斯特丹以北 20 公里處,是一座擁有豐富歷史、正宗 17 世紀建築的小鎮,沿著古老的街道和靜謐的運河散步,隨處可見保存完好的山形牆建築、廣場、橋樑及紀念碑,彷彿走在一座開放式的博物館裡。

1	2
3	4

1. 船也是當地人的交通工具
2. 不同型式的橋樑 3. 夢幻的運河景致 4. 當地人的交通工具：單車

1 / 運河旁街道及建築

　　下了公車順著運河散步，在典型的荷蘭橋樑 Kwakelbrug（Kwakel Bridge）左轉直行就能走到市中心。橫跨運河的 20 幾座橋樑、運河兩旁的建築及廣場等，彷彿阿姆斯特丹的縮影，面積不像阿姆斯特丹那樣大，觀光人潮相對也少很多。

　　順著交錯的運河散步，即可輕鬆享受靜謐的小鎮風光，走在小鎮裡彷彿掉進舊時光，大多數的建築都是以前所保留下來，沒有擴建，也沒有新建，保存了舊時的原汁原味。從裝飾華麗的山型牆和令人印象深刻的歷史建築，足以體驗當年的繁華。

2 / Edams Museum 艾登博物館

左手邊山形牆建築即為艾登博物館

博物館建於 16 世紀，艾登第一間石頭商人的房屋，也是小鎮最老的石屋。門面的天然石框架、內部的磚牆和地板都是當年罕見的。經過了三個世紀，最後一任屋主逝世後公開拍賣。

房子由於年久失修，最後被市政府所收購，並聘請設計阿姆斯特丹國家博物館和中央火車站而聞名的 Dr. Pierre JH Cuypers，重新整修為博物館。內部的空間不大，展出古老的家具、瓷器和銀器等歷史文物，呈現了荷蘭黃金時代商人生活的寫照。地下酒窖的浮動設計，可以適應水位變化而不破壞建築的穩定性，非常具有巧思。

∞ INFO

地址　Damplein 8, 1135 BK Edam
網站　edamsmuseum.nl/home-english/
價位　大人 5 €、65 歲以上 4 €、13 ～ 17 歲 3 €、12 歲以下免費
時間　夏天開放直到 10 月下旬，週二～五 10:00 ～ 16:30、
　　　週六日 13:00 ～ 16:30、週一休館
備註　門票可同時參觀市政廳（Town Hall）

官網

地圖

艾登堡壘 Fort bij Edam **5**
⏱STAY 45分鐘

大教堂 Grote Kerk
4 ⏱STAY 30分鐘

Oorgat

Grote Kerkstraat

艾登起司房
Kaaswaag Edam
⏱STAY 30分鐘 **3**

艾登博物館 Edams Museum **2**
⏱STAY 45分鐘

Damplein　Voorhaven

Spuistraat

De Fortuna

1 運河旁街道及建築
⏱STAY 90分鐘

一日遊行程路線

3 / Kaaswaag Edam
艾登起司房

荷蘭的起司種類不少，起司輸出及食用量都佔據世界第一，其中以高達起司（Gouda）與艾登起司（Edam）最為知名。高達起司的形狀是扁圓車輪型，而艾登起司則是圓球型。身為荷蘭最知名兩大起司之一的產地，對多數人而言，艾登就是起司的代名詞，艾登起司被稱為Edammer，各種口味以不同顏色包裝。

艾登起司房為昔日的起司過鎊房，位於小鎮的歷史中心，現在是販售起司及享用起司時的各種相關器具的商店，有提供試吃。另外還有一小型展區，展出製作起司的工具及相關介紹影片。前方廣場就是7、8月起司交易市場的所在地。

∾ I N F O

地址　Jan Nieuwenhuyzenplein 5, 1135 WT Edam
網站　henriwillig.com/en/cheesestore/edam/kaaswaag-edam/
價位　展區免費參觀
時間　4 ～ 9 月每天 10:00 ～ 17:00

官網

地圖

4 / Grote Kerk
大教堂

大教堂於 15 世紀分兩階段建造而成，後來擴建為現在的規模，又稱為聖尼古拉斯教堂（St. Nicholas Church），是西歐最大 Hall Church，也是荷蘭的百大古蹟之一。1602 年雷擊引起大火，教堂受損嚴重，花了二十幾年時間才重建完成。如今教堂最引以為傲的是 17 世紀所安裝的彩色玻璃窗，色彩瑰麗豐富。不料 1699 年塔樓再次被雷擊，於是居民決定將塔樓建低成為目前的高度。

∞ INFO

地址　Grote Kerkstraat 59, Edam
網站　grotekerkedam.nl/
價位　教堂免費，登塔 2 €
時間　6 ～ 9 月 13:30 ～ 17:00、10/1 ～ 10/27 13:30 ～ 16:00
　　　（開放日期每年前後調整）

官網　　　　地圖

5 / Fort bij Edam
艾登堡壘

興建於 20 世紀初荷蘭最北端的防禦工事，擁有 42 座軍事要塞、總長超過 100 公里的阿姆斯特丹防線（Stelling van Amsterdam），編號 1 的艾登堡壘便為其中一部分，擔任著保護阿姆斯特丹區域的任務，免受來自北方敵人的攻擊。堡壘內部呈現往日軍官和士兵的房間、使用過的槍、做料理的廚房等等，於 1996 年列入聯合國教科文組織的世界文化遺產。距離市中心約 20 分鐘路程，開放參觀的日期不多，開放的時間以外只能參觀周邊環境，看看荷蘭的水線防禦，欣賞和小鎮市中心不一樣的景觀。

∞ INFO

地址　Oorgat 10, 1135 CR, Edam
網站　fortbijedam.nl/french-german-english
價位　成人 3.5 €、4 ～ 11 歲 2.5 €、3 歲以下免費
時間　全年的週三 10:30 ～ 15:00，4 ～ 10 月每月的第一及第二週日
　　　11:00 ～ 16:00

官網　　　　地圖

— 特別體驗 —

艾登起司交易市場 Cheese Market Edam

　　穿著傳統服飾遵循古制，上演百年如一的起司交易活動，讓觀眾深刻了解到起司買賣的過程及文化。過磅房的秤仍舊是傳統的機械式，依然用小船和馬車來運送起司，原汁原味地呈現起司故鄉的傳統風範。最好在 10 點前來卡位，以便有較好的位置觀賞。現場也提供試吃及購買。

地址　Jan Nieuwenhuyzenplein 5, 1135 WT Edam
網站　kaasmarktedam.nl/
價位　免費
時間　7 ～ 8 月每週三早上 10:30 ～ 12:30（出發前請至官網確認）

官網　　　　　地圖

餐廳推薦

De Fortuna

　　三星級飯店的餐廳，室內用餐區溫馨舒適充滿古老荷蘭氛圍，運河邊花園露台座位區景致浪漫迷人。午餐以艾登起司火腿三明治、荷蘭牛肉漢堡、素食漢堡、濃湯、沙拉等輕食為主，晚餐有各式開胃菜、沙拉，及每日鮮魚、烤肋眼牛排、炸鴨胸等主菜，菜單每 6 ～ 8 週更新一次。另有三道式晚餐。

官網　　　　地圖

地址　Spuistraat 3, 1135 AV Edam
網站　fortuna-edam.nl/over-het-restaurant
價位　午餐 9.95 ～ 12.75 €、晚餐開胃菜 10 ～ 13.5 €、
　　　主菜 20.5 ～ 27.5 €、三道式晚餐 36 €
時間　午餐 12:00 ～ 15:00、晚餐從晚上 18:00 開始，週日則提早
　　　至傍晚 17:30 開始

★★★

羊角村
Giethoorn

──童話故事小鎮──

羊角村 ●
Giethoorn

● 阿姆斯特丹
Amsterdam

» 參觀時間　半天～1天
» 鄰近機場　阿姆斯特丹史基浦（Schiphol）
» 鄰近城市　阿姆斯特丹（Amsterdam）
» 交通方式

羊角村 ●
馬肯湖
● 阿姆斯特丹
阿姆斯特丹史基浦機場

1. 從阿姆斯特丹機場搭乘火車經 Zwolle，轉車前往 Steenwijk 車站，再轉巴士 70 或 270 前往羊角村（Dominee Hylkemaweg, Giethoorn）車站，車程約 2 小時。

2. 從阿姆斯特丹中央車站（Amsterdam Centraal）搭乘火車，經 Almere Centrum 及 Zwolle，轉車前往 Steenwijk 車站，再轉巴士 70 前往羊角村車站，車程約 2 小時。

· 巴士每小時僅有一班，利用 9292 APP 輸入起訖站，即能找出火車轉乘、配合火車抵達的巴士班次。

· 近幾年網路經常推出從阿姆斯特丹當天來回包含火車、巴士及遊船的套票，價格僅比單程火車＋巴士的票價多不到 5 歐元，適合打算當日來回者。想留宿羊角村又想參加遊船行程的人也很划算，平日限定 9 點後出發。

交通套票官網

羊角村位於 Overijssel 省的北端 De Wieden 和 De Weerribben 自然保護區的中間。當時由於地勢相較於周邊來得低，造成土壤貧瘠且泥炭沼澤遍佈，能生長的作物僅有蘆葦與臺屬植物，地底下的泥炭成為唯一的資源。

13 世紀一群來自地中海區的難民，到這片充滿樹林和沼澤的地方定居。他們開始挖掘唯一也是最重要的資源：泥炭，結果在挖掘的過程中，發現了上一世紀因洪水罹難的野山羊角，因此稱這裡為 Geytenhoren（Goathorns），後來在方言中演變為今日的 Giethoorn。

居民藉由挖掘出更多的泥炭來賺取金錢，順勢開鑿出一道道的溝渠。之後，為了運送泥煤及物資而拓寬溝渠，進而建造運河以便和湖泊相連。除了泥炭之外，這裡還有廣大的蘆葦田，因此當地買不起磚瓦的窮苦人家，便就地取材利用蘆葦來編成屋頂，不但冬暖夏涼又有防雨耐曬等多項優點。

直到 1920 年代，泥炭開採仍然對這地區占有極大的價值。隨著可用的泥炭資源耗盡，無利可圖的情況下，居民才轉向蘆葦和乾草管理的市場。1958 年荷蘭導演伯特‧漢斯特拉（Bert Haanstra）在此拍攝了熱門喜劇《Fafare》，羊角村因此受到注目而吸引遊客紛紛湧入。

曾經運送泥炭和物資的小船，並沒有因此而沒落，仍然用來運送蘆葦及做為居民的主要交通工具。最傳統的樣式是手工製作的木製平底船 Gieterse Punter，另外還有獨木舟、皮划艇或電動的 Whisper Boat。取名 Whisper 乃是使用無噪音的靜音馬達，避免破壞這裡靜謐的氛圍，達到維護生活環境的效果。

被稱為荷蘭威尼斯或是北方威尼斯的羊角村，規模遠遠不如義大利的威尼斯，卻不似威尼斯過度商業化的吵雜，而是散發著悠然恬靜的氣息。小小村莊由一條運河迷宮和超過 180 座的木橋相連，這裡房子的屋頂皆由蘆葦編成，因此河面都是一幢幢綠色小屋的倒影，加上河岸茂密的樹木，一眼望去綠意盎然，保存完好的自然景觀彷如仙境。

1 / 波光粼粼的運河與童話般的小屋

波光粼粼的運河、一座座的木橋及各個屋主用心打造的庭園童話般小屋，交織成一幅又一幅的美景，這就是羊角村。種滿花卉的屋子間，外圍並沒有籬笆來區隔，遊客一不小心，經常就容易誤闖私人民宅的花園裡。除了民宅之外，隨處都能看見B&B（Bed and Breakfast，也就是民宿）、特色商店、咖啡廳及餐廳。

許多人會租借腳踏車來造訪此地，但是由於並非河的兩邊都有路徑，有時得通過木橋才能到達另一側。騎單車穿越高低起伏的木橋時，和駐足欣賞風景的路人不期而遇，這時得停下來牽著車走。雖然被迫放慢腳步，卻深刻地感受到荷蘭人的生活模式。不管是迎著微風騎單車，還是悠閒地順著運河散步，都是享受這人間仙境的好方法。如果時間許可的話，建議大家在羊角村留宿一晚，享受早上及傍晚過後沒有團客的觀光人潮，更能深入欣賞羊角村靜謐與夢幻的氣息。

2 / 羊角村民俗博物館

Museum Giethoorn t'Olde Maat Uus

　　面積不算大的博物館，展出許多古老的用具，忠實重現了羊角村以前的農村生活，主要圍繞著當地的貿易，如農業、漁業及泥炭採礦。另外，這裡貼心提供中文語音導覽機。

∾ I N F O

地址　Binnenpad 52, 8355 BT Giethoorn
網站　museumgiethoorn.nl/
價位　成人 6.5 €、4 ～ 12 歲 2 €、3 歲以下免費
時間　4 ～ 10 月每天 11:00 ～ 17:00，11 ～ 3 月僅週一、六、日
　　　11:00 ～ 17:00，12/25、12/26、12/31、1/1 休館

官網　　　　地圖

══ 特別體驗

乘觀光船或划船遊運河

　　除了散步之外，坐在船上遊運河是羊角村的另一種體驗方式。對於自己操控小船沒信心的人，參加由船伕駕駛的觀光船行程是最輕鬆的方式，船伕還會沿途介紹羊角村的屋子蓋成這樣的原因、地質等等，全程約 1 小時，成人 8.5€、小孩 5.5€。

　　自己租船是以小時計算，價位依船的種類及不同的店家而異，大約介於 20 ～ 35€，獨木比較便宜，1 小時約 15€ 左右。夏天觀光客比較多時，不管是打算參加觀光船或租船，建議提早上網預約。

預約網址
boothurengiethoorn.nl/
smitgiethoorn.nl/
boatrental-giethoorn.eu/

比利時
BELGIUM

布魯日
Brugge

根特 •
Gent

布魯塞爾 •
Bruxelles

魯汶 •
Leuven

那慕爾
Namur

迪南
Dinant

» 參觀時間　　1 天

» 鄰近機場　　布魯塞爾機場
　　　　　　　（Aéroport de Bruxelles-National）

» 鄰近城市　　布魯日（Brugge）、
　　　　　　　布魯塞爾（Brussel）

●布魯日

●根特

布魯塞爾機場 ✕
　　　　　　●布魯塞爾

» 交通方式

1. 從布魯塞爾機場車站（Brussels Airport-Zaventem）搭火車經 Antwerpen-Berchem，
轉車前往 Gent-Dampoort 車站，車程約 1 小時 12 分鐘。

2. 從布魯日搭火車前往 Gent-Dampoort 車站直達約 36 分鐘，經 Gent-Sint-Pieters
轉車約 45 分鐘。

3. 從布魯塞爾搭乘火車經 Gent-Sint-Pieters 車站，轉車前往 Gent-Dampoort 車站，
車程約 1 小時 10 分鐘。

・Gent-Sint-Pieters 是根特的大站，但離景點集中的舊城區較遠，在此轉車搭到 Gent-
Dampoort 車站較方便。

根據考古研究顯示，史前時代就有人類在根特定居，直到羅馬時期才有明顯社區漸漸在斯海爾德河（River Scheldt）和利斯河（River Leie）交匯處附近形成。城市荷語名稱 Gent 源自凱爾特語的 ganda，意為河流交匯處。

11 世紀向英國進口羊毛後，開始發展紡織工業，於是城鎮的經濟順勢發展，成為中世紀當時僅次於巴黎的歐洲大城。根特的黃金時代持續了幾個世紀，直到英國斷絕了羊毛供應，這裡的紡織業才邁入衰退。幸運地，藉由斯海爾德河和利斯河展開的航運貿易，才得以繼續保持繁榮。然而好景不常，受到布魯日泥沙淤積的影響，根特的航運地位被安特衛普所取代，商業經濟不復往日的盛況，卻也因此避開新開發的浪潮。

18 世紀末到 19 世紀初，根特成為法蘭西帝國的一部分，才重現昔日的風采。縱然被迫與荷蘭短暫合併，但是在獨立之後不久便發生工業革命，於是紡織活動再度復甦，讓根特順利重返工業重鎮的舞台。由於幸運躲過兩次世界大戰的戰火，這裡的古城樣貌也原封不動地保存下來。現今，依循根特人注重傳統的特性，不打擾市民原有的生活步調逐步發展觀光，憑藉輝煌的歷史、豐富文化和當地產業來發展，吸引旅客共同見證完整的中世紀風情。

這城鎮位於布魯塞爾來往布魯日的必經之路，卻看不到遊客氾濫的景象，街道也沒有充斥著商業化的紀念品店，絲毫看不出觀光的氣息。在世界百強之一的根特大學加持下，吸引許多年輕人前來就讀，整個小鎮既古典優雅又充滿青春朝氣。市區道路不寬，更凸顯出教堂及各古老建築的宏偉。尤其舊城區的建築燈光和街燈，集各方的專業人士長期協商、共同規劃，呈現和白天不一樣的氛圍，美麗動人卻不流於俗套。

根特旅遊局提供
夜間燈光路線散步地圖下載

1 伯爵城堡 Gravensteen
STAY 90分鐘

7 星期五市集廣場 Vrijdagmarkt
STAY 90分鐘

Rekelingestraat

Burgstraat

Rekelingestraat

Rekelingestraat

Kleine Vismarkt

Groentenmarkt ●

Korenlei

穀物河岸 Korenlei **2**
STAY 60分鐘

STAY 40分鐘 遊船

2 香草河岸 Graslei

Cataloniëstraat

● Amadeus Gent 2

3 聖米歐爾橋
Sint Michielsburg
STAY 30分鐘

4 聖尼可拉斯大教堂
Sint Niklaaskerk
STAY 60分鐘

5 鐘樓 Belfort
STAY 60分鐘

聖巴夫大教堂
St Baafskathedraal
6
STAY 60分鐘

一日遊行程路線

參觀重點

1 / Gravensteen
伯爵城堡

伯爵城堡原本為木造堡壘,後來改建成石砌的中世紀城堡。14 世紀才由軍事用途改為民間使用,曾經當作法院、鑄幣局及監獄。20 世紀初整修後,恢復其中世紀的壯觀模樣,於 1907 年對外開放參觀,是歐洲少數僅存、也是最具氣勢的護城河城堡。

武器博物館展出各種中世紀時期的武器,包括有珍珠裝飾的手槍、盔甲、茅、長劍等。舊刑訊室則介紹司法文物,像是各種酷刑的道具,一旁相片還有解說如何刑求,甚至連斷頭台都超逼真。爬到制高點可沿著城堡走一圈,360 度的俯瞰小鎮美景。

∽ I N F O

地址 Sint-Veerleplein 11, 9000 Gent
網站 historischehuizen.stad.gent/en/castle-counts
價位 成人 12 €、13 ~ 18 歲 2 €、12 歲以下免費
時間 每天 10:00 ~ 18:00。12/24、12/25、12/31、1/1 休館

官網

地圖

2/ Graslei & Korenlei
香草河岸 & 穀物河岸

利斯河（亦稱萊爾河）美麗的河岸，曾經是根特的主要碼頭，也是熱鬧的商業中心。自 11 世紀以來，一直有船隻在此停泊，昔日是載貨的船，現今是載著觀光客遊運河的渡輪。東岸是較華麗的香草河岸，西岸則為相對樸實的穀物河岸。

河岸旁的樓房，是古時商人相繼崛起後所蓋的公會及倉庫，哥德式、巴洛克、文藝復興等不同風格建築各異其趣。法蘭德斯階梯樣式山形牆象徵著權勢，越多階表示地位愈高。唯美的建築投射在平靜無波的運河上，形成的倒影甚是浪漫。如今，部分建築底下是酒吧或餐廳，坐在露天座位便能同時享受美食和美景。

1   1. 樸實的穀物河岸
2   2. 華麗的香草河岸

3/ Sint Michielsburg
聖米歇爾橋

這座橋原本是一座木橋，在 20 世紀被堅固的石橋所取代。從橋上環顧四周，不管哪個方向都林立著迷人的歷史景點。除了浪漫的運河之外，還可把香草河岸和穀物河岸的美景盡收眼底，甚至能遠眺伯爵城堡的頂端，無時無刻都有人佇足欣賞。

從其中一個方向望去，聖尼可拉斯大教堂（Sint Niklaas kerk）、鐘樓（Belfort）、聖巴夫大教堂（Sint Baafskathedraal）這三座小鎮最重要的建築，同時映入眼簾。每當夕陽西下，街燈冉冉亮起後，河兩岸及舊城區建築全部打上燈光，夢幻的夜景瞬間充滿了童話世界的氛圍。

4 / Sint Niklaaskerk
聖尼可拉斯大教堂

被列為根特三塔之一的聖尼可拉斯大教堂，在11世紀末始建時是座羅馬式教堂。後來因為規模太小，所以13世紀在原址重建斯凱爾特哥德式風格的教堂，同時也設置鐘樓，直到15世紀才將敲鐘的任務移至不遠處的鐘樓（Belfort）。

之後教堂遭到破壞，現今模樣歸功於19世紀的重建工程。不僅外觀有了嶄新風貌，內部迷人的哥德式石雕展現工藝美學，令人驚艷的管風琴由法國傑出的師傅 Aristide Cavaill-Coll 所打造，兩扇巨大彩繪玻璃窗及精緻的祭壇也不容錯過。

1
2
1. 工藝美學的石雕和濕壁畫
2. 多元的建築風格

∾ INFO

地址 Cataloniëstraat, 9000 Gent
價位 免費
時間 週二～日 10:00 ～ 17:00、週一
　　　14:00 ～ 17:00

地圖

---

5 / Belfort
鐘樓

直指天際的鐘樓建於14世紀，其91公尺的高度是舊城區裡最高的建築。從1442年起，守衛從聖尼可拉斯大教堂的瞭望塔遷移至鐘樓，自此便扮演著防禦城市的重要角色。尖塔頂端的飛龍，為小鎮的吉祥物也是守護者的象徵。

遊客可以搭乘電梯至塔頂，俯瞰紅磚瓦屋頂、教堂、運河及廣場等，將小鎮壯麗美景盡收眼底。1999年跟比利時其他城市、還有法國留存下來的55座鐘樓，共同列入聯合國教科文組織的世界文化遺產。

∾ INFO

地址 Sint-Baafsplein, 9000 Gent
網站 belfortgent.be/en/home
價位 成人 8 €、13 ～ 18 歲 1.6 €、12 歲以下免費
時間 每天 10:00 ～ 18:00。12/25 及 1/1 休館

官網　　　地圖

6 / St Baafskathedraal
聖巴夫大教堂

教堂始建於 10 世紀，是根特三塔之一。爾後幾世紀歷經數度改建，外觀融合了羅馬式、哥德式及巴洛克式的多元建築風格；教堂內部氣勢非凡，除了 15 世紀的濕壁畫，還擁有比利時最大的巴洛克管風琴。

另外，教堂祭壇的畫作，是不容忽視的參觀重點。由比利時知名藝術家休伯特・范艾克（Hubert van Eyck）及揚・范艾克（Jan van Eyck）兄弟，先後繪製完成的根特祭壇畫《神秘羔羊之愛》（The Adoration of the Mystic Lamb），是藝術史上的第一幅油畫，也奠定了北方文藝復興基礎。雖然畫作曾經被掠奪最終失而復得，但仍有一幅至今下落不明，即使目前由複製畫替代，卻不損其國寶級的地位。教堂免費參觀，《神秘羔羊之愛》得額外付費，兩者開放時間略有不同，請特別留意。

∞ INFO

地址　Sint-Baafsplein, 9000 Gent
網站　sintbaafskathedraal.be/en/index.html

官網　　　　地圖

・**教堂**
價位　免費
時間　3 ～ 10 月週一～六 8:30 ～ 18:00、週日 13:00 ～ 18:00；
　　　11 ～ 2 月 8:30 ～ 17:00、週日 13:00 ～ 17:00。1/1 休館

・**神秘羔羊之愛**
價位　成人 4 €
時間　3 ～ 10 月週一～六 9:30 ～ 17:00、週日 13:00 ～ 17:00；11 ～ 2 月 10:30 ～ 16:00、
　　　週日 13:00 ～ 16:00。1/1 休館
※ 教堂內禁止攝影

7 / Vrijdagmarkt
星期五市集廣場

源自 12 世紀的市集廣場，是根特最古老的廣場之一，因為每週五都有貿易在此進行而得名，如今週五早上及週六下午仍有市集活動。廣場中間的雕像為歷史上的英雄人物 Jacob van Artevelde，在英法百年戰爭時，法國突然切斷了羊毛貨源，於是他主張向原本抵制的英國進口，讓經濟命脈紡織業得以延續。他右手所指的方向即為英國，象徵著引領根特持續邁向繁榮之路。廣場周邊的建築大多建於 19 世紀，目前林立著許多餐廳、酒吧及咖啡廳，坐在這裡喝個下午茶曬曬太陽非常愜意。

地圖

Boat Trip

來到根特，不能錯過乘船體驗！船伕一邊操控船隻，同時娓娓道來歷史典故和介紹特色樓房，特別是有些濱臨運河的建築物，唯有乘船遊覽才能近距離欣賞。船程約 40 分鐘 7 歐元，香草河岸及穀物河岸旁就有船公司可挑選。

根特藝術節

每年 7 月有長達 10 天的根特藝術節（Gentse Feesten），包括音樂演奏、街頭表演及遊行等活動，免費或付費皆有，喜歡熱鬧的人要把握！活動期間香草河岸及穀物河岸會搭起舞台，因而影響到原本的景觀，在意的人要避開活動期間。

網站 gentsefeesten.
stad.gent/nl

官網

Cuberdon

三角錐形的糖果，貌似鼻子，因此被暱稱為鼻子糖，外部稍硬裡面為凝膠狀。據說這是 19 世紀末期，藥劑師偶然發現準備淘汰的藥用糖漿表面會硬化，但裡面卻還是稠稠的液狀，因而發明出來的糖果。傳統口味為紫色的覆盆子，另有草莓、檸檬、藍莓等。Groenten 廣場的路邊小車攤販，有兩家都堅稱自己是創始者，也有其他店家包裝成伴手禮，但不含防腐劑，內餡超過三週即會變硬，所以這糖無法外銷，僅能在當地買到。

當地特產

地址 Groentenmarkt
價位 100g 2 €、150g
3 €、250g 5 €

餐廳推薦

Amadeus

比利時排隊名店 Amadeus，招牌是肋排吃到飽 Spareribs a volonté，價位是 17.95 €，附生菜沙拉及烤馬鈴薯。肋排及馬鈴薯都可無限續加，飲料另計。根特有兩家分店，2 號店就在知名景點鐘樓旁邊，享用完剛好可散步賞夜景。可利用線上訂位，不用花時間排隊。

官網

地圖

Amadeus Gent 2
地址 Gouden Leeuwplein 7, 9000 Gent
網站 amadeus-resto.be/en/reservatie/
時間 週一～四 18:30 ～ 23:00，週五及週六 18:00 ～午夜，週日及
假日 12:00 ～ 14:00、18:00 ～ 23:00

★★★★
★　　★
★　　★
★★★★

中古風情小鎮

布魯日
Brugge

» 參觀時間　　1 天
» 鄰近機場　　布魯塞爾機場
　　　　　　　（Aéroport de Bruxelles-National）
» 鄰近城市　　布魯塞爾（Brussel）、根特（Gent）
» 交通方式

●布魯日
　　●根特
布魯塞爾機場
　　　　●布魯塞爾

1. 從布魯塞爾機場車站搭火車經 Brussels-Zuid，轉車前往布魯日車站，車程約 1 小時 37 分鐘。

2. 從布魯塞爾中央車站（Brussel-Centraal）搭火車前往布魯日車站，約 1 小時 15 分鐘。

3. 從 Gent-Sint-Pieters 車站搭火車前往布魯日車站，車程約 25 分鐘。

4. 從 Gent-Dampoort 車站搭火車直達，或經 Gent-Sint-Pieters 車站，轉車前往布魯日車站，車程約 36 ～ 55 分鐘。

居住在萊茵河北邊的法蘭克人，在 4 世紀時成立了法蘭德斯國（Pagus Flandrensis），地理位置大約在今日荷蘭南部、比利時到法國北邊的區域。9 世紀時維京人入侵此地，稱這裡為 Brygga，意指為港口，城市名稱布魯日（Brugge）便是由這個字演變而來。1134 年一場暴雨所形成的潮汐，將茲文河（River Zwin）和北海連結起來，讓原本為內陸城鎮的布魯日發展成為一處貿易港口。

自 13 世紀後期河道開始淤塞，於是建立達默（Damme）和斯勒伊斯（Sluis）兩座外港。同時陸路運輸日漸發達的情況下，吸引各地的商人來此出售商品及採購國際知名的法蘭德斯織物（這款織物和其他鄰近的城市一樣，進口最優質的羊毛製成紡織品銷售），引領布魯日邁向繁榮之路，成為布料貿易中心。14 世紀進而躍升為北歐漢薩同盟的倉庫，穩坐歐洲商業大城的地位。

然而好景不常，15 世紀泥沙淤積日趨嚴重，港口貿易位置拱手讓給安特衛普（Antwerpen），引以為傲的紡織工業也走向衰退，榮景不再。自 16 世紀末失去了過往的優勢，到了 19 世紀甚至成為比利時最窮的城市。幸好藝術和建築持續發展，法蘭德斯畫派留下許多偉大的作品，晚哥德式建築和教堂也多在此時建造。

走過中世紀的黃金時代，繁榮、蕭條繼而復興等幾經起落的輪迴，布魯日又幸運躲過兩次世界大戰的襲擊。憑藉著舊城區保留完整的中世紀建築和城市結構，記錄了其不同階段發展的面貌，而在 2000 年被聯合國教科文組織列入世界文化遺產，華麗轉身成為國際知名旅遊城市，吸引世界各國觀光客競相前來一睹風采。

市集廣場 Markt **1**
⏱STAY 45分鐘

布魯日啤酒博物館 Brugs Biermuseum
⏱STAY 60分鐘 **3**

城堡廣場 Burg **5**
⏱STAY 45分鐘

• 史蹟館 Oude Civiele Griffie

鐘樓 Belfort **2**
⏱STAY 90分鐘

• 市政廳 Stadhuis

聖血教堂 Basiliek van het Heilig Bloed **6**
⏱STAY 60分鐘

Soup •

遊船 ⏱STAY 30分鐘

玫瑰碼頭 Rozenhoedkaai **4**
⏱STAY 30分鐘

Wollestraat

Steenstraat

Oude Burg

Dijver

Eekhoutstraat

Mariastraat

Gruuthuse •
Hof

Katelijnestraat

Wijngaardstraat

Begijnhof

Wijngaardplein

貝居安會院 Begijnhof **7**
⏱STAY 60分鐘

Minnewater

愛之湖公園 Minnewaterpark **8**
⏱STAY 60分鐘

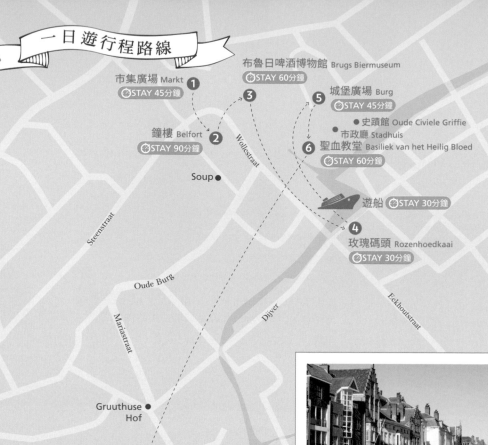

1 / Markt
市集廣場

　　舊城區中心的市集廣場，遠自 958 年就是布魯日店家林立和商人的交易中心，現今則是旅人暢遊布魯日的起點。廣場中央矗立著 14 世紀反抗法國的英雄領袖 Jan Breydel 及 Pieter de Coninck 的雕像。

　　廣場上四周有哥德式建築的省議會、郵局及辨識度最高的知名地標鐘樓，還有色彩繽紛、宛如童話世界的山形牆建築，其畫面經常出現在布魯日各式旅遊廣告和產品包裝上。

∽ I N F O

地址　Markt 20, 8000 Brugge
網站　visitbruges.be/en/markt

官網　　　地圖

2 / Belfort
鐘樓

　　直指雲霄的鐘樓建於 13 世紀，經歷過幾次燒燬後重建才形成現今的樣貌。其 83 公尺的高度，是小鎮最醒目的建築；沿著 366 層狹窄的階梯拾級而上，從頂端的觀景台可居高臨下鳥瞰小鎮美景。途中能順道參觀珍寶室，並近距離欣賞大鐘。1999 年，鐘樓被列入世界文化遺產之林。

∽ I N F O

地址　Markt 7, Brugge 8000
網站　museabrugge.be/en/visit-our-museums/our-museums-and-monuments/belfort
價位　成人 12 €、6 ～ 25 歲或 65 歲以上 10 €、6 歲以下免費
時間　每天 9:30 ～ 18:00，12/24 & 12/31 提早至 16:00 閉館，一小時前停止售票，排隊人數過多時提早結束售票。1/1 & 12/25 休館

官網　　　地圖

3 / Brugs Biermuseum
布魯日啤酒博物館

比利時啤酒的歷史可追溯至 12 世紀，最初是由修道院開始釀造，作為募款的方式。這間博物館讓遊客可以深入了解本地啤酒的來源、發展及釀造過程，和如何搭配食物、為何會宿醉等等。一大面的啤酒牆上，並介紹各種比利時的知名啤酒品牌。

酒吧擁有很棒的景觀，暢飲啤酒同時能欣賞到市集廣場的美景。針對 5 ～ 12 歲的兒童，則有布魯日熊故事兒童之旅的導覽，不用擔心小孩會無聊。門票包含中文語音選項的導覽機，可以僅參觀博物館或是附加啤酒試飲。

∽ INFO

地址 Breidelstraat 3, 8000 Brugge
網站 mybeerexperience.com/en
價位 成人 10 €、含 3 杯各 150cc 試飲啤酒則為 16 €、5 ～ 12 歲 6 €、5 歲以下免費。家庭票不含試飲 24 €（兩位成人跟最多三位 5 ～ 12 歲小孩），家庭票含試飲 6 杯各 150cc 則是 36 €
時間 10:00 ～ 18:00、週六延長至 21:00。酒吧與紀念品店 10:00 ～ 18:30、酒吧週六延長至 23:00。1/1 & 12/31 休館

官網

地圖

4 / Rozenhoedkaai
玫瑰碼頭

位於 Groenerei 和 Dijver 運河交匯處的玫瑰碼頭，中世紀晚期是船隻停泊的地點，鹽商來此卸貨並裝載商品而成為鹽港。從昔日的商業港口轉變為現今的浪漫模樣，讓人實在很難聯想，不過當時的鹽可是和黃金一樣珍貴，重要性可見一般。

碼頭周邊可以拍到波光粼粼的運河水面、鐘樓、教堂和其他建築的倒影，是布魯日明信片上的經典畫面。無論任何季節任何時間，這裡都有川流不息的觀光客。一旁有好幾間紀念品店，有些餐廳及咖啡廳在河邊設有戶外露台座，不妨坐下來休憩片刻。如果您想乘船遊河，遊船公司和搭船的起點都在這附近。

∽ INFO

地址 Rozenhoedkaai 2/8, 8000 Brugge
網站 visitbruges.be/highlights/rozenhoedkaai

官網

地圖

1 / 2　1. 紀念品店及餐廳 2. 碼頭旁橋、建築及船的倒影

5 / Burg
城堡廣場

早在 2 世紀就有人們在此居住，是布魯日的發源地。9 世紀時，阿爾努夫伯爵（Arnulf I of Flanders）在這裡建造堡壘，而被稱為 Burg。自中世紀以來延續到今日，一直都是本地的宗教及政治中心。

雖然堡壘早就消失的無影無蹤，但廣場周邊的建築仍然非常吸睛。建於 14 世紀的哥德式風格市政廳（Stadhuis），為低地國家最古老的建築之一，外牆裝飾著許多歷史人物雕像，法國大革命時曾遭到破壞，現今所見為修復後的樣貌。和其相鄰是 1537 完工的史蹟館（Oude Civiele Griffie），外牆由天然的石材所打造，有著精美的雕刻裝飾。廣場上最古老的建築，則是上下兩層不同風格的聖血教堂（Basiliek van het Heilig Bloed）。

1
—
2

1. 市政廳 2. 史蹟館

∽ INFO

地址　Burg 15, 8000 Brugge
網站　visitbruges.be/hoogtepunten/burg

官網　　　地圖

6 / 聖血教堂
Basiliek van het Heilig Bloed

建於 12 世紀的聖血教堂，下層依原來的羅馬式風格保存下來，上層則在 19 世紀改建成新哥德式建築。相傳 1150 年，耶穌的聖血被一位伯爵於十字軍東征時，由耶路撒冷帶回保存在此，聖血教堂也因而得名，吸引各地的信徒前來朝聖。

教堂的外觀雖稱不上雄偉，但外牆上細膩的雕刻和金光閃閃的聖像裝飾，看起來就非常精美。內部華麗的畫作，神聖又散發莊嚴的氣息。二樓的珍寶室收藏相當多古物，包括耶穌聖血的華麗聖物盒、皇家項鍊、繪畫等。

∽ I N F O

地址　Burg 13, 8000 Brugge
網站　holyblood.com/?lang=en
價位　教堂免費；珍寶室成人 2.5 €、12 歲以下免費
時間　9:30 ～ 12:30、14:00 ～ 17:30。1/1 休館

官網　　地圖

7 / 貝居安會院
Begijnhof

於 12 世紀出現的第一批貝居安修女（Béguines），單身或失婚的婦女們以小規模的形式居住在一起，形成小社區，社區裡有民居、教堂及綠地。不受限於教會，而是自律性的規範，也沒有脫離世俗，靠自身能力工作維持生活。

貝居安會院成立於 13 世紀，社區內有一幢幢白色的樓房和庭院；春天花園裡開滿了水仙花，翠綠的草皮和參天的樹木，可說是布魯日最寧靜清幽的景點。其中一座房子改建成博物館，可深入了解這些婦女們是如何生活。1998 年跟比利時其他 12 所貝居安會院，共同列入聯合國教科文組織的世界文化遺產。

∽ I N F O

地址　Begijnhof 24-28-30, Brugge
價位　開放空間免費，Begijnhuisje（博物館）成人 2 €、65 歲以上 1.5 €、
　　　學生或 8 ～ 12 歲兒童 1 €
時間　開放空間 6:30 ～ 18:30、Begijnhuisje 10:00 ～ 17:00

地圖

8 / Minnewaterpark
愛之湖公園

20 世紀整修而成的愛之湖公園，是布魯日的浪漫景點之一。原本這是一座蓄水池，在中世紀曾經是通往根特的水路交通要道，許多載貨平底船停泊於此。現今，茂密的樹林下規劃了步道，湖面不時可見高貴的天鵝悠遊其中。

關於這座公園，流傳著一段淒美的愛情故事。相傳有位名叫 Minna 的漂亮女孩，愛上了附近部落的戰士，然而她父親不同意這段感情，強迫將她嫁給別人。湖泊便是以為愛殉情的她來命名 Minnewaterpar，湖邊的橋則為愛之橋，據說和伴侶一起走過即會得到永恆的愛。每年 7 月，會有連 3 天的夏日音樂會在此舉行。

◇ **I N F O**

地址　Minnewater, 8000 Brugge
網站　夏日音樂會：cactusfestival.be/
價位　免費

夏日音樂會
官網

地圖

═ 特色活動 ═

聖血遊行 Brugges Schoonste Dag

遊行的歷史至少可以追溯到 1303 年，每年在復活節後 40 天的耶穌升天日舉行，可說是布魯日年度最大規模的遊行活動，包括扮成羅馬士兵及聖經人物，還有動物們一起演繹聖經故事，最重要的是聖血遺物會從聖血教堂取出參與遊行。這中世紀文化傳承的經典活動，於 2009 年列入聯合國教科文組織的人類無形文化遺產（Intangible Cultural Heritage of Humanity）。

Boat trip

搭船遊運河從不同高度欣賞小橋流水人家，船夫沿路介紹歷史，是相當不錯的當地活動。玫瑰碼頭周邊有不同船公司可供選擇。

價位　成人 10 €、6 ～ 11 歲 6 €，船程約 30 分鐘
時間　3 ～ 10 月每天 9:00 ～ 17:00，其他月份依氣候
　　　而定，並且只在週末運行。

蕾絲相關產品

布魯日是昔日的蕾絲工藝中心，當年多為手工製作。由於手工製品要價不斐，現今為機器編織成品較多，包括桌布、地墊、窗簾、手帕、成衣等產品。

週三市集

每週三的早上到中午 13:00，在舊城區的市集廣場會有市集，喜歡逛傳統市集的人不能錯過。11 月中之後，市集改到城堡廣場，以讓出空間作為公共溜冰場和聖誕市集使用。

餐廳推薦

Gruuthuse Hof

Gruuthuse Hof 遠自 1751 年就開始營業，家族傳承至第三代，是布魯日最古老的餐廳之一。品嘗比利時傳統的燉牛肉 Vlaamsestoverij met slaenfrietjes，或是經濟實惠的套餐組合，主菜為烤雞或牛排，附沙拉、薯條和甜點。

官網

地圖

地址　Mariastraat 36, 8000 Brugge
網站　gruuthusehof.be/nl/home/
價位　燉牛肉 18 €、套餐 18 €
時間　週六～二 12:00 ～ 14:45、18:00 ～ 21:00

Soup

Soup 是湯品專賣店，特別是天氣寒冷的時候來歐洲旅遊，喝碗熱湯是最對亞洲人的胃。湯附土司及水果，加上 ½ 帕尼尼就是簡單的一餐，適合不想花太多錢或時間在用餐上的人。

地圖

地址　Hallestraat 4, 8000 Brugge
價位　6.5 €、套餐（湯＋ ½ 帕尼尼）9.5 €、帕尼尼 6 €
時間　週 11:00 ～ 15:30，週三休息

★★★★★

魯汶 *Leuven*

—中古風情小鎮—

» 參觀時間　半天～1天
» 鄰近機場　布魯塞爾機場
　　　　　　（Aéroport de Bruxelles-National）
» 鄰近城市　布魯塞爾（Brussel）、根特（Gent）
» 交通方式
　1.從布魯塞爾機場車站搭火車前往魯汶車站，車程約 15 分鐘。
　2.從布魯塞爾中央車站搭火車前往魯汶車站，車程約 25 分鐘。
　3.從 Gent-Sint-Pieters 車站搭火車前往魯汶車站，車程約 1 小時 15 分鐘。
　4.從 Gent-Dampoort 車站搭火車經 Gent-Sint-Pieters，轉車前往魯汶車站，車程約 1 小時 46 分鐘。

●根特

布魯塞爾機場✕
布魯塞爾●　　　●魯汶

魯汶最早於 884 年被提及，拉丁文稱為「Luvanium」，當時是維京人在迪耶勒河上建立的古老防禦工事。雖然擁有卓越的地理位置，但是直到 11、12 世紀才逐漸發展成重要的貿易城鎮，並躍升為歐洲頂尖的布料編織中心，因而帶來許多財富，市區呈現著欣欣向榮的景象。再加上布拉班特公爵居住於此，城市的地位更是崇高。

因布料貿易而興盛的魯汶，在相隔 1 世紀之後，就因為市民和貴族的爭權奪利而走向衰退。棄置的布料交易中心於 1425 年轉型成魯汶大學，現今為大學行政中心。之後，各學院陸續設立，18 世紀時進行裝修及翻新，文藝復興或古典風格的學院建築，散布在小鎮的大街小巷之中。來到這裡，無意間就會路過市區裡的某學院。如同牛津和劍橋之於英國的大學城，魯汶也是比利時的大學城。魯汶大學不但是世界上最古老的天主教大學，也是全球頂尖學府之一。

除了大學城的封號之外，魯汶又被稱為啤酒之都。18 世紀第一家啤酒釀造廠在郊區成立後，大大小小的啤酒廠相繼設置，讓貿易和人口都同時成長，經濟再度復甦了起來。如今，這座小鎮擁有超過 50 間釀酒廠，連全球最大的跨國啤酒集團 AB InBev，都將其總部設於魯汶。而全比利時最小的釀酒廠 Craft Brewery Domus，就坐落在市政廳附近。

雖然許多建築在兩次世界大戰中遭到破壞，但是政府多年來努力重建下的成果，市區已經恢復其原貌。也許魯汶的名氣不如布魯塞爾或布魯日，而沒有如織的遊客，然而風景如畫的小鎮卻處處充滿活力和文化素養。這裡距離布魯塞爾以東約 26 公里、不到半小時的車程，甚至往返布魯塞爾機場也僅需 15 分鐘，而且房價相對便宜，選擇住宿此地前往附近的景點一日遊非常便利。

一日遊行程路線

聖彼得教堂 Saint-Pieterskerk
🍃STAY 60分鐘 ②

智慧之泉雕像 Fonske ③
🍃STAY 30分鐘

市政廳 Stadhuis ①
🍃STAY 60分鐘

Grote Markt

Eikstraat

● Domus Brauhaus

舊市集廣場 Oude Markt ④
🍃STAY 60分鐘

Boekhandelstraat

Karmelietenberg

Schapenstraat

⑤ 大貝居安會院 Groot Begijnhof
🍃STAY 90分鐘

1 / Stadhuis
市政廳

　　建於 15 世紀的市政廳，坐落於大廣場（Grote Markt）上，由三位建築師共同經歷 30 年的合作才建造完成。市政廳為三層樓的哥德式風格建築，每層都有 10 扇拱形窗的設計；正面 236 尊聖經故事及歷史名人的雕像，是 1850 年後才添加的裝飾。氣勢磅礴的外觀和華麗精緻的雕塑，無疑成為魯汶最引人注目的建築，也是熱門的地標。遊客入內參觀需購票參加導覽團，時間約 1 小時，有法文／英文／荷文可以選擇。

　　市政廳的一部分為魯汶旅遊中心，裡面提供免費旅遊諮詢、當地地圖之外，其他城市的地圖也可免費索取（布魯塞爾及布魯日當地旅遊中心的地圖都是要收費）。

INFO

地址　Grote Markt 9, 3000 Leuven
購票　網站：leuven.iticketsro.com/toerisme/nl-NL/bundles/
　　　stadhuis?culture=en-IE
　　　現場：Tourism Leuven, Naamsestraat 3 Leuven
價位　成人 4 €、12 歲以下免費

網上購票
官網

地圖

2 / Sint-Pieterskerk
聖彼得教堂

同樣坐落於大廣場的聖彼得教堂，前身是一座 10 世紀的木造建築，乃是魯汶最古老的教堂，15 世紀才改建為晚期哥德式風格。古老教堂內部有著 15 及 16 世紀的繪畫與雕塑，其中由魯汶的藝術家 Dieric Bouts 所繪之《最後的晚餐》（The Last Supper），為比利時最傑出的藝術作品之一（30 年後才有達文西《最後的晚餐》）。

前後兩次大戰都未能倖免於難，現今所見為戰後修復的樣貌。教堂的鐘樓於 1999 年跟比利時其他城市及法國留存下來的另外 55 座鐘樓，共同列入聯合國教科文組織的世界文化遺產。

∾ I N F O

地址 Grote Markt 1, 3000 Leuven
網站 mleuven.be/nl/praktische-informatie
價位 教堂免費，參觀最後的晚餐需付費 3 €
時間 平日 10:00 ～ 16:30、週日 11:00 ～ 16:30、週三休館

官網　　　　地圖

3 / Fonske
智慧之泉雕像

位於市政廳與聖彼得教堂附近的人形雕像噴泉，原名源自拉丁語中的智慧之源（Fons Sapientiae），是 1975 年紀念魯汶大學創校 550 週年時，由比利時雕塑家 Jef Claerhout 所創作的作品。雕像左手捧著書閱讀，右手拿著噴出水的杯子往頭灑下，象徵著魯汶大學的學生吸收知識如活水，彷彿智慧之泉，同時也隱含了魯汶身為大學城的城市精神。關於另一則有趣的說法，則是邊讀書邊喝啤酒。它是布魯塞爾尿尿小童之外，比利時最受歡迎的雕像。

∾ I N F O

地址 Rector de Somerplein 3, 3000 Leuven

地圖

4 / Oude Markt
舊市集廣場

距離熱鬧的大廣場僅有幾分鐘之遙,這座長方形廣場的道路全是由石板所鋪設而成,所以當地人稱這般的石板路為羅馬路。魯汶自中世紀時作為伯爵的居住城市後,廣場便被賦予市場法而發展經濟活動。現今,櫛比鱗次的酒吧和餐廳一間接著一間,成為歐洲最長的酒吧街,露天座位區吸引許多年輕學子前來聚會,下午開始就慢慢聚集人潮,愈晚愈熱鬧。來到這裡,不妨點杯全球熱門的魯汶啤酒 Stella Artois,盡情開懷暢飲!

∞ INFO

地址　Oude Markt 44, 3000 Leuven
網站　oudemarktleuven.be/

官網

地圖

5 / Groot Begijnhof
大貝居安會院

　　以紅磚和砂岩打造的數十棟房屋及修道院,遍布著鵝卵石街道、小廣場、花園和狹窄的運河,最早屬於城牆外的郊區。1232 年開始有婦女們群居於此,她們多是單身或失婚的女性。這些婦人得幫忙服務或工作以維持生計,她們既沒有脫離世俗,也不受教會的規範,但是卻過著像修女般的生活,而被稱為民間修女。

　　1932 年由魯汶大學認購,花了 30 多年改建為宿舍,提供給大學裡的教授、工作人員及學生使用。彷彿與世隔絕的景觀,堪稱是小鎮裡的世外桃源。1998 年與比利時其他 12 所貝居安會院,列入聯合國教科文組織的世界文化遺產,免費對外開放。

會院中的教堂內部

∞ INFO

地址　Groot Begijnhof, 3000 Leuven
網站　visitleuven.be/nl/groot-begijnhof
價位　免費
時間　全天開放
　　　教堂開放時間:4～9月週二～日 13:30～16:30

官網

地圖

啤酒

　　來到啤酒之都，當然要品嘗本地的特產啤酒，推薦可以在舊市集廣場找間酒吧喝一杯！若剛好 4 月底造訪這裡，別錯過比利時最盛大的 Zythos 啤酒節。對釀造過程有興趣的人，則可參觀生產 Stella Artois 的 AB InBev，或是位於市政廳附近的小型釀酒廠 Domus Brauhaus，兩者都要事先預訂。

Zythos 啤酒節

AB InBev
參觀預訂

Zythos 啤酒節官網 zbf.be/en/
AB InBev 參觀預訂 breweryvisits.com/en
DomusBrauhaus 參觀預訂 email:info@domusleuven.be

週五市集

　　每週五的早上到中午 13:00，從火車站往市中心的路上會有市集，販售生鮮蔬果、新鮮花卉、誘人的手工烘焙及美食等等，喜歡逛傳統市集的人不能錯過。

餐廳推薦

Domus Brauhaus

　　小型釀酒廠所兼營，充滿古樸氣氛的餐廳，有多種比利時家常料理像是淡菜、啤酒燉牛肉等等，也有輕食選擇，新鮮釀造啤酒搭配佳餚，是啤酒之都魯汶的最佳享受。

官網

地圖

地址　Tiensestraat 8, 3000 Leuven
網站　domusleuven.be/en/
價位　淡菜 23 ～ 25 €、啤酒燉牛肉 15.2 €
時間　週二～四 10:00 ～ 23:00、週五～六 9:00 ～ 1:00、週日 9:00 ～
　　　23:00、週一休息

中古風情小鎮

那慕爾 *Namur*

◁❊ 基本資訊

» 參觀時間　1 天
» 鄰近機場　布魯塞爾機場
　　　　　　（Aéroport de Bruxelles-National）
» 鄰近城市　布魯塞爾（Brussel）、魯汶（Leuven）、
　　　　　　迪南（Dinant）
» 交通方式

　布魯塞爾機場
　布魯塞爾●　✈　●魯汶

　　　　　　那慕爾 ●

　　　　　　迪南 ●

　1. 從布魯塞爾機場車站搭火車經 Brussel-Luxemburg
　　或 Brussel-Noord，轉車前往那慕爾車站，車程約 1 小時 15 分鐘。
　2. 從布魯塞爾中央車站搭火車前往那慕爾車站，約 1 小時 5 分鐘。
　3. 從魯汶搭火車經 Ottignies 車站，轉車前往那慕爾車站，車程約 1 小時 20 分鐘。
　4. 從迪南搭火車前往那慕爾車站，車程約 30 分鐘。

那慕爾位於比利時南部，主要語言為法語，地處默茲河（Meuse）和桑布爾河（Sambre）的交匯處，自凱爾特時代以來一直是重要的交易中心，羅馬人隨後也在此定居。中世紀時法蘭德斯伯爵在可眺望河流的峭壁岩石上，建造了一座具有防禦能力的城堡，小鎮也漸漸開始發展。

1640 年代在西班牙的統治下，城堡逐漸強化，卻也因此引來法國的覬覦，於 1692 年占領小鎮，進一步重新設計和重建為更完美的防禦工事。接下來的 1 百多年裡換成荷蘭當家，堡壘被夷為平地後重建。18 世紀末再度被法國吞併，19 世紀初被納入荷蘭，直到比利時革命才獲得獨立，碉堡重建於同世紀晚期。

地處戰略軍事位置而受到重視，第一次世界大戰中為德軍攻佔的目標，堅不可摧的堡壘在德國入侵 3 天後即被攻下，這段歷史也讓那慕爾在二戰時遭受無情轟炸而破壞的相當嚴重。幸而許多建築地標逃過一劫，像是聖奧賓的巴洛克式大教堂及聖盧普天主教堂等等。舊城區大多數是 17 世紀中期到 18 世紀所建，為典型莫桑風格（Mosan Style）5、6 層樓高的建築。

歷史上戰火不斷，幾經遭受破壞與重建，目前那慕爾已經變身為一座美麗的城鎮，而擁有「默茲河的珍珠」美譽。居高臨下的堡壘，如今是欣賞優雅秀麗小鎮景色的最佳地點。

聖奧賓大教堂 Cathédrale St-Aubain
② ⏱STAY 30分鐘

聖盧普天主教堂
Église catholique Saint-Loup
③ ⏱STAY 45分鐘

鐘樓 Beffroi
⑤ ⏱STAY 30分鐘

蝸牛雕像 Djoseph et Françwès
④ ⏱STAY 30分鐘

那慕爾碉堡 Citadelle De Namur
① ⏱STAY 120分鐘

一 日 遊 行 程 路 線

參 觀 重 點

1 / Citadelle De Namur
那慕爾碉堡

位於桑布爾河（Sambre）與默茲河（Meuse）交匯處的城堡，在 190 公尺高的山坡上屹立了數個世紀。不但是比利時最偉大的歷史遺跡，還有最堅固的堡壘之稱，是造訪那慕爾必看的景點。沿著步道慢慢拾級而上，可俯瞰不同角度的景致，最高處能將小鎮美景盡收眼底。

左前方可看到後巴洛克風格的聖奧賓大教堂

∽ I N F O

地址 Route Marvelous 64, 5000 Namur
網站 citadelle.namur.be/decouvrir
價位 城堡開放空間免費。另有城堡套票：包括導覽帶領參觀地下室常設展、帶解說的觀光小火車及 Terra Nova 遊客中心門票，成人 13 €、6 ～ 18 歲及 65 歲以上 11 €、6 歲以下免費
單項購買：
地下室常設展導覽門票，成人 8 €、6 ～ 18 歲及 65 歲以上 7 €、6 歲以下免費
帶解說的觀光小火車，成人 6 €、6 ～ 18 歲及 65 歲以上 5 €、6 歲以下免費
Terra Nova 遊客中心門票，成人 4 €、6 ～ 18 歲及 65 歲以上 3 €、6 歲以下免費
時間 4 ～ 9 月 10:00 ～ 18:00、10 ～ 3 月僅週二～日 10:00 ～ 16:30

官網

地圖

2 / Cathédrale St-Aubain
聖奧賓大教堂

重建於 18 世紀，是比利時僅有後巴洛克風格的主教座堂，潔白的教堂內沒有鮮豔華麗的色彩，而是利用建築結構的層次變化與穹頂上的浮雕營造出明暗對比。如此建築在義大利以外的地區極為罕見，而被列為瓦隆區重要的文化遺產。

∽ I N F O

地址 Place du Chapitre 3, 5000 Namur
網站 cana.be/-Accueil-
價位 免費

官網　地圖

3 / Église catholique Saint-Loup
聖盧普天主教堂

建於 17 世紀的聖盧普教堂，是典型的巴洛克風格建築。雖然外觀並不特別搶眼，但走進去後看見紅色大理石柱、砂岩天花板及精緻的木雕等，都會讓人眼睛為之一亮，久久難以忘懷。熱心的志工在入口處備有英、法、德、荷語版本的教堂介紹，從教堂的歷史到欣賞的重點都有詳細說明，離開前再歸還給志工即可。

∽ I N F O

地址 Rue du Collège, 17, 5000 Namur
網站 eglise-saint-loup.be/
價位 免費
時間 4 ～ 9 月週六 11:00 ～ 18:00、10 ～ 3 月週六 11:00 ～ 16:00、
　　 7 月中～ 9 月上旬週三 & 週日 14:00 ～ 18:00
　　 以上時間之外的 4 ～ 9 月週二～日 10:00 ～ 18:00、10 ～ 3 月
　　 10:00 ～ 16:00 僅能從玻璃門欣賞內部全景

官網　地圖

4 / Djoseph et Françwès
蝸牛雕像

市政廳前的城市地標雕像，由畫家也是漫畫家的 Jean Legrand 所創造出來的 Djosèf 與 Françwès 兩位虛構人物，展現小鎮慢活享受人生的節奏，慢到大家聊天話家常的時間，連慢吞吞的蝸牛都能走好幾哩路了，所以聊天時得把它們鎖在籠子裡以免走失。

∽ I N F O

地址 Rue de la Monnaie 5000, 5000 Namur

地圖

5 / Beffroi
鐘樓

鐘樓也稱為聖雅克塔（Tour Saint-Jacques），建於 14 世紀，最初為城牆的一部分，18 世紀時變成獨立鐘樓，和比利時其他城市及法國共 56 座鐘樓，一起被列入聯合國世界教科文組織的世界文化遺產。

∞ INFO

地址　Rue Château des 4 Seigneurs 8, 5020 Namur

地圖

當地特產

週六市集

　　每週六早上到中午 13:00，車站前往市中心的路直走即會看到，延伸至周邊街道，頗具規模。新鮮蔬果、花苞、花卉、手工烘焙、現作美食等等，喜歡逛傳統市集的人不能錯過。

La maison de dessert

　　那慕爾最有名的甜品店，也是咖啡廳，當地特產焦糖味太妃糖或是比利時特產手工夾心巧克力，都是不錯的選擇。

官網　　　　地圖

地址　Rue Haute Marcelle 17, 5000 Namur
網站　maison-des-desserts.be/

Parfums Guy Delforge

　　那慕爾碉堡被無情戰火破壞的防空洞，整修後變身為香水工作坊及商店，以創始人 Guy Delforge 命名。整個空間彌漫著高雅香氣及悠揚的古典樂聲。全部香水都是手工調製，限量出售，喜歡香水的人不能錯過。

　　對製造過程有興趣的人可以參加 1 小時的參觀行程，導覽帶領認識原料與香水製造過程，參觀香水實驗室及了解整棟建築的歷史。時間為週六下午 15:30，費用 3.5 €，12 歲以下 3 €。

官網　　　　地圖

地址　Route Merveilleuse 60, 5000 Namurr
網站　delforge.com/en

特殊景觀小鎮

迪南 *Dinant*

» 參觀時間　半天～1天
» 鄰近機場　布魯塞爾機場
　　　　　　（Aéroport de Bruxelles-National）
» 鄰近城市　布魯塞爾（Brussel）、那慕爾（Namur）
» 交通方式
　1.從布魯塞爾機場車站搭 IC 列車前往，車程約 1 小時 41 分鐘，每小時有一班直達車。
　2.從那慕爾搭乘火車前往，車程約 28 分鐘，每半小時有一班車，建議可以從那慕爾或列日（Liège）安排一日遊。

布魯塞爾● ✈布魯塞爾機場

那慕爾●

迪南●

　　比利時南部的迪南，是一處歷史非常悠久的小鎮，早在新石器時代，凱爾特人和古羅馬人便因為河谷地形的天然條件，選擇在這裡居住，沿著默茲河（Meuse）兩岸建立了最早的村莊雛形。迪南（Dinant）名稱的由來，便源自當時的凱爾特語 Divo-Nanto，意指「神聖的峽谷」。

　　因為河流兩岸的肥沃土地，提供理想的農耕環境，加上這附近生產銅礦，城鎮很快地蓬勃發展，吸引許多人們前來居住，製造銅器的工匠也成為當時的熱門行業之一，各種銅製的器具，包括燭台、燈座等等都是本地的特產。

　　除了銅礦之外，迪南村莊後方的石灰岩峭壁，也同時蘊藏著黑色大理石和青石等礦產。藉著透過河流運輸貨物的優勢，不論是採礦的過程或加工製造後的成品，都提昇了商品交易的便利性，大量銅製品外銷到歐洲其他國家，促成迪南的經濟繁榮景象。

　　正因為迪南得天獨厚的地理位置，極具戰略上的價值，自古以來便是兵家必爭之地，而飽受外敵擄掠和戰亂的紛擾，甚至在 18 世紀末短暫被奧地利所占領。第一次世界大戰之際，法國和德國軍隊為了爭奪這座城鎮，兩軍爆發激烈的衝突。不但眾多的房屋被燒毀，有幾百名居民被屠殺，這還不包括軍隊更多的死傷人數，成為本地歷史上悲慘的一頁。

薩克斯之屋 MaisonAdolphe Sax ③
STAY 30分鐘

迪南碼堡 Citadelle de Dinant ④
STAY 120分鐘

默茲河
Meuse

① 舊城及河岸
STAY 120分鐘

● 火車站

迪南聖母教堂 ②
Collégiale Notre-Dame de Dinant
STAY 30分鐘

⑥ 遊船

Le Trois ●

⑤ 貝亞岩石 Rocher Bayard
STAY 20分鐘

參觀重點

1 / 舊城及河岸

迪南市區在兩次的世界大戰期間，多數房屋被摧毀，因此戰後便仿照原本的模樣去重新修建。欣賞市區最漂亮的角度，就是從默茲河對岸眺望城鎮的景觀，整排五顏六色的房屋櫛比鱗次排列，前方有河流點綴、背面倚著垂直峭壁，構成一幅賞心悅目的美景。

$\frac{1}{2}$

1. 河岸旁櫛比鱗次的房屋
2. 河岸旁邊是露天咖啡座和餐廳

2 / Collégiale Notre-Dame de Dinant
迪南聖母教堂

座落於岩壁底部的聖母教堂，其高度和旁邊的峭壁相較下，更凸顯出它的壯觀。最早，教堂是古羅馬式的風格，在 1227 年的時候因為落石坍塌，直接造成教堂損毀。接下來多次的戰亂中，教堂也無法倖免於砲火的摧殘。直到 1919～1923 年間，教堂才由比利時的建築師 Chrétien Veraart 進行重建的工作，設計成今日哥德式風格的樣貌。

教堂外觀最引人注目的地方，是直指天際的圓球狀鐘塔。建築師刻意設計成細長的尖塔，跟一旁堅硬的岩石山壁對比下，感覺不堪一擊的視覺效果，用來提醒人類不要任意破壞古蹟的隱喻。

∽ INFO

地址 Place Reine Astrid 1, 5500 Dinant
網站 dinant.be/patrimoine/sites/collegiale

 官網
 地圖

1/2 1. 聖母教堂內部 2. 座落於峭壁底端的聖母教堂

---

3 / Maison Adolphe Sax
薩克斯之屋

眼尖的你應該會發現，走在迪南的街頭，經常會看見薩克斯風的裝飾，這是因為薩克斯風的發明人：阿朵夫‧薩克斯（Adolphe Sax）出生於迪南的緣故。這間房屋是他出生的故居，門口的長凳上擺放著他的雕像，非常醒目。如今，內部改裝成博物館的型態，不但介紹關於薩克斯風的歷史典故，還讓我們能夠體驗到這位音樂大師在音樂界的貢獻。

1/2 1. 阿朵夫‧薩克斯的雕像 2. 迪南街頭的薩克斯風裝飾

∽ INFO

地址 Rue Adolphe Sax 37, 5500 Dinant
網站 sax.dinant.be
價位 免費參觀
時間 全年開放（每天 9:00～19:00）
交通 從聖母教堂步行前往約 5 分鐘

 官網
 地圖

4 / Citadelle de Dinant
迪南碉堡

迪南碉堡位於市區後方岩石上 100 公尺處，不僅能夠從高處眺望整個迪南城鎮，還能掌控附近默茲河流域的動態，因此早在 4 世紀的時候，當時的居民便在這裡建築防禦工事。1051 年，列日（Liège）地區的主教下令修復並擴建碉堡的規模，目前的外觀則是 19 世紀重建後的模樣。現在，碉堡內部規劃成博物館，展示著歷年來在此地發生的重要戰爭。

∽ I N F O

地址　Chemin de la Citadelle, 1 à B-5500 Dinant
網站　citadellededinant.be
價位　纜車＋碉堡（成人 10 €、4～12 歲兒童 8 €）
時間　4～9 月每天 10:00～18:00、10～11 月中每天 10:00～17:30、
　　　11 月中～3 月每天 10:00～16:30，1 月份僅周末開放
交通　從聖母教堂後面搭乘纜車上山，或是從階梯健行上去
附註　如果計畫搭船遊河的人，可以購買參觀碉堡和渡輪的套票比較
　　　划算（成人 14 €、4～12 歲兒童 10 €）

官網　　　　地圖

5 / Rocher Bayard
貝亞岩石

這塊 40 公尺高的岩石，位在迪南市區南方約 3 公里處，沿著河岸往南走便會看到。因為它奇特的外觀，彷彿是被劈成兩半，而成為當地著名的景點，關於這塊岩石的由來，自古以來流傳著一則故事。

相傳中古世紀時有位公爵，他帶著兒子們前去拜見查理曼大帝，結果在一場爭執中不小心誤殺了查理曼的姪子。闖下大禍的兒子們，就去法國南部請求巫師的協助，巫師給了一匹名叫貝亞（Bayard）的神力馬幫助他們逃亡。

當一行人逃到接近迪南的時候，前方去路被大岩石所擋住。眼看已經無路可走的情況，這匹馬將岩石踢出一條縫隙，讓眾人得以順利逃脫。這塊岩石正是今日的貝亞岩石。

∽ I N F O

地址　Rue Defoin, 5500 Dinant

地圖

迪南硬餅乾 La couque de Dinant

　　在迪南市區裡的許多糕餅店或咖啡館，都能看到硬餅乾的蹤影。這款餅乾只用同等比例的麵粉和蜂蜜來製造，沒有添加任何其他食材，放進模具以 300 度的高溫烘烤。當餅乾冷卻後，能夠在常溫下保存很長的時間，對於早期飽受戰亂的迪南居民，是很理想的糧食來源。

　　硬餅乾的外型呈現扁平狀，有水果、風景、動物等多種圖樣，但是口味都相同。正因為這種餅乾非常硬，直接吃很像在啃木頭的感覺，所以得先折成小塊泡在熱茶或咖啡裡，讓餅乾軟化後再吃，吃起來的味道和我們的傳統糕餅有點相似。

餐廳推薦

Le Trois

　　這間餐廳所提供的肉類，是經由肉舖直接向農場購買，所以肉質都非常新鮮美味。除了大家都推薦的小牛肉（veau）餐點之外，鴨肉和甜點也都讓人讚不絕口。

官網　　　地圖

地址　Rue de la Station 3, 5500 Dinant
網站　letrois.be
價位　前菜 12 ～ 17 €、主菜 21 ～ 27 €
時間　12:00 ～ 14:00、18:30 ～ 20:30（休息：週一晚餐、週二＆三、週六午餐）
附註　建議事先上網訂位

La Broche

　　這家餐廳提供道地的法式菜餚，精選的套餐組合包括鵝肝土司、Tartare 生牛肉、鴨胸等菜餚，都是讓人大快朵頤的美味。雖然價位稍微貴一點，但是絕對值得來品嘗。

官網　　　地圖

地址　Rue Grande 22, 5500 Dinant
網站　labroche.be/
價位　前菜 16 ～ 24 €、主菜 24 ～ 31 €
時間　12:00 ～ 14:00、18:30 ～ 21:00（週一提早於 20:30 結束、週二＆三休息）
附註　建議事先上網訂位

中歐最美小鎮

CENTRAL EUROPE

班堡 Bamberg · 伍茲堡 Würzburg ·
羅騰堡 Rothenburg ob der Tauber

北海

英吉利海峽

德國
Germany

瑞士
Switzerland

奧地利
Austria

貝林佐那 Bellinzona ·
格魯耶爾 Gruyère · 策馬特 Zermatt

哈爾施塔特 Hallstatt

瑞 士
SWITZERLAND

蘇黎世 ●
Zurich

● 格魯耶爾
Gruyère

● 日內瓦
Geneva

貝林佐那 ●
Bellinzona

策馬特 ●
Zermatt

策馬特 *Zermatt*

遺世獨立山城

蘇黎世機場　蘇黎世

日內瓦國際機場
日內瓦　　　策馬特
米蘭馬爾彭薩機場　米蘭

» 參觀時間　　3 天
» 鄰近機場　　米蘭馬爾彭薩機場
　　　　　　　（Aeroporto di Milano-Malpensa）、
　　　　　　　日內瓦機場（Geneva Airport）、
　　　　　　　蘇黎世機場（Zurich Airport）
» 鄰近城市　　米蘭（Milan）、日內瓦（Geneva）、
　　　　　　　蘇黎世（Zurich）
» 交通方式

1. 自蘇黎世或日內瓦機場搭火車前往，需要在 Visp 轉車，車程約 3 ～
　 4 個小時，班次查詢 http://www.sbb.ch
2. 自米蘭機場搭公車或火車到中央車站（Milano Centrale），搭乘前
　 往日內瓦的火車在 Brig 站下車，再從火車站外的廣場搭乘火車前往
　 策馬特

火車官網

　海拔 1620 公尺高的策馬特，位於瑞士西南部的山谷中。因為周圍被許多超過 4 千公尺高的山嶽所環繞，而發展成為一處熱門的旅遊景點。夏季時分，高山涼爽的氣候和規劃完善的登山路線，是親近大自然的健行天堂；一到寒冷的冬天，山區披上如糖粉般的白雪後，轉身一變成為滑雪者的雪地樂園，不論任何季節都美得讓人驚艷。

　早在 1 世紀時，羅馬人便經由策馬特往返義大利，是阿爾卑斯山地區的交通要塞。到了 13 世紀，策馬特首次出現在地圖上。然而，因為當時策馬特所屬的瓦萊州（Vallais）和附近的奧歐斯塔山谷（Valle d'Aosta）居民講著古羅曼語，那個年代的人們稱策馬特為 Praborno。在 1860 年後，在講德語的遊客來訪後，才稱之為「Zur Matte」（意指草原），這就是策馬特名稱的由來。

　過去幾百年以來，策馬特只是一處隱藏於山區裡的農村。直到 19 世紀時，這裡開設了第一家旅館 Monte Rosa，開始發展成為觀光景點。隨後，來自英國的探險隊為了征服馬特洪峰（Matterhorn），相繼組成登山隊伍前來挑戰。1865 年 7 月，英國的愛德華·溫帕（Edward Whymper）成功登頂馬特洪峰，開啟了策馬特在世界上的知名度。

　自此開始，策馬特的旅遊業蓬勃發展。但是為了保護這座山城的環境，政府明令禁止外來車輛駛入，在市區內只能看見零污染的電動車。如今，這座隱蔽於山谷裡的小鎮，每年都有絡繹不絕的觀光客前來造訪，每天的遊客人數甚至比居民還多出好幾倍，足以可見它的魅力。

1 / Zermatt Dorf 策馬特市區

位於山谷裡的策馬特，說它是深山裡的桃花源一點都不為過。貫穿市區的班霍夫大道（Bahnhofstrasse），兩旁林立著傳統木造房屋，整條街上開設了各大品牌的登山體育用品店、餐廳及旅館，即使是在海拔1千6百多公尺的高山上，卻毫無衝突的違和感，完全就是阿爾卑斯山城的調調。在7～8月的夏季，牧童們每天會趕著羊群經由這條街道上下山。

市區裡最古老的部分，就是防鼠舊屋區（Hinterdorf）。這些房屋建造於16～18世紀期間，採用瓦萊州的黑色落葉松木為建材。落葉松因為質地堅硬及擁有良好的彈性，並具有防蟲害的效果；而且這種木材在陽光照射下會吸收熱能，越曬顏色會越暗，在天氣寒冷的山區能發揮保暖的功用，成為早期居民建造房屋的理想材料。

這些木造房屋原本是當作穀倉、存放煙燻肉類等糧食使用。為了防止老鼠和其他動物跑進去偷吃，農民在屋子底部的支柱上方，會嵌入一塊圓形的扁平石片，形成特殊的建築構造。

2 / Gornergrat Bahn 葛內拉特鐵道

自1898年8月開始運行的葛內拉特鐵道，是瑞士第一條電動的齒軌火車。在這條鐵道興建之前，人們只能徒步上山。因此在葛內拉特鐵道通車後，遊客就可以搭乘火車直接抵達景觀台，欣賞周邊29座超過4千公尺高的阿爾卑斯山群及冰河的景致。

由於這條鐵道全年運行，不管你是在任何季節前來策馬特，都能搭乘列車上山飽覽美景。沿途中，隨著海拔不斷地攀升，從車廂內能看見不同角度的馬特洪峰。在3089公尺高的葛內拉特景觀台上，設立了瑞士海拔最高的購物中心及旅館。

∽ INFO

地址 Bahnhofpl. 9, 3920 Zermatt
網站 gornergratbahn.ch
價位 來回票（夏季 102CHF、冬季 80），持有 Swiss Travel Pass 或半價卡享有半價優惠
時間 全年。夏季 7:00 ～ 19:32、冬季 8:00 ～ 19:24

官網

地圖

3 / Rothorn Paradise
羅特洪峰天堂

羅特洪峰的纜車線，是策馬特熱門的登山路線之一。遊客搭乘地下列車來到桑內嘉（Sunnegga），轉小纜車前往布勞赫德（Blauherd）的途中，一走出車站就看見矗立在眼前的馬特洪峰，讓人有柳暗花明又一村的驚喜感。這條登山路線以五湖健行（5-Seenweg）聞名，因為在天氣晴朗無風的日子，可以在湖面上清楚地看見馬特洪峰的倒影，和遠方的山相互輝映著。

INFO

網站 zermatt.ch
價位 從 Zermatt 到 Blauherd 的單程票 16.5CHF，持有 Swiss Travel Pass 或半價卡享有半價優惠
時間 全年。夏季 8:43 ～ 15:43、冬季 8:34 ～ 15:03

官網

4 / Matterhorn Glacier Paradise
馬特洪峰冰川天堂

位於 3883 公尺高的冰川天堂，在馬特洪峰的三角錐底部，是一般遊客距離馬特洪峰最近的位置，跟在其他山頭遠眺是截然不同的感受。由於地勢高的緣故，馬特洪峰冰川天堂上終年有雪，成為瑞士最熱門的滑雪場之一。特歐杜爾冰河區（Theodul Glacier）甚至全年都可以滑雪，從山上鳥瞰瑞、義交界處綿延不絕的雪山，景色非常震撼動人。在天氣晴朗的日子，甚至還能夠遠眺遙遠的地中海。

INFO

網站 matterhornparadise.ch
價位 來回票（87CHF 起跳），持有 Swiss Travel Pass 或半價卡享有半價優惠
時間 全年開放。
　　夏季 8:43 ～ 15:43、
　　冬季 8:34 ～ 15:03

官網

三日遊行程路線

Day1
① 歐洲吊橋 Europabrücke
🕐 STAY 5小時

策馬特市區 Zermatt Dorf ②
🕐 STAY 3小時

Day2
① 葛內拉特鐵道車站 Gornergrat Bahn
🕐 STAY 3~5小時

前往羅特洪峰天堂的車站 ②
Rothorn Paradise
🕐 STAY 3~5小時

● Restaurant Schäferstube

Day3
前往馬特洪峰冰川天堂的纜車站
Matterhorn Glacier Paradise
🕐 STAY 3~5小時

Europabrücke

歐洲吊橋

　　2017 年 7 月底落成的歐洲吊橋，位於瑞士策馬特附近的蘭達小鎮（Randa），總長度有 494 公尺，距離地面高達 85 公尺，是目前世界上最長的人行吊橋。從策馬特搭火車來到蘭達只需十來分鐘的車程，穿過村莊往山上健行約 2 小時的路程，就能抵達這座吊橋的所在地。

∞ I N F O

價位　自策馬特到 Randa 的來回車票，原價為 14.2CHF，持有
　　　Swiss Travel Pass 或半價卡享有半價優惠
時間　5 ～ 10 月期間開放，其他月份不建議前來

當地特產

土撥鼠油膏 Puralpina

　　這款藥膏是用土撥鼠油和阿爾卑斯山區的藥草所製成，完全是天然的成分，具有放鬆肌肉、筋骨和保健關節等療效。紅蓋是熱感藥膏，適合肌肉及關節痠痛；藍蓋是清涼效果，針對韌帶拉傷或神經痛。100ml 罐裝售價約 25CHF。

餐廳推薦

Restaurant Schäferstube

　　瑞士瓦萊州地區盛產黑面羊，因此羊肉料理也成為策馬特的特色菜餚。這家餐廳本身有經營農場，販售的羊肉都是自家所饌養。除了好吃的羊肉料理之外，餐廳也提供起司鍋、raclette 等瑞士傳統美食，最重要的是服務態度相當好，是不能錯過的優質餐廳。

官網

地圖

地址　Riedstrasse 2,3920 Zermatt
網站　julen.ch/en/schaeferstube/
　　　welcome/
價位　平均一個人約 35 ～ 50CHF
附註　建議事先上網預訂座位及
　　　用餐時間

中古風情小鎮

貝林佐那 *Bellinzona*

基本資訊

» 參觀時間　1 天
» 鄰近機場　蘇黎世機場（Zurich Airport）、
　　　　　　米蘭機場（Aeroporto di Milano-Malpensa）
» 鄰近城市　蘇黎世（Zurich）、米蘭（Milan）
» 交通方式

1. 自蘇黎世機場搭火車到中央車站（Zurich HB），再轉搭火車前往，車程約 1 小時 30 分鐘；或從米蘭馬爾彭薩機場搭火車前往，車程約 2 小時 30 分鐘。

2. 自蘇黎世 Sihlquai Car Park 可搭乘 FlixBus 前往，車程約 3 小時（旺季或連假期間很容易塞車），建議搭火車比較舒適方便。自米蘭機場可以搭乘公車到瑞士盧加諾（Lugano）火車站，再轉搭火車前往。

3. 自蘇黎世機場開車前往，車程約 2 小時 20 分鐘；自米蘭馬爾彭薩機場開車前往，車程約 1 小時 15 分鐘。

　　由於位居往來阿爾卑斯山南北麓的通道，自古以來貝林佐那就是重要的交通要塞。早在新石器時代，就已經有人類在此活動，直到 1 世紀時，羅馬皇帝奧古斯都（Augustus）統治期間，在這裡建立了堡壘後才開始發展成為小規模的村莊。到了 4 世紀，加強堡壘的修建，包括建造城堡、城牆及眺望塔，作為防禦帝國北邊的屏障。

　　在羅馬帝國瓦解後，拜占庭帝國和倫巴底（Longobards）人先後掌管了貝林佐那地區，並派遣軍隊駐紮成為軍事基地，防止北方日耳曼及法蘭克民族的入侵。在 11 到 13 世紀期間，貝林佐那歸屬科摩主教的管轄範圍，蒙特貝羅（Montebello）城堡就是在這個時期由盧斯卡（Rusca）家族所興建。

　　直到 1340 年，來自米蘭的貴族威斯康提公爵（Visconti of Milan）攻陷貝林佐那，將這裡納為他的領地。在他的控管下，先在山谷裡建造綿延數公里的城牆，並開闢通往北部的聖葛達山路（St. Gotthard Pass），成為聯繫阿爾卑斯山南北的貿易路線。種種的建設，讓中世紀貝林佐那的經濟發展達到巔峰。

　　然而，居住於阿爾卑斯山以北的瑞士聯邦及法國人，多次地南下入侵，城堡和城牆也遭受破壞。後來，當地居民起義趕走法國軍隊，貝林佐那於 1500 年 4 月 14 日加入瑞士聯邦，正式成為瑞士的一份子。在 1882 年聖葛達鐵路通車後，更奠定它交通上的重要性，葛達景觀列車也成為目前瑞士的景觀鐵道路線之一。

　　如今，貝林佐那的三座城堡被列為世界遺產之林，是市區最熱門的觀光景點。漫步在文藝復興風格的舊城區，是體驗這小城悠閒氛圍最直接的方式，不論是穿梭在石板路上、坐在廣場上喝杯咖啡，還是躺在城堡的草坪上，都能感受到這裡讓人放鬆的環境。

1 / Castelgrande
大城堡

大城堡聳立於 50 公尺高的岩石上方，擁有居高臨下的視野，而成為理想的戰略屏障。因此早在 1 世紀左右，羅馬帝國皇帝選擇在大城堡的所在地，建立軍事型態的堡壘，自那時起就稱為大城堡。到了威斯康堤公爵統治期間，加強城牆的高度及外圍防禦工事，才奠定今日城堡的雛形。

大城堡的磚石結構，是典型的中世紀城堡典範。綿延的箭垛、猶如萬里長城般的城牆，都凸顯了防禦性的軍事功能；城堡內醒目的兩座高塔，爬上 27 公尺高的白塔（Torre Bianca）及黑塔（Torre Nera）頂端，可以眺望周邊整個谷地，對於觀察敵情也非常有幫助。如今，城堡內的博物館展示了數千年來的歷史，軍火庫也改建成餐廳，提供遊客欣賞中古世紀的軍事堡壘。

∽ I N F O

地址　Salita Castelgrande, 6500 Bellinzona
網站　castelgrande.ch
時間　3 月中～ 10 月底 10:00 ～ 18:00、
　　　11 ～ 3 月中 10:30 ～ 16:00

官網　　　　　地圖

2 / Castello di Montebello
蒙特貝羅城堡

地勢更高的蒙特貝羅城堡

在 13 世紀之前，來自科摩的盧斯卡家族就在貝林佐那興建了蒙特貝羅城堡，作為支援大城堡的屏障。1335 年時，科摩被米蘭所征服，盧斯卡家族只得撤退回貝林佐那，以此地為據點找機會反抗米蘭。然而這計畫並沒有奏效，當米蘭的威斯康堤公爵占領貝林佐那後，允許盧斯卡家族保留了這座城堡。

貝林佐那加入瑞士聯邦之後，城堡歸屬施維茲（Schwyz）的管轄範圍，派遣了小規模的軍隊前來駐守，直到 1803 年提契諾州（Ticino）成立，城堡才成為州政府的財產。雖然這座城堡的規模比大城堡小，但是從吊橋式的城門、鞏固的城牆等等，都顯示了中世紀的軍事堡壘特色。

∽ I N F O

地址　Via Artore 4, 6500 Bellinzona
網站　bellinzonese-altoticino.ch
價位　5CHF，持有 Swiss Travel Pass 免費
時間　4 ～ 10 月底 10:00 ～ 18:00

官網　　　　　地圖

3 / Municipio di Bellinzona
市政廳

∾ I N F O

地址 Piazza Nosetto
5,6500 Bellinzona

地圖

貝林佐那小鎮地圖

● Ristorante Pizzeria
Grill La Lampara
● 大城堡
Castelgrande

● 蒙特貝羅城堡
Castello di Montebello

● 市政廳
Municipio di Bellinzona

感恩聖母瑪莉亞教堂
Chiesa di Santa Maria delle Grazie
●

貝林佐那的市政廳，是市區裡最漂亮的建築物之一。這棟三層樓的文藝復興樓房，座落於舊城的徒步區，不但是政府機關的辦公室，精美的建築風格也成為熱門的觀光景點。市政廳直指天際的鐘塔，看起來就非常有義式風味。

方形的市政廳，中間是採用中空的天井設計，因此採光非常良好。每層樓的通道都設計了拱門的造型，牆壁上描繪著貝林佐那的歷史故事，走過走廊時，宛如就是一場時光之旅的巡禮。每逢節慶的日子，市政廳中央的廣場上還會舉辦音樂演奏，顯得熱鬧非凡。

梅洛葡萄酒 Merlot

當地
特產

溫暖的氣候和充足的陽光這兩項優越條件，瑞士義大利語區自古羅馬時代就已經大量地種植葡萄，發展出高水準的葡萄酒釀造技術，所以這裡的葡萄產業一直佔有相當重要的地位。後來因為病蟲害肆虐，幾乎造成本區所有的葡萄藤絕滅。在 1906 年，當地政府決定自法國的波爾多（Bordeux）引進新的梅洛（Merlot）品種，並研發更現代化的栽培方式及釀造技術。在葛達隧道通車後，更增加了德國及義大利的市場，將義大利語區的梅洛紅酒成功地推銷到外地。

打開梅洛紅酒，就立即散發出陣陣清新的葡萄香味。淺嚐一口，甘醇又夾雜著些許水果的甜味，即使過了數分鐘後，味蕾上仍然感覺得到濃郁的酒香，後勁很強。這款酒的單寧不高，溫順的口感非常適合搭配義式美食，在各餐廳都有供應。

4 / Chiesa di Santa Maria delle Grazie
感恩聖母瑪莉亞教堂

　　這間教堂和所屬的修道院，是 1480 年時由貝林佐那的貴族所捐助興建，並在 1505 年正式獻給聖母瑪莉亞。教堂就位於市區墓園的旁邊，但是絲毫不會有陰森可怕的感覺，反而充滿了寧靜祥和的氛圍。

　　教堂的外觀，依然保存著原本的哥德式風格，簡單的山形牆外型，入口處為尖形拱門，左右兩側各有一扇大窗戶。木製的拱門上方原本有幅牧羊人的壁畫，但是因為年代久遠，目前已經看不太出來。教堂最主要的價值，在於它內部的濕壁畫，描繪了天使報喜和基督復活的福音故事。

∾ I N F O

地址　Via Convento 5, 6500 Bellinzona
網站　ticino.ch

官網　　　　地圖

1 / 2

1. 教堂內精美的濕壁畫
2. 修道院的中庭

餐廳推薦

Ristorante Pizzeria Grill La Lampara

　　餐廳的位置距離大城堡和火車站都不遠，交通和停車都很方便。這間餐廳提供各式義大利料理，包括現烤披薩、炸花枝、海鮮燉飯，價位合理而且份量又大，以高物價的瑞士來說非常划算。

官網　　　　地圖

地址　Via Henri Guisan 3, 6500 Bellinzona
網站　lalampara.ch/
價位　海鮮燉飯（Risotto frutti di mare）23CHF
時間　週一～五（7:00 ～ 00:00）、週六～日（10:00 ～ 00:00）

★★★★

格魯耶爾

中古風情小鎮

Gruyère

基本資訊

» 參觀時間　半天

» 鄰近機場　蘇黎世機場（Zurich Airport）、日內瓦機場（Geneva Airport）

» 鄰近城市　蘇黎世（Zurich）、日內瓦（Geneva）

» 交通方式

從蘇黎世機場或日內瓦機場搭乘火車到 Fribourg / Freiburg，轉火車前往 Bulle，在 Bulle 再轉火車到格魯耶爾站下車，總車程約 2 個半小時～ 3 小時，詳細的班次資訊可查詢 http://www.sbb.ch

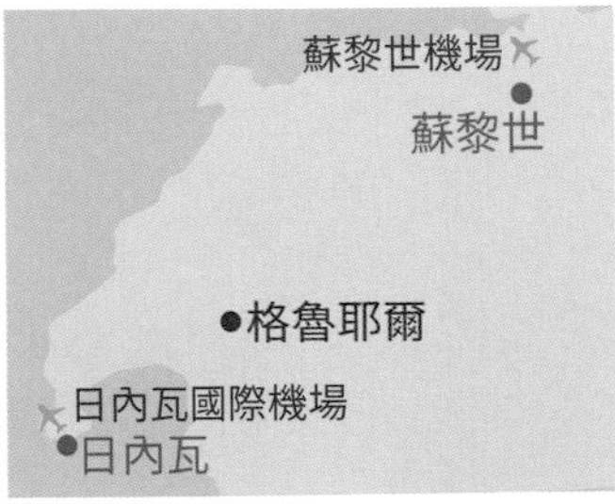

火車官網

位於瑞士法語區的格魯耶爾，是座保存完善的中古世紀小鎮。雖然城鎮的規模不大，但古意盎然的景觀彷彿是電影中才會出現的場景。除此之外，這地區所出產的格魯耶爾起司也是舉世聞名，為瑞士非常有特色的一處景點。

這附近曾經發掘出 2 ～ 3 世紀的古羅馬遺跡，因此考古學家推斷當時就有人們在這裡居住。相傳，格魯耶爾的創始人是格魯耶里斯（Gruerius）公爵，他於 12 世紀初期在這裡的山丘上興建了城堡，用來控制周邊的薩嫩谷地（SaanenValley），因此當時人們稱這裡為 de Grueri。

1195 年，格魯耶爾就已經發展成為一處有街道和城牆的小城鎮，隨後並制定憲章等規範。到 16 世紀的時候，這裡先後經歷了 19 任公爵，其中最後一任的米薛爾公爵（Count Michel）幾乎一生都面臨財務上的困難，最終在 1554 年宣告破產。於是他的債主伯恩州（Bern）和弗萊堡州（Fribourg）便掌管了格魯耶爾。

接下來的兩百多年，格魯耶爾城堡成為法警和鎮長的住所。直到 1849 年，城堡出售給波維（Bovy）和巴蘭德（Balland）家族，他們聘請幾位畫家朋友來協助城堡的整修工作，並在夏季來這裡居住。城堡在 1938 年被弗萊堡州購買回去，改建成博物館對外開放。

1 / Château de Gruyères
格魯耶爾城堡

屹立於格魯耶爾最高點的城堡，在 1270 到 1282 年間所興建，從四方的外型和防禦性的塔樓等構造，都顯露了典型薩佛依（Savoy）王朝的建築風格，是回溯本地歷史的最佳見證。城堡色彩繽紛的彩繪玻璃窗及金羊毛勳章披風，自中古世紀保存至今日。走進騎士廳（Knights'Room）裡面，天花板依然保存著古老的橫樑，周圍牆壁的壁畫裝飾，宛如訴說著一幅幅歷史故事，讓人有回到百年前的錯覺。

INFO

地址　Rue du Château 8, 1663 Gruyères
網站　chateau-gruyeres.ch
價位　成人 12CHF、學生 8CHF、6～15 歲兒童 4CHF
時間　4～10 月 每天 9:00～18:00、
　　　11～3 月 每天 10:00～17:00
附註　如果同時造訪 HR Giger Museum，會有 19CHF 的聯票優惠價

 官網
 地圖

2 / HR Giger Museum
漢斯‧魯道夫‧吉格爾博物館

來自瑞士東部的漢斯‧魯道夫‧吉格爾，是一位超現實主義的藝術家。他根據自己畫作《死靈 IV》（Necronom IV）所設計電影《異形》中的外星人造型而聲名大噪，並贏得了奧斯卡最佳視覺效果的獎項。在 90 年代，他受邀來到格魯耶爾城堡參加一場作品的回顧展，結果就愛上這個小鎮。

在一場因緣際會中，漢斯‧魯道夫得知位於格魯耶爾城堡旁邊的聖日耳曼城堡（Château St. Germain）即將出售，他便興起打造一處屬於自己藝術中心的想法。於是 1997 年時，他收購了這間屋子，將他畢生的作品收集在此，於隔年以博物館的型態對外開放。

INFO

地址　Château St. Germain,1663 Gruyères
網站　hrgigermuseum.com
價位　成人 12.5CHF、學生 8.5CHF、6～15 歲兒童 4CHF
時間　4～10 月 每天 10:00～18:00、
　　　11～3 月 週二～五 13:00～17:00、
　　　週六～日 10:00～18:00、週一休館

 官網
 地圖

3 / Vieille Ville
舊城區

格魯耶爾舊城區被中古世紀的城
牆所環繞，當遊客一走進城牆內，
就覺得好像跨越時光機的鴻溝，回
到了數百年前的光景。鋪著石板的
古老街道，兩旁林立著古色古香的
老屋。雖然舊城的規模不大，但是
卻相當精緻可愛，開設了許多餐廳、
紀念品店及旅館，絕對值得坐下來
吃頓飯，體驗一下中古世紀城鎮的
氛圍。

1
2 | 3

1. 舊城和盡頭的城堡 2. 進入格魯耶爾的城門
3. 從舊城的城牆上眺望周邊的田野景觀

舊城區 Vieille Ville

格魯耶爾城堡
Château de Gruyères

異形餐廳酒吧 ●
HR Giger Bar Museum

● 漢斯·魯道夫·吉格爾博物館
HR Giger Museum

● 火車站

● 起司工廠
La Maison du Gruyère

格魯耶爾小鎮地圖

4 / La Maison du Gruyère
起司工廠

　　格魯耶爾生產的起司，採用當地乳牛所生產的牛奶去製造，獨特風味成為市場上相當聞名的一款起司，更是道地瑞士起司鍋的主要成分之一。這家起司工廠位於舊城區外的山坡下，不但介紹了格魯耶爾起司的歷史，還提供遊客參觀內部的工廠及製造過程。從櫥窗看到一塊塊黃色的大圓餅起司，真的會讓人覺得很療癒。

∾ INFO

地址　Place de La Gare 3, 1663 Gruyères
網站　lamaisondugruyere.ch
價位　成人 7CHF、學生 6CHF
時間　6 ～ 9 月 每天 9:00 ～ 18:30、10 ～ 5 月 每天 9:00 ～ 18:00，
　　　最後進場時間為關閉前 30 分鐘
附註　製作起司的時間為 9:00 ～ 11:00、12:30 ～ 14:30，會依季節稍作調整

官網

地圖

當地特產

蛋白霜餅 les meringues

　　據說，蛋白霜餅源自瑞士中部的梅林根（Meiringen）小鎮，後來流傳到義大利和法國，發揚光大成為不同型態的甜點。基本上，蛋白霜餅是用蛋白打發後加點糖，再經過烘烤而製成的甜點。雖然看起來有酥脆的外觀，但是吃起來卻入口即化，所以深受許多人喜愛。

餐廳推薦

異形餐廳酒吧 HR Giger Bar Museum

　　這間餐廳位於漢斯・魯道夫・吉格爾博物館的對面，內部的裝潢風格以異形為主題，像是肋骨狀的屋樑及桌椅、佈滿人頭的牆壁等等，獨特的風格讓你會有耳目一新的驚艷感。大家在參觀完博物館後，不妨來這裡喝咖啡休憩片刻。

地圖

地址　Rue du Château 3, 1663 Gruyères
時間　每天 10:00 ～ 20:30

二

奧地利
AUSTRIA

● 哈爾施塔特 Hallstatt

★★★★

悠閒湖畔小鎮

哈爾施塔特 *Hallstatt*

基本資訊

» 參觀時間　1 天
» 鄰近機場　薩爾茨堡機場
　　　　　　（Salzburg Airport W. A. Mozart）
» 鄰近城市　薩爾茨堡（Salzburg）
» 交通方式

維也納 ●

薩爾茨堡
●
✈ 薩爾茨堡機場
● 哈爾施塔特

薩爾茨堡機場搭巴士前往薩爾茨堡火車站，約 32 分鐘。薩爾茨堡火車站前往哈爾施塔特的交通方式：

1. 換三趟巴士：在 Salzburg Hbf（Südtiroler Platz）搭 150 至 Bad Ischl，轉乘 542 至 Hallstatt Gosaumuhle，再搭 543 抵達 Hallstatt Lahn，約 2 小時 33 ～ 42 分鐘。

2. 巴士＋火車＋渡輪：在 Salzburg Hbf（Südtiroler Platz）搭 150 至 Bad Ischl，轉乘火車前往 Hallstatt Bahnhst，換搭渡輪至 Hallstatt Markt，約 2 小時 15 分鐘。

3. 火車＋火車＋渡輪：在 Salzburg Hbf（Südtiroler Platz）搭火車至 Attnang-Puchheim Bahnhof，轉乘火車前往 Hallstatt Bahnhst，換搭渡輪至 Hallstatt Markt，約 2 小時 27 ～ 50 分鐘。

備註：哈爾施塔特火車站在湖的對岸，搭火車抵達需換搭渡輪，約 10 分鐘抵達小鎮。

　遠從史前時代，人類就來到這秀麗的自然景觀中活動，西元前 2000 年開採鹽礦，西元前 1300 年左右就已經有一座完全開發的鹽礦延伸至 300 公尺的山中。爾後數百年來人們利用精密技術從地面分解鹽分，可調節高度的組合式木製樓梯，證明了當時礦工們擁有的傑出技術。

　羅馬統治時期，羅馬人接管了鹽礦開採，他們並沒有像當地人一樣定居在高山峽谷中，而是選擇在山腳下，今日仍然可以看到一些居住遺跡。雖然在歷史文件中，並沒有任何關於小鎮在羅馬統治時期或中世紀早期的重大事件記錄，不過 1311 年進行鹽礦開採作業的全面改革，同時成為集鎮，則是顯示其經濟價值的最佳證明。考古發現史前公墓中墓葬比例很高，代表生活水平甚高。

　山中鹽礦為小鎮帶來繁榮，直到 20 世紀中葉都是村莊經濟的基礎，而這裡傑出的建築即說明了一切。位於陡峭的達赫施泰因山與哈爾施特塔湖間的狹長地帶，古色古香且風景如畫，幾個世紀以來持續吸引著各地遊客前來。

　沿著湖邊散步欣賞依山傍水而建的小屋、順著階梯拾級而上或是租電動船遊湖，從不同高度欣賞不一樣的小鎮景致。鎮上鵝卵石街道有著迷人的咖啡館、裝飾華麗的教堂和高山旅館；春夏兩季，花箱懸垂在窗台上，五彩繽紛恣意綻放，冬日雪景彷彿童話世界一般。

　擁有「世界最美麗小鎮之一」美名的哈爾施塔特，居民不到 800 人，1997 年列入聯合國教科文組織的世界文化遺產，漸漸受到世人矚目，近年來社群媒體分享推波助瀾之下，及謠傳為《冰雪奇緣》場景的發想地，更是吸引亞洲遊客不遠千里而來。但過多的觀光客不僅降低了旅遊品質，更嚴重干擾當地居民的生活，於是 2020 年起將限制進入小鎮觀光的巴士數量，希望藉此恢復其寧靜美好，也讓真正想認識小鎮的旅人享受應有的悠閒氛圍。

1 / Beinhaus
人骨屋

人骨屋位於 Michaelskapelle 教堂的墓園後方，三角型屋頂的木製墓碑非常可愛。人骨屋的起源，是因為墓地太小而發展出來的特色，當地人會把入土 10 ～ 15 年的骨頭洗淨風乾，在頭骨上繪製不同意義的圖案以表達愛與思念。跟歐洲其他的人骨教堂相比之下，這裡顯的非常迷你，氣氛一點都不可怕，彷彿像欣賞藝術品般溫馨。

∽ I N F O

地址　Friedhof 164, 4830 Hallstatt
價位　成人 1.5 €、小孩 0.5 €
時間　5 ～ 9 月每日 10:00 ～ 18:00、10 月每日 10:00 ～ 17:00、
　　　11 ～ 4 月週三～日 11:30 ～ 15:30。11/1 & 11/2 休息

地圖

地圖

2 / Marktplatz
市集廣場

位於舊城區中心的市集廣場，周遭環繞著五顏六色的房屋，是 1750 年大火肆虐後所使用的石材重建，與小鎮其餘木製結構形成鮮明對比。廣場早期是附近小村莊利用船運載貨前來買賣的交易中心，現今則是充滿各式餐館、咖啡館、酒店及紀念品店。

3 / Salzwelten Hallstatt
哈爾施塔特鹽礦

　搭乘纜車約 3 分鐘即來到半山腰，站在懸臂式的世界遺產觀景台（World Heritage View），可將迷你小鎮的全景盡收眼底，而由觀景台到鹽礦入口則是森林步道，沿路風景美不勝收。

　世界最古老的鹽礦，也是小鎮最重要的文化景點，必須跟著導覽團才能進入參觀。導覽以德、英雙語進行，介紹鹽的形成方式與採礦等人文歷史，還能體驗礦工移動至下層的滑梯。

哈爾施塔特小鎮地圖

哈爾施塔特鹽礦

哈爾施塔特展望點

人骨屋 Beinhaus

市集廣場 Marktplatz

∽ I N F O

地址　Salzbergstraße 21, 4830 Hallstatt
網站　salzwelten.at/en/hallstatt/
價位　門票含纜車來回套票，成人 34 €、4 ～ 15 歲小孩 17 €、家庭票（2 成人 1 小孩）71 €、家庭票（1 成人 1 小孩）45 €，4 歲以下兒童無法進入鹽礦。也有單獨販售門票或纜車票
時間　鹽洞導覽時間：1/1 ～ 1/5、2/1 ～ 3/27、9/28 ～ 12/30 9:30 ～ 14:30，3/28 ～ 9/27 9:30 ～ 16:30，12/24 & 12/31 休息 11 ～ 4 月週三～日 11:30 ～ 15:30，11/1 & 11/2 休息 纜車：1/1 ～ 1/5、2/1 ～ 3/27、9/28 ～ 12/30 9:00 ～ 16:30，3/28 ～ 9/27 9:00 ～ 18:00，12/24 & 12/31 休息。
備註　導覽團每半點出發，全程約 70 分鐘。每年日期會前後微調，出發前請先至官網確認

官網

地圖

多國語言語音導覽下載

Android

iOS

當地特產

鹽的相關製品

　早期因鹽而繁榮的小鎮，特產當然就是鹽的相關製品，拿來料理使用的各式風味鹽、不同香味的香皂及泡澡用的浴用鹽等等。

德 國
GERMANY

● 柏林
Berlin

● 法蘭克福
Frankfurt

伍茲堡 ●
Würzburg

● 班堡
Bamberg

羅騰堡 ●
Rothenburg ob der Tauber

● 紐倫堡
Nürnberg

班堡 *Bamberg*

中古風情小鎮

━━ 基本資訊 ━━

» 參觀時間　　1 天
» 鄰近機場　　紐倫堡機場（Flughafen Nürnberg）
» 鄰近城市　　紐倫堡（Nürnberg）、
　　　　　　　伍茲堡（Würzburg）

» 交通方式

1. 從紐倫堡機場搭地鐵至 Nürnberg Hbf（U-Bahn）地鐵站，走至紐倫堡火車站（Nürnberg Hbf）轉搭火車前往班堡車站，車程約 69 分鐘，適用 VGN。

2. 從紐倫堡車站搭慢車（RE）或近郊快鐵（S-Bahn）前往班堡車站，車程跟快車（ICE）相差不遠約 42 ～ 60 分鐘，適用 VGN 或拜揚邦票。

3. 從伍茲堡車站（Würzburg Hbf）僅有慢車（RE ／ RB）前往班堡車站，車程約 55 ～ 69 分鐘，單程需視有無特價票，當天來回或接著移動至 Bavaria 州其他城市買邦票較划算，2 ～ 5 人還有每多一人使用僅需加 8 歐元的團體邦票省更多。

· 班堡／紐倫堡／羅騰堡之間慢車（RE ／ RB ／ S）移動全部適用拜揚邦票（Bayern Ticket），適用 VGN 的班次也很多。依人數不同試算後再決定買 VGN 或邦票。VGN 平日可從凌晨零點開始使用，週末時可連續使用兩天，因此若遇週末則不論人數都是 VGN 划算。若遇週一為國定假日，則可週日使用至週一。拜揚邦票平日限 9 點至隔日凌晨 3 點使用，週末假日則提早至凌晨零點即可使用。若決定買 VGN，則利用德鐵 APP 查詢班次以確認是否為 VGN 適用，以免誤搭被視為逃票。

　　城堡大道上的班堡（Bamberg），其歷史可追溯至 902 年，作為班堡王朝（Babenberg family）歷代城堡的所在地而得名。當巴伐利亞公爵亨利二世在 1007 年成為德國國王時，在此建造了主教座堂，意圖成為第二個羅馬。巧合的是班堡的地形環境也和羅馬類似，同樣座落在七座山丘之上。兼有皇家用地和主教權力中心的地位，讓班堡從一個河岸小聚落走向欣欣向榮，早在 12 世紀就達到繁榮鼎盛時期，班堡的建築風格也開始對德國北部和匈牙利產生了極大的影響。

　　包括山城（Bergstadt）、島城（Inselstadt）和園藝城（Gärtnerstadt）三個歷史街區的老城區，在 1993 年列入聯合國教科文組織的世界文化遺產。山城是宗教統治的權力中心，無論是宗教儀式的舉行或神職人員的辦事處都位於老城，除了大教堂之外，新、舊宮殿等等，幾乎所有重要建築都聚集在此。

　　因為市民們無法接受凡事都要受控於教會，積極爭取自身的權利而想要興建市政廳，但主教不肯在山城區給土地，於是市民們就在雷格尼茨河（River Regnitz）中間建造了一座人工島，在島上蓋起市政廳，形成壁壘分明的島城。

　　園藝城雖然對宗教和統治沒有做出重要貢獻，但是對班堡的城鎮發展佔有一席之地。在歐洲城市中甚少有自中世紀保存至今的農莊風格，因此也成為獨特的文化景觀，直至今日還有許多農家遵循著傳統耕種方式。

　　被雷格尼茨河分成兩半的班堡，市區遍布鵝卵石街道及半木結構建築，既沒有製造武器，也不是納粹的工業基地，因而幸運躲過第二次大戰的轟炸，是德國極少數沒被戰火波及的城市。林立著眾多中世紀的遺址，並且擁有德國最古老的建築，多樣化的風格原汁原味地保存至今，可說是中歐中世紀早期代表性的小鎮典範，更是歐洲規模最大且保存完整的古城之一。自 1950 年以來，一系列循序漸進的歷史建築與區域性的修復計畫，讓整個老城區成為令人驚嘆的美麗傑作。

1 / Alte Rathaus
舊市政廳

舊市政廳位於雷格尼茨河中間的一座人造島上，河的兩側分別為主教區和市民區。這景點經常出現在明信片上，是德國僅有的特殊建築。牆面文藝復興風格的濕壁畫，總是吸引許多遊客佇足在橋上欣賞許久，中間拱門通道則是巴洛克風格，另一邊則是半木結構建築。

穿梭在下橋（Untere Brücke）、上橋（Obere Brücke）及蓋瓦斯瓦特橋（Geyerswörthsteg）三座橋中，可以把不同面向的舊市政廳盡收眼底。現今的舊市政廳作為博物館用途，收藏許多珍貴瓷器。

∽ I N F O

地址　Obere Brücke, 96047 Bamberg
價位　成人 6 €、優待票 5 €
時間　博物館：10:00 ～ 16:30，週一休館。
　　　1/1 及 12/24 休

地圖

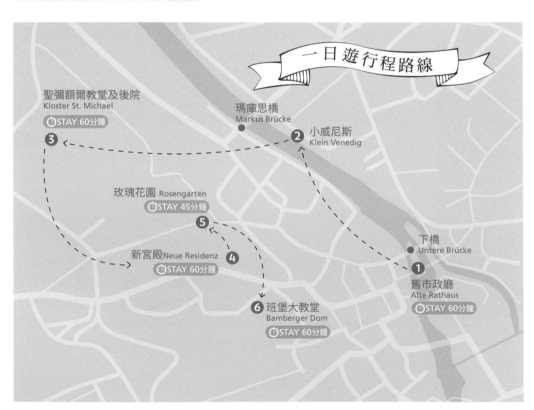

一日遊行程路線

聖彌額爾教堂及後院
Kloster St. Michael
🕐STAY 60分鐘

瑪庫思橋
Markus Brücke

小威尼斯
Klein Venedig
②

③

玫瑰花園 Rosengarten
🕐STAY 45分鐘
⑤

新宮殿 Neue Residenz
🕐STAY 60分鐘
④

下橋
Untere Brücke
①
舊市政廳
Alte Rathaus
🕐STAY 60分鐘

⑥ 班堡大教堂
Bamberger Dom
🕐STAY 60分鐘

2 / Klein Venedig
小威尼斯

小威尼斯指的是舊市政廳以北，瑪庫思橋（Markus Brücke）與下橋兩座橋中間的雷格尼茨河東北岸，曾經為漁民的群聚區。左右兩排沿河而建的半木結構彩色建築，大多數都是中世紀保留下來。各家窗台的花爭奇鬥艷，家家戶戶的小花園就在岸邊，還有停泊在岸邊的船，雖然和擁有數不清水道的正版威尼斯不完全相同，但仍然形成一幅優美景致。

3 / Kloster St. Michael
聖彌額爾教堂

遠在 1015 年就成立，經歷過地震及大火之後，以巴洛克式風格重建。教堂內部走素雅白色主調，栩栩如生的壁雕，最特別的是拱形天花板上細緻描繪了近 600 種藥用植物和花卉。教堂後院是班堡另一處俯瞰舊城區美景的制高點，甚至可以欣賞到小威尼斯的一隅。或是在毗鄰修道院牆、被歷史建築所環繞的餐廳樹蔭下，享用餐點或來杯飲料也是一大享受（教堂內部整修中，暫時無法參觀）。

∾ I N F O

地址　Michaelsberg 10, 96049 Bamberg

教堂後院的餐廳 Café Restaurant on Michaelsberg
時間　11:00 ～ 19:00，週二休
網站　restaurant-michaelsberg.de/

Café Restaurant 官網

聖彌額爾教堂地圖

4 / Neue Residenz
新宮殿

建於 17 世紀的主教行宮，是典型的巴洛克風格建築。由於未受戰火的破壞，內部陳列皆保持原貌，金碧輝煌的裝飾、精製的家具、華麗壁毯，展現主教當時奢華的生活型態。最引人注目的是帝王廳（Emporer's Hall）的壁畫，另外還有畫廊中的名家畫作。入內參觀得參加導覽團。

∾ I N F O

地址　Domplatz 8, 96049 Bamberg
網站　residenz-bamberg.de
價位　成人 4.5 €、優待票 3.5 €
時間　4 ～ 9 月 9:00 ～ 18:00，
　　　10 ～ 3 月 10:00 ～ 16:00
　　　1/1、12/24、12/25、12/31 休

官網

地圖

5/ Rosengarten
玫瑰花園

新宮殿（NeueResidenz）的後花園，18世紀親王主教下令從文藝復興風格改成巴洛克風格。春夏時分，4500株盛開的玫瑰花爭奇鬥艷，在一旁綠樹林蔭的陪襯下更顯得生氣蓬勃，此外還有宮廷雕塑家 Ferdinand Tietz 古代神話人物的雕塑作品。由於地處山丘高處，坐在樹下長椅上眺望舊城區，一眼看去的紅瓦屋頂絕美迷人，千萬別錯過俯瞰市區的美景。

◇ INFO

地址 Domplatz 8, 96049 Bamberg
價位 免費
時間 4～9月9:00～18:00、10～3月10:00～16:00

玫瑰花園的咖啡廳 Speisecafé Rosengarten
網站 caferosengartenbamberg.de/
時間 復活節～10月每天 11:00～18:00

Speisecafé
Rosengarten 官網

玫瑰花園
地圖

6/ Bamberger Dom
班堡大教堂

建造於 1002 年，歷經 10 年才完工，兩次被大火吞噬，現今所見為 13 世紀重新修復，融合羅馬式晚期及哥德式早期的風格。羅馬大教皇克萊門斯二世安葬於此，為阿爾卑斯山以北唯一的一座教皇墓地，奠定班堡主教中心地位的國王亨利二世及皇后的陵寢也在這裡。內部精緻典雅，最特別的珍寶是如真人大小的班堡騎士雕像（Bamberger Reiter），藝術家跟雕像的身分都成謎。

◇ INFO

地址 Domplatz 2, 96049 Bamberg
網站 bamberger-dom.de/
價位 免費
時間 4～10月週一～三 9:00～18:00、週四～五 9:30～18:00、
　　 週六 9:00～16:30、週日及假日 13:00～18:00
　　 11～3月週一～三 9:00～17:00、週四～五 9:30～17:00、週六 9:00～16:30、
　　 週日及假日 13:00～17:00、5～10月週六 11:30～13:00 僅對管風琴音樂會觀眾開放

官網　　　　　　地圖

煙燻啤酒 Rauchbier

當地特產

班堡遠在 11 世紀就擁有啤酒零售店，最具代表性的煙燻啤酒，以燃燒山毛櫸來煙燻麥芽，形成獨一無二的煙燻味。舊城區裡由第六代經營的 Schlenkerla 餐廳，仍然依循傳統工法釀造。可在此來杯經典口味 Aecht Schlenkerla Rauchbier，同時享用道地德國美食。

地址 Dominikanerstrasse 6, 96049 Bamberg
網站 schlenkerla.de/rauchbier/beschreibunge.html
時間 9:30～23:30（熱食點餐時間 11:30～22:00）

官網　　　　地圖

★ ★ ★ ★

中古風情小鎮

伍茲堡

Würzburg

» 參觀時間　　1 天

» 鄰近機場　　法蘭克福（Flughafen Frankfurt am Main）
　　　　　　　紐倫堡（Flughafen Nürnberg）

» 鄰近城市　　法蘭克福（Frankfurt）、
　　　　　　　班堡（Bamberg）、紐倫堡（Nürnberg）、
　　　　　　　羅騰堡（Rothenburg ob der Tauber）

法蘭克福
✕法蘭克福機場
　　　　　　　　　　班堡●
　　伍茲堡●
　　　　　　　　紐倫堡機場✕
　　　羅騰堡●
　　　　　　　紐倫堡

» 交通方式

1. 從法蘭克福機場車站（Frankfurt〔M〕Flughafen Fernbf）或市區（Frankfurt〔Main〕Hbf）搭乘快車（ICE）前往伍茲堡車站（Würzburg Hbf），車程約 70 ～ 90 分鐘。

2. 從紐倫堡機場車站（Nürnberg Flughafen）搭地鐵經市區（Nürnberg Hbf），轉搭慢車（RE）前往伍茲堡車站，車程約 71 ～ 94 分鐘。

3. 從班堡車站搭慢車（RE ／ RB）前往伍茲堡車站，車程約 1 小時。

4. 從羅騰堡車站（Rothenburg ob der Tauber）搭火車經 Steinach（b Rothenburg ob der Tauber），轉車前往伍茲堡車站，車程約 1 小時 9 分鐘。

· 德鐵自搭乘日前 6 個月開賣早鳥票，快車價差較大，早鳥票限該班次搭乘，適合行程固定的城市間移動。

伍茲堡地處優越的戰略位置，吸引了凱爾特人遠在西元1千年就來此定居，並利用天然地理的優勢建造一座強大的環型防禦堡壘。7世紀末期，一群愛爾蘭傳教士來到這裡將之基督教化，之後第一次在歷史文件中被提及，當時的城市名稱Vurteburc。緊接著幾百年裡，建造了大量的教堂和基督教紀念碑。12世紀這裡的主教首次在世界上佔有一席之地，伍茲堡也跟著成長壯大，以至於被視為神聖羅馬帝國的首都。

不過15至17世紀期間有多次內鬥，先是當地居民開始反抗采邑主教的統治，而經歷公民擾亂時期，接著是厭倦了稅收越來越重而決定加入德意志農民戰爭，甚至還被瑞典及法國給占領。由於各種戰爭與火災的發生，城市和堡壘不斷擴大，並且提升了防禦的能力。

第二次世界大戰時，伍茲堡遭受英國皇家空軍的突襲，高達90%的建築被嚴重破壞，市區幾乎夷為平地而被稱為美茵河上的墳墓。隨後，占領的美國甚至提議在他處建造一座新城市，計畫將這片廢墟當作紀念碑，以提醒世人戰爭的恐怖破壞力，但是被當地倖存的民眾拒絕。他們努力想要在原址依原貌重建，希望重返當年的榮耀，現今我們才得以見證戰前的輝煌模樣。

伍茲堡位於德國南部羅曼蒂克大道（Romantische Straße）的起點，擁有豐富的歷史及文化。由於美茵河（River Main）畔的丘陵地形，成為德國最重要的葡萄酒產區之一，葡萄藤覆蓋的山丘構成優美的田園景致。大部分景點都集中在主教宮殿（Residenz）和美茵河之間的步行區，走到舊美因橋的另一頭，是欣賞經典景觀舊城區天際線的最佳位置，位於葡萄園山丘上的瑪麗安堡要塞更是不容錯過。

1 / Würzburg Residenz
主教宮殿

建於 18 世紀的主教宮殿，建築融合了德國及維也納皇家的巴洛克風格、法國的城堡建築，形成獨樹一幟的色彩。殿內呈現奢華的洛可可風格，帝王廳和階梯大廳的巨幅天花板濕壁畫堪稱是曠世傑作。不但為歐洲最重要的巴洛克式宮殿之一，也是歐洲封建王權登峰造極的代表，而被拿破崙讚美為歐洲最美的主教宮殿。

雖然沒躲過二戰的空襲，但是包括帝王廳在內的幾座主要核心建築，都幸運地保存卜來，其他則耗費高成本及長時間整修才復原。1981 年列入聯合國教科文組織的世界文化遺產。宮殿入內需購票，教堂及花園免費參觀。

∞ INFO

地址　Residenzplatz 2, 97070 Würzburg
網站　residenz-wuerzburg.de/englisch/tourist/index.htm
價位　成人 7.5 €、65 歲以上 6.5 €、18 歲以下免費
時間　4 ～ 10 月 9:00 ～ 18:00、11 ～ 3 月 10:00 ～ 16:30
　　　1/1、12/24、12/25、12/31 休館

官網　地圖

2 / Dom Sankt Kilian
聖基利安大教堂

建於 11 ～ 12 世紀的聖基利安大教堂，在市集廣場附近，又稱為伍茲堡主教座堂（Dom Würzburg），被視為當時的德國建築代表作。教堂兩座高聳入雲的塔樓，為伍茲堡的地標之一，是德國第四大羅馬式教堂。

內部是巴洛克式風格，擁有許多世紀以來的精緻文物，像是由知名雕刻藝術家 Tilman Riemenschneider 操刀的主教墓碑。跟城市內許多其他重要建築一樣命運，在第二次世界大戰時被破壞殆盡，現今樣貌為戰後重建。

路盡頭的建築即是大教堂

∞ INFO

地址　Domstraße 40, 97070 Würzburg
網站　dom-wuerzburg.de/
價位　自由捐獻
時間　週一～六 10:00 ～ 17:00、週日及假日 13:00 ～ 18:00

官網　地圖

3 / Marienkapelle
市集廣場上的聖母禮拜堂

這間聖母禮拜堂是主教堂和後哥德式風格的綜合體，外觀有著搶眼的紅白相間色調，目前的主體是第二次世界大戰後所重建。教堂的尖塔頂端，安置了一尊鍍金的聖母像，拱門上有知名藝術家 Tilman Riemenschneider 亞當及夏娃的雕刻複製品，真品收藏在瑪麗安堡要塞的美茵法蘭根博物館內。

∽ I N F O

地址 Marktpl. 7, 97070 Würzburg
網站 bistum-wuerzburg.de
價位 免費

官網　　　　　　地圖

4 / Alte Mainbrücke
舊美茵橋

∽ I N F O

地址 Alte Mainbrücke,
　　 97070 Würzburg

地圖

橫跨美茵河上，15 世紀所建，取代原有的羅馬石橋，長 185 米的橋上在 18 世紀添加了 12 座聖人雕像，但這一切都在第二次世界大戰化為烏有，現今所見為戰後重建。遊客從舊城區通往瑪麗安堡要塞的必經之路，站在橋上可欣賞舊城區教堂的天際線，另一方向則能遠眺山丘上的葡萄園和瑪麗安堡要塞。

橋的兩端也有酒吧和餐廳，可在露天座位同時享受美食與美景，或是入境隨俗和歐洲人一樣，在橋上的餐廳點杯此區特產的葡萄酒，隨意站在橋上品酒賞美景。

一日遊行程路線

③ 市集廣場上的聖母禮拜堂 Marienkapelle
　 STAY 60分鐘

② 聖基利安大教堂
　 Dom Sankt Kilian
　 STAY 60分鐘

① 主教宮殿
　 Würzburg Residenz
　 STAY 90分鐘

舊美茵橋 Alte Mainbrücke ④
STAY 60分鐘

⑤ 瑪麗安堡要塞 Festung Marienberg
　 STAY 120分鐘

5 / Festung Marienberg
瑪麗安堡要塞

聳立在美茵河畔山丘上的瑪麗安堡要塞,可說是伍茲堡最重要也是最美的地標。整個範圍佔地甚廣,除了護城壕、石橋、瞭望台,還有花園,居高臨下俯瞰山坡上葡萄園和美茵河,能將小鎮美景盡收眼底。在主教宮殿未落成之前,這裡長達 5 個世紀是歷代主教的住所。

瑪麗安堡起初為文藝復興風格的建築,三十年戰爭期間被瑞典占領而改成巴洛克風格,由於第二次世界大戰未能倖免於難,目前的模樣為戰後所重建。在多為紅色及土色建築構成的要塞裡,還有座藍色的圓頂教堂,為德國最古老的教堂。

城堡現今部分作為美茵法蘭根博物館(Museum für Franken),主要展示的有法蘭克尼亞地區(Franconian)的藝術品及葡萄酒文化等,還有著名雕刻藝術 Tilman Riemenschneider 的作品。王侯博物館(Fürstenbaumuseum)則是展示昔日貴族生活及文物,讓遊客對小鎮的歷史和文化能有進一步的認識。

由舊城區往美茵橋走,過橋之後橋下即有指標可以步行上山,約 20 分鐘。也可從主教宮殿廣場搭 9 號巴士上山,但僅 4 ～ 10 月運行。

∞ I N F O

地址　Marienberg, 97012 Würzburg
網站　schloesser.bayern.de/englisch/palace/objects/wu_fest.htm
時間　9:00 ～ 18:00

官網

地圖

美茵法蘭根博物館(Museum für Franken)
網站　museum-franken.de/en/home.html
價位　成人 5 €、18 歲以下免費
時間　4 ～ 10 月 10:00 ～ 17:00、11 ～ 3 月 10:00 ～ 16:00,週一休館。
　　　12/24、12/25、12/31 休館。

王侯博物館(Fürstenbaumuseum)
2019 年起成為美茵法蘭根博物館的一部分,毋需另外購票,但僅在夏天開放
時間　3 月中旬～ 10 月底(每年前後微調)10:00 ～ 17:00,週一休館。

美茵法蘭根
博物館官網

巴士運行路
線及時間

★★★

童話故事小鎮

羅騰堡

Rothenburg ob der Tauber

═══ 基本資訊 ═══

» 參觀時間　　1 天
» 鄰近機場　　法蘭克福（Flughafen Frankfurt am Main）
» 鄰近城市　　伍茲堡（Würzburg）、紐倫堡（Nürnberg）
» 交通方式
1. 自法蘭克福機場車站搭火車到伍茲堡車站，轉搭至 Steinach（b Rothenburg ob der Tauber），再轉車前往羅騰堡車站，車程約 3 小時 5 ～ 20 分鐘。
2. 自法蘭克福機場車站搭火車到紐倫堡車站，轉車到 Ansbach 後再轉車至 Steinach（b Rothenburg ob der Tauber），然後再搭火車前往羅騰堡車站，車程約 4 小時 5 ～ 14 分鐘。

✈法蘭克福機場
　伍茲堡 ●
　羅騰堡 ●　　● 紐倫堡

　　歷史悠久的羅騰堡，最初是由 Comburg-Rothenburg 公爵在 1070 年所興建的城堡，後來才逐漸發展為城市。保存完善的中世紀建築，因此羅騰堡號稱是德國最美小鎮，矗立於地勢較高的台地上方，周圍被陶伯河（Tauber）所環繞，市區放眼望去，盡是密密麻麻的紅磚瓦屋頂，其原文意思 Rothenburgob der Tauber 便是意指「陶伯河上的紅色堡壘」。

　　在 13 世紀的時候，神聖羅馬帝國的國王賜予自由城邦的特權，不被皇室貴族所管轄、也不需要繳稅，擁有獨立的司法權和軍事系統，地位類似今日的特別行政區。這樣優渥的條件之下，不但商業貿易活動頻繁，更吸引了許多民眾前來定居，羅騰堡也逐漸擴展成為城市的規模。

　　1631 年 10 月，神聖羅馬帝國發生為期 30 年的內戰，受到戰火波及和接踵而來的黑死病雙重影響下，城裡轉眼間減少了約一半的人口；窮困又缺乏政權保護的環境，讓羅騰堡沒有經費繼續新的建設。這樣的緣由，意外地讓市區裡古色古香的老屋，得以維持原貌保存下來，被視為最具有代表性的德國小鎮。

　　到了二次大戰期間，德國的軍隊駐紮此地防禦。1945 年 3 月 31 日，美軍派遣轟炸機在羅騰堡上方投放炸彈，摧毀了 306 棟房屋及數百公尺的城牆。美軍指揮的副秘書長 John Jay McCloy 深知羅騰堡的歷史意義，因此他下令禁止用砲火轟炸羅騰堡，讓這座城市逃過戰火的摧殘。如今，羅騰堡是德國羅曼蒂克大道及城堡大道的交會處，也成為熱門的觀光景點。

╾╾╾ 參 觀 重 點 ╾╾╾

1 / Marktplatz
市集廣場

自古以來，市集廣場便是羅騰堡的市中心。廣場周邊的市政廳（Rathaus）結合了哥德式和文藝復興風格的建築，前者可追溯到 1250 年左右，至於後者是在 1572 年後所增建。登上市政廳的高塔，可以眺望市區及周邊的景觀。一旁議員會議館（Ratstrinkstube）的牆上，每隔兩個小時會出現傳奇故事的木偶秀，描述市長豪飲 3 公升的酒來拯救城市的傳說。

市集廣場和周邊的房舍

✺ I N F O

地址 Marktplatz, 91541 Rothenburgob der Tauber
價位 登塔門票 2.5 €

地圖

2 / Georgsbrunnen
聖喬治屠龍雕像噴水池

興建於 1608 年的水池，深度達 8 公尺，是市區裡最大的水井。水井的蓄水量高達 10 萬公升，在早期發生火災時，也充當救火的功能。水池後方的瑪莉恩藥局（Marien-Apotheke），是在 1448 年時，由當時的市長 Jagstheimer 所建造，由於曾經是羅騰堡最華麗的貴族宅邸，連國王都曾經前來造訪參觀。到了 1812 年，才成為瑪莉恩藥局。

✺ I N F O

地址 Herrngasse 1, 91541 Rothenburgob der Tauber

地圖

聖喬治屠龍雕像噴泉曾經是市區最大的水井

市集廣場 Marktplatz ●

馬克斯塔門
Markusturm u. Röderbogen

● 聖喬治屠龍雕像噴水池
Georgsbrunnen

● 羅德塔門
Rödertor

火車站 ●

● 普勒恩廣場 Plönlein

3 / Plönlein
普勒恩廣場

這個小廣場是在兩條街的交會處，小小的噴泉和後方黃色的木衍架屋，在遠處雙塔的背景陪襯下，成為羅騰堡最經典的拍攝角度。沿著這條街走往市政廳，兩旁盡是五彩繽紛的老屋，非常夢幻。許多迪士尼卡通在繪製傳統的歐洲街景時，便是以這廣場和周邊的房屋為範本。

普勒恩廣場是羅騰堡最熱門拍照的景點

雪球 Schneeballen

當地特產

已經流傳超過 300 年歷史的雪球，早期只有像在婚宴、受洗和教堂落成這類特殊的日子，民眾才會烤製這款甜點來慶祝。如今，在羅騰堡的大街小巷到處都可以看見販售的商家。以麵粉、雞蛋、奶油和糖為主要成分的雪球，吃起來類似外面裹著一層糖衣的沙琪瑪，入口即化的鬆軟口感非常美味，有香草、巧克力、焦糖及草莓等多種口味，大顆的售價約 3 歐元。

4 / 城門及城牆

　　早在 1142 年，羅騰堡就被城牆所環繞著；到了 1274 年被命為自由皇城後，加強了市區外圍的防禦工事，大規模地興建塔樓和城牆。正因為完善的城牆保護下，讓羅騰堡的經濟和市場蓬勃發展，在 15 世紀時成為當時德國的第二大城市。許多城牆的塔樓自中世紀保存至今日，即使在二次大戰期間部分遭受損毀，然而政府致力從事修復的工程，讓它得以恢復接近原本的模樣。遊客可以登上城牆，眺望市區外的森林景觀。

```
1
─────
   3
2 ───
   4
```

1. 羅德塔門 (Rödertor) 2. 興建於 13 世紀的馬克斯塔門 (Markusturm u. Röderbogen) 上方有座鐘，是羅騰堡最早的城牆一部分 3. 羅騰堡的城牆塔樓保存地相當完善 4. 羅騰堡舊城被城牆所環繞

∞ I N F O

地址　全年開放，建議在天亮
　　　的時間參觀

南歐 最美小鎮
SOUTHERN EUROPE

阿貝羅貝洛 Alberobello・馬泰拉
Matera・里奧馬焦雷 Riomaggiore

辛特拉 Sintra

北海

西班牙
Spain

義大利
Italy

葡萄牙
Portugal

地中海

希臘
Greece

伊比薩 Ibiza

伊亞 Oia

阿貝羅貝洛小鎮

● 米蘭
Milan

熱內亞
Genoa
●

義 大 利
ITALY

● 里奧馬焦雷
Riomaggiore

● 羅馬
Roma

阿貝羅貝洛
Alberobello
●

● 拿坡里
Napoli

馬泰拉
Matera

特殊景觀小鎮

阿貝羅貝洛 *Alberobello*

═══ 基本資訊 ═══

» 參觀時間　1 天（建議住一晚，體驗傳統的蘑菇屋）

» 鄰近機場　巴里（Bari Karol Wojtyła Airport）

» 鄰近城市　羅馬（Roma）

» 交通方式

● 羅馬

巴里機場 ✈
阿貝羅貝洛 ●

1. 從羅馬搭火車到巴里，然後從巴里東南車站（Bari Sud Est,FSE）搭火車前往，車程約 1 小時 40 分鐘，週日停駛。火車班次網站：fseonline.it/（同巴士）。

2. 米蘭或羅馬搭飛機到巴里，再租車前往，這是最方便的方式。從巴里機場也可搭乘火車（車程約 20 分鐘，票價 5 €）或 AMTAB 公司的 16 號巴士（車程約 40 分鐘，票價 1 €）到巴里市區，再轉搭火車前往。

3. 從巴里每天有多班直達公車前往蘑菇村，車程約 1 小時 20 分鐘。訂票網站：fseonline.it/ 或 global.flixbus.com/

fseonline

flixbus

　　義大利南部普利亞省（Puglia）的阿貝羅貝洛小鎮，因為其房屋特殊的造型猶如蘑菇一樣，而被稱為「蘑菇村」。歷史學家推測，「蘑菇村 Alberobello」一字源自《alboris belli》，意指《美麗的樹林》。雖然沒有真實的文獻依據，但是這種說法已被後來多數的學者所採用。

　　跟歐洲其他的城鎮相較下，阿貝羅貝洛的歷史不算古老。根據文獻記載，最早有人們居住於此地是在 16 世紀。當時，這裡只是鄰近城市瑪蒂納‧弗蘭卡（Martina Franca）附屬的封建領土，土地的主人是孔費薩諾伯爵（Count of Conversano）；但是佃農卻搬來這片荒地，默默地住了下來，並進行開墾和耕種作物。

　　伯爵為了要逃避繳交高額稅賦，所以得要遵守土地不能住人的規定。於是吩咐農民用石塊和石灰搭建臨時房屋，當上頭有人前來盤查的時候，就趕緊把石塊的房屋推倒，假裝是沒人住在這裡的模樣，這就是蘑菇屋最早的雛形。

　　因為配合政府官員前來視察，早期的蘑菇屋在建造之際，僅用石塊堆疊起來，石頭之間並沒有用砂漿黏合，如此一來可以方便農民們將房屋拆除。但是同時為了要讓房屋穩固，於是便發展出圓柱形的構造，而且每間房屋的規模都不大。這樣非但不容易倒塌，要進行破壞的時候也不會耗費時間。

　　蘑菇村的房屋，就這樣蓋了又拆、拆除後再蓋的無限循環，直到 1797 年通過法令後，強化房屋建造的方式，才合法成為人民居住的房子，這時候阿貝羅貝洛終於正式成為一處「村莊」。

一日遊行程路線

建築博物館 Trullo Sovrano ⑨
STAY 60分鐘

Via Col di Lana

● 火車站

⑧ 大教堂 Basilica dei Santi Medici Cosma e Damiano
STAY 15分鐘

Ristorante Trullo ●
Dei Sapori

Via Cairoli

Via Cesare Battisti

⑦ 愛之屋 Casa D'Amore
STAY 10分鐘

Astra蘑菇屋民宿 ●

人民廣場 Piazza del Popolo ④
STAY 10分鐘

⑥ 新城區 Rione Aia Piccola
STAY 180分鐘

Via Edmondo De Amicis

聖露奇亞教堂 Chiesa di St. Lucia ⑤
STAY 10分鐘

Oil O小店

Via Brigata Regina

Via Don Francesco Gigante

③ Villa Comunale Belvedere公園
STAY 15分鐘

Via Colombo

Largo Martellotta

Martinucci Laboratory甜點店 ●

① 舊城區 Rione Monti
STAY 180分鐘

Vico Monte S. Gabriele

② 聖安東尼歐教堂 Chiesa di St. Antonio
STAY 15分鐘

Via Isonzo

在義大利南部許多地方，都能看到蘑菇屋的蹤影，但是以阿貝羅貝洛的蘑菇屋最集中，所以整體的視覺效果也最壯觀。目前整個城鎮還保存了 1400 多棟蘑菇屋，因其特殊的建築構造，在 1996 年時被列為世界文化遺產。如果以 Largo Martellotta 這條街道劃分的話，阿貝羅貝洛市區分成舊城（Rione Monti）和新城（Rione Aia Piccola）兩處主要區域。

1 / Rione Monti
舊城區

舊城區是阿貝羅貝洛最早有人們居住的地方，整片山丘的範圍占地 15 公頃，是目前蘑菇屋最集中、規模最大的地區，大約共有 1030 間。放眼望去，一間間三角錐狀的房屋彷彿如雨後春筍般地並排在一起，覺得好療癒。

這區有 8 條主要街道，向山坡上延伸到聖安東尼歐教堂（Chiesa di St. Antonio）會合，這間教堂也被稱為「蘑菇教堂」。走在巷弄間，每間蘑菇屋的外型都不盡相同，而且背後都各有其歷史故事，包括關於兩兄弟的蘑菇屋、花園的蘑菇屋、帶有陽台的蘑菇屋。許多蘑菇屋都開放內部或是屋頂，免費讓遊客參觀，大家可以恣意的慢慢逛。

不過由於舊城區這裡的遊客多，到處開滿了紀念品店和餐廳，整體的氛圍相對比較觀光化。除了滿街摩肩擦踵的人潮外，很商業性質，少了那份原汁原味的傳統風貌。

1
2
1. 許多店家都開放屋頂讓遊客上去拍照 2. 舊城區內開設了許多紀念品商店

∽ I N F O

拍攝蘑菇屋的地點
要拍攝蘑菇屋，以下有幾處不錯的拍攝地點，都是不用收費，大家可以盡情地拍照。
- 從人民廣場（Piazza del Popolo）走往盡頭處的聖露奇亞教堂（Chiesa di St. Lucia），旁邊有個景觀露台。
- 往 Via Brigata Regina 這條路走上去，旁邊有個公園（Villa Comunale Belvedere），公園的盡頭是另一處拍照的好地方。
- 舊城區裡有許多店家，開放自屋頂的露台讓遊客拍照，不用覺得不好意思，就大方地走上去參觀吧！

2 / 新城區
Rione Aia Piccola

　　早期因為舊城區已經蓋滿了房屋，在沒有多餘土地可以居住的情況下，所以居民開始往對面山坡的新城區發展。相較於舊城區的蘑菇屋目前作為商業用途，新城區的房屋則是還有居民住宿在裡面，簡單來說就像是蘑菇屋住宅區。

　　如果你覺得舊城區的觀光人潮太多，那麼推薦你非得來趟新城區，更能一窺蘑菇村真實的生活環境。在這裡不但遊客比較少，許多居民甚至將自己的家改裝成民宿出租，想要體驗住在蘑菇屋內的感覺，不妨安排來這裡住一晚。

新城區的遊客比較少，更容易拍照

1　1. 建築博物館外觀 2. 建築博物館內
2　　的展示廚房

建築博物館 Trullo Sovrano

　　位於新城區裡的建築博物館，在 1744 年時由富豪卡塔多・佩特拉（Cataldo Petra）所建造，當作他家族居住的宅邸。這間屋子是整座村莊裡第一間雙層的蘑菇屋，高度達 14 公尺，並擁有 12 座圓錐狀的屋頂，裡面還有寬敞的廚房、中庭和小教堂，稱得上是蘑菇村的豪宅。

∽ INFO

地址 Piazza Sacramento 10/11, 70011 Alberobello
網站 trullosovrano.eu/
價位 成人 1.5 €
時間 4 ～ 10 月 10:00 ～ 13:15、15:30 ～ 19:00
　　 11 ～ 3 月 10:00 ～ 13:15、15:30 ～ 18:00

官網

地圖

大教堂
Basilica dei Santi Medici Cosma e Damiano

離建築博物館不遠處的大教堂，是阿貝羅貝洛規模最大的教堂，供奉著科斯馬和達米雅諾兩位殉道的希臘醫生。據說，他們兩位是雙胞胎兄弟，生前到處免費行醫救濟世人，後來在 17 世紀時興建這間教堂來紀念他們。

這間教堂融合了多種建築風格，立面有著醒目的鐘塔。底下入口處的兩側採用柯林斯式圓柱的裝飾，大門上方的浮雕，描繪了聖經的福音。走進教堂裡面，迎面而來的是祭壇上懸掛著耶穌受難像，側邊牆壁上的繪畫則是代表天使報喜和五旬節。

∽ I N F O

地址 Piazza Antonio
Curri, 70011
Alberobello

網站 basilicalberobello.
santimedici.net/

官網

地圖

關於蘑菇屋 Trullo

蘑菇屋義大利文稱為 Trullo（單數，複數 Trulli），這個字源自希臘文，意指由乾燥的石頭所蓋的拱頂小屋。原先是農民用於餵養牲畜、放置農具，臨時搭建的石頭屋，後來才變成人們的住所。

興建蘑菇屋所使用的材質，依據不同的區域而異，但主要是石灰岩或鈣岩。房屋底部的結構是白色圓柱形，屋頂採用石片堆砌而成的圓錐狀，外觀看起來就像是一株株蘑菇。牆面用石塊堆疊起來，然後混合泥土、麥稈及小碎石等泥漿，填滿於石塊的接縫處和外部，等硬化了之後再塗上白色的石灰，防止氣流進入。

許多蘑菇屋的屋頂漆上白色的符號，有驅邪保佑居民的含意

由於牆面厚實的結構，入口處和窗戶的設計也都是非常窄小，因此住在蘑菇屋有冬暖夏涼的優點。早期需要方便拆除及搭建的緣故，基於安全和靈活性的考量，多數的蘑菇屋都是只蓋單層樓，只有極少數的蘑菇屋蓋到第二層。內部通常僅規劃一間主臥室，如果有小孩的家庭，會在屋內用木材搭建上層，類似像樓中樓的概念。

在19世紀時，安通尼歐·達莫雷（Antonio Francesco D'Amore）建造了第一棟雙層的蘑菇屋，至今仍然保存下來，當地居民稱為愛之屋（Casa D'Amore）。基本上，我們平常看到的一棟蘑菇屋，裡面就是一間房間，客廳、廚房也都各自為一棟，所以每個家庭單位，外觀是由好幾個錐體狀的蘑菇屋建築所組合起來。

至於蘑菇屋的屋頂分為兩層，內層用石灰岩以傾斜的方式堆疊成圓錐狀，外層再鋪滿片狀的石片，讓雨水沿著石片流到屋外或是蓄水槽。古代多數的蘑菇屋裡面，沒有裝設水管線，居民得到附近的公共水井挑水回家使用。只有少數比較富裕的家庭裡，才有私人的水源設施。

1 | 2
3 | 4 | 5

1. 正在塗上白色石灰外牆的居民　2. 蘑菇屋的入口非常窄
3. 因為內部的空間有限，會在牆壁設計凹槽來放置家具或是衣服　4. 用木材來搭建第二層　5. 蘑菇屋屋頂的石片

當地特產

茴香臘腸 Salame al finocchio

義大利各地區都有風乾臘腸，但是加了茴香的種子調味後，融合了茴香所散發的味道，讓人非常驚豔，吃起來又不會太油膩，那種口感真的是難以言喻。

位於阿貝羅貝洛主街 Largo Martellotta 旁的這家 Oil O 小店，販售橄欖油和紅酒，並提供各種現切的火腿和臘腸，也有賣茴香口味的臘腸。最重要的是價位很親民，熱情的老闆也會切給你試吃看看。大家不妨點杯紅酒、切盤臘腸，坐下來大快朵頤一番。

∽ I N F O

Oil O
地址　Largo Martellotta 88, 70011 Alberobello
價位　一條茴香臘腸約 5 €

地圖

蘑菇屋的存錢筒

在舊城區裡，有許多販售紀念品的小店。其中，仿蘑菇屋造型的存錢筒，外型非常可愛又兼具實用性，而且價位也不貴，一個平均大約 4 ～ 5€，是值得買回家的紀念品或伴手禮。

餐廳推薦

Martinucci Laboratory 甜點店

這間於 1950 年營業的甜點老店，主要販售當地的傳統甜食，包括糕點、巧克力、及冰淇淋等等。各式各樣的甜點結合美味及藝術，讓人看了就垂涎三尺，它們家的甜點甚至還多次贏得比賽的獎項，絕對是值得來品嘗看看。

官網　　地圖

地址　Via Monte S. Michele, 57, 70011 Alberobello
網站　martinuccilaboratory.it/
價位　3 ～ 5 €
時間　8:00 ～ 1:00

Ristorante Trullo Dei Sapori

這間餐廳位於大教堂附近，是經由民宿老闆推薦，提供當地的傳統菜餚及義大利菜為主。雖然餐廳內的空間不大，簡單樸實的裝潢風格，感覺就很親民，最重要的是餐點好吃，喜歡義大利菜的人絕對不能錯過。

官網　　　地圖

地址　Piazza Antonio Curri 3, 70011 Alberobello
網站　ristorantetrullodeisapori.com
價位　綜合火腿拼盤 9 €、海鮮燉飯 20 €，餐桌費每人 2 €
時間　每天 12:30 ～ 15:00、19:00 ～ 23:00，週二休息

1. 道地的火腿拼盤
2. 小巧溫馨的裝潢風格

推薦住宿

Astra 蘑菇屋民宿

　　來到阿貝羅貝洛，強力推薦大家在蘑菇屋住一晚，畢竟這個小鎮的旅館也不多，都是以蘑菇屋的民宿為主。這間 Astra 民宿位於新城區內，房屋門前可免費停車，步行到所有的景點都很方便。民宿的主人超級親切，可以感受到濃厚的南義人熱情。這間蘑菇屋建造於 1500 年，有好幾間套房的房型能選擇，還有寬敞的中庭花園。最重要的是，房間內打掃得很乾淨，住起來非常讚。老闆娘也提供自費的晚餐項目，大家不妨來品嘗義大利媽媽的好手藝。

地址　Via Bertacchi 25/A, 70011 Alberobello
網站　astralberobello.it/
價位　雙人房約 120 ～ 140 €（包括早餐）
時間　15:00 過後入住、11:00 之前退房

官網　　　地圖

特殊景觀小鎮

馬泰拉 *Matera*

» 參觀時間　**2 天 1 夜**
» 鄰近機場　**巴里（Bari Karol Wojtyła Airport）**
» 鄰近城市　**羅馬（Roma）、拿坡里（Napoli）**
» 交通方式

1. 從米蘭或羅馬搭飛機到巴里，再租車前往各小鎮，這是造訪南義最方便的方式。從巴里機場也有公車直達馬泰拉，車程約 1 個多小時，各家巴士公司的時間稍微不同。

2. 從拿坡里每天有 1 ～ 2 班 Flixbus 前往馬泰拉，車程約 1 個多小時。

3. 從羅馬搭火車到巴里，然後從巴里中央火車站旁邊的 Ferrovie Appulo Lucane 車站搭火車前往馬泰拉（週日和假日不行駛），網站：ferrovieappulolucane.it/。抵達馬泰拉火車站之後，步行到石城區約 500 公尺。

- 羅馬
- 拿坡里
- 巴里機場
- 馬泰拉

Flixbus

火車相關資訊

　　關於馬泰拉（Matera）最早的歷史，可以回溯到舊石器時代。當時因為石灰岩融蝕形成的洞穴地形，不但冬暖夏涼，且對外隱蔽性高，成為理想的居住地點，而吸引人們來此定居。西元前 251 年，古羅馬人的領事 Lucius Caecilius Metellus 建立了這座城鎮，並命名為「馬泰歐拉」（Matheola），成為這地名的由來。到了 7 世紀，馬泰拉被來自北部的倫巴底人所征服，歸順於貝內文托（Benevento）公國的一部分。

　　到了中世紀，由於峽谷和山溝的隱蔽環境，一些被宗教迫害的本篤會修士和拜占庭的僧侶逃到這裡躲藏，在岩壁的洞穴中加以開鑿，許多房屋及教堂便是在這時期所興建，並逐漸發展成有規模的城鎮。之後，受德國和拜占庭帝國的鬥爭、地震及瘟疫等天災的多重影響下，這個城市才逐漸沒落。

　　二次大戰期間，馬泰拉是第一個發動反抗納粹的南義城市，而造成不少民兵的傷亡。在戰爭結束後，因為洞穴的居住環境老舊，義大利政府正式頒布法令，疏散這裡的居民，並在外圍建立新的市鎮。原本的洞穴石屋則被稱為「石城區」（Sassi di Matera），用來區分新城鎮。在 1993 年被列為世界遺產，並榮膺 2019 年的歐洲文化之都。

聖亞哥斯提諾教堂
Chiesa di Sant'Agostino
🕐STAY 40分鐘

Via D'Addozio

Day1
❶ 石城區 Sassi di Matera

聖皮耶妥·巴里薩諾教堂
Chiesa San Pietro Barisano
🕐STAY 40分鐘

Via Santa Cesarea

Via Madonna delle Virtù

馬泰拉大教堂
La cattedrale di Matera
🕐STAY 40分鐘

Via Fiorentini

聖皮耶妥和保羅教堂
Chiesa dei Santi Pietro e Paolo
🕐STAY 20分鐘

伊德利斯·聖塔瑪麗亞教堂
Chiesa Rupestre di Santa Maria di Idris
🕐STAY 60分鐘

Ristorante Osteria San Pietro ●

Via Buozzi

● Pane&Pomodoro

格拉維那河 Gravina

Day2
自然保護區健行
自然保護區有一座橫跨
河面的西藏吊橋,可以
從對面的山頭來欣賞石
城區。

● 火車站

Via Antonio Gramsci

Via Lucana

二日遊行程路線

1 / Sassi di Matera 石城區

馬泰拉最特別的地方,就是洞穴式的石屋。早在史前時代,人們就利用這裡的地形條件,在石灰岩的山壁中開鑿洞穴,發展成為獨特的城鎮。由於地形崎嶇的緣故,石城區沒有水源和良好的排水系統,居住在洞穴內又通風不良,衍生出許多的衛生問題。

因此,包括瘧疾、瘟疫等許多傳染病,很容易在城鎮裡蔓延開來,造成相當嚴重的災難。當時的居民就得想辦法打造蓄水池和排水道,徹底解決水的問題,才稍微改善居住的環境。直到今日,居民已經從洞穴屋搬移到新城,但是老舊的石城區經過整修後,注入新穎的現代化設施,並保留特殊的外觀,成為目前炙手可熱的觀光景點。預計近期上映的 007 系列最新電影《生死交戰》(No Time to Die),就是在這裡取景。

石城區的房屋都是從石灰岩山壁裡所開鑿

2 / Chiesa di Sant' Agostino
聖亞哥斯提諾教堂

外型為巴洛克風格的聖亞哥斯提諾教堂，前方的廣場可以欣賞到非常漂亮的馬泰拉岩石區景色。1592 年時，教堂的僧侶成立了修道院，後來修道院的房間曾一度被軍隊所使用。教堂最原始的部分，位於教堂的地下室所在地，目前依然保存著古老的壁畫。

∞ I N F O

地址 Via D'Addozio, 75100 Matera MT
網站 sassidimatera.net/cosa-vedere/chiesa-di-santagostino
價位 免費參觀
時間 每天 10:00 ～ 20:00

官網　　　　地圖

1. 從聖亞哥斯提諾教堂外眺望石城區的景觀 2. 教堂矗立於峭壁上

3 / Chiesa San Pietro Barisano
聖皮耶妥·巴里薩諾教堂

聖皮耶妥·巴里薩諾教堂是全部在岩石裡面

在馬泰拉這幾間岩石教堂中，聖皮耶妥·巴里薩諾教堂是規模最大的「岩石教堂」。除了位於教堂外獨立的鐘塔，整座教堂皆深入岩石內開鑿而成。根據考古學家研究，估計這間教堂最早興建於 12 ～ 13 世紀左右。目前的外觀、內部的中殿、及地下排水室，皆為 18 世紀整修後所遺留下來的模樣。

在 60 ～ 70 年代期間，教堂許多重要的資產被洗劫一空或遭受破壞，但是從殘留的斑駁壁畫中，依稀能夠讓人感受到其古蹟的魅力。

∞ I N F O

地址 Via S. Pietro Barisano, 75100 Matera MT
網站 oltrelartematera.it
價位 教堂聯票：一間 3.5 €、二間 6 €、三間 7 €
時間 4 月～ 11 月 1 日 每天 10:00 ～ 19:00、11 月 2 日～ 3 月 31 日每天 10:00 ～ 16:00、7 月 2 日 & 12 月 25 日不開放
附註 內部禁止拍照

官網　　　　地圖

4 / La cattedrale di Matera
馬泰拉大教堂

　　大教堂位於馬泰拉市區的最高處，並將石城區分成左右兩側。1203 年，當時的羅馬教宗：伊諾全特三世（Pope Innocent III），將馬泰拉升格為總教區，於是在 1207 年建造了這座羅馬式的天主教教堂，歷時將近 70 年才完工。

　　大教堂的鐘塔不但成為馬泰拉的制高點，從教堂前的廣場也能清楚地眺望高低起伏的市區風貌。走進教堂內部，映入眼簾的是美輪美奐的華麗裝飾：描繪了聖母和兒童的拜占庭壁畫、文藝復興風格的小教堂，金碧輝煌的景象讓人看了嘆為觀止。

∾ I N F O

地址　Piazza Duomo, 75100 Matera MT
網站　diocesimaterairsina.it
價位　免費參觀
時間　全年開放（每天 9:00 ～ 19:00）
附註　禁止穿無袖的衣服進入教堂內、禁止使用閃光燈

官網　　　　　地圖

---

5 / Chiesa dei Santi Pietro e Paolo
聖皮耶妥和保羅教堂

　　這間教堂始建於 1218 年，歷年來經過多次的修建。原本在教堂左右兩側的拱廊後方，各有四座禮拜堂，如今只剩下左側的保存下來，第一個是悲傷的聖母、第二個是 17 世紀的濕壁畫、第三個是周邊鑲嵌浮雕的祭壇，第四個則是有 13 世紀洗禮字體的耶穌聖心。

　　在 17 世紀時，教堂的內部擴建及增建鐘塔，並用凝灰岩屋頂取代了原來的木製桁架天花板。目前教堂中殿的盡頭，是一座 18 世紀的祭壇，至於中殿主體上方的斑駁木製天花板，是在 1706 年重建時再加上去，描繪著代表基督的畫作，成為教堂最有特色的部分。

∾ I N F O

地址　Piazza S. Pietro Caveoso, 1, 75100 Matera MT
價位　免費參觀
時間　全年開放（每天 9:00 ～ 19:00）

地圖

6 / Chiesa Rupestre di Santa Maria di Idris
伊德利斯‧聖塔瑪麗亞教堂

始建於 12 世紀的伊德利斯‧聖塔瑪麗亞教堂，緊鄰於聖皮耶妥和保羅教堂旁邊岩石上方，從天然的石灰岩層中打造而成，外觀看起來和岩石融為一體，形成非常特殊的景觀。教堂地下室內部保有 12 ～ 17 世紀的珍貴壁畫，包括描繪福音的肖像和聖徒。

教堂是從一塊岩石打造而成

∞ I N F O

地址　Via Madonna dell'Idris, 75100 Matera MT
網站　oltrelartematera.it
價位　教堂聯票：一間 3.5 €、二間 6 €、三間 7 €
時間　夏季 3 月底～ 4 月中 每天 10:00 ～ 17:00、
　　　4 月中～ 11 月初 每天 9:00 ～ 20:00；
　　　冬季 11 月初～ 3 月底 每天 10:00 ～ 17:00

官網

地圖

當地特產

小耳朵 Orecchiette

義大利有許多形狀的麵食（pasta），包括義大利麵、筆尖麵、彎管麵、蝴蝶麵等等，每種不同造型的麵條都有各自的名稱。這款外觀看起來像是縮小版的耳朵形狀，因此才被稱為「小耳朵」或是「貓耳朵」，主要在義大利南部的普利亞區（Puglia）和巴西利卡塔區（Basilicata）最常見。

乾甜椒 Peperone Crusco

乾甜椒是義大利南部的特產，作法是把紅甜椒放進油裡面油炸片刻，吸收甜椒的水分讓它變成鬆脆。晾乾後，乾的甜椒可以直接食用，或是當成配菜、佐料，搭配義大利麵和其他食物一起吃。

馬泰拉麵包 Pane di Matera

　　這款麵包最早可追朔到 13 ～ 18 世紀的拿坡里王國時期，在那個年代，馬泰拉一帶是重要的穀物種植地區，生產穀物所製作的麵包，成為最主要的經濟來源。民眾用粗麵粉、天然酵母、水和鹽製成的馬泰拉麵包，由於沿襲傳統的特殊捏揉方式，以及當地的小麥品種，而具有獨特的香氣和風味。

搭配生菜沙拉的馬泰拉麵包

餐廳推薦

Pane&Pomodoro

　　這家餐廳雖然看起來不太起眼，但提供了道地的傳統菜餚，其中「Cialledda Matera」是生菜沙拉搭配傳統的馬泰拉麵包，在天氣炎熱的南義地區，吃起來非常清爽可口，深受大家的喜愛。

官網　　　地圖

地址　Via Bruno Buozzi, 24 Bis, 75100 Matera MT
網站　paneepomodoromatera.it/
價位　綜合烤肉 12 €、Cialledda Matera 7 €
時間　每天 9:00 ～ 23:00（週一營業至 16:30）
附註　每人餐桌費 2 €

Ristorante Osteria San Pietro

　　對於預算有限的旅客，這家餐廳提供的套餐是相當划算。食量不大的人，可以選擇前菜「綜合生菜沙拉加火腿片」和第一道菜「小耳朵」的組合；食量比較大的人，則可以吃第一道及第二道主菜「黑豬肉香腸配生菜沙拉」。雖然經濟實惠，卻能吃得很滿足！

地圖

地址　Via Bruno Buozzi 172-176, 75100 Matera MT
價位　套餐 10 € 或 12 €

絶美濱海小鎮

里奧馬焦雷 *Riomaggiore*

» 參觀時間　　2 天
» 鄰近機場　　米蘭（Aeroporto di Milano-Malpensa）
» 鄰近城市　　米蘭（Milan）、熱內亞（Genoa）
» 交通方式

　1.從米蘭機場搭乘機場快線（Malpensa Express）到
　　中央火車站（Milano Centrale），轉火車到拉斯
　　佩齊亞（La Spezia），再轉搭火車到里奧馬焦雷
　　（Riomaggiore），總車程約 3 ～ 4 小時。

　2.從熱內亞搭火車到里奧馬焦雷，直達車的車程約 1.5 ～ 2 小時。

　　義大利西北部海岸線的五漁村，義大利文為「Cinque Terre」（意指「五鄉地」），因為由五個傳統漁村所組成，所以中文普遍也稱之「五漁村」。由於兼具傳統特色和絕美的海岸線景觀，近年來成為熱門的觀光勝地，而被列為國家公園風景區。其中，里奧馬焦雷位居五漁村的第一個村莊，是遊客前來造訪此地區的首要門戶。

　　五漁村最早出現於文獻記載中，約在 11 世紀左右，當時人們就來到維那薩（Vernazza）居住，打造成一處重要的軍事要塞。之後，漁夫們陸續地攜家帶眷來到鄰近的山谷，聚集在此生活形成了村莊型態，而逐漸演變成這條海岸線的漁村聚落。

　　早期的五漁村隸屬於熱內亞共和國（Republic of Genoa）的領地，到了 16 世紀時，居民重新修築堡壘，並建造新的防禦塔樓，以防止土耳其人和海盜的入侵。但是畢竟這裡的地理位置隱蔽，與外界的聯繫不便，生活主要賴以漁業的居民並無其他的收入來源，因此村莊沒有顯著地擴展。正因為這樣，沒有過度開發的五漁村得以保存傳統風貌。

　　直到近代，在義大利西部的兩大海港：拉斯佩齊亞（La Spezia）和熱內亞（Genova）的鐵路線通車後，位於這兩地之間的五漁村也跟隨著鐵路的落成而繁榮起來，吸引大批觀光客前來度假。造訪五漁村最適當的季節，是在 5 ～ 9 月的夏季，雖然這期間到處都是摩肩擦踵的人潮，但是才有熱情奔放的海邊氛圍。

　　總面積達 4300 公頃的五漁村國家公園，雖然是義大利最小的國家公園，卻因為其特殊的景觀，在 1997 年登錄於世界遺產之林。其中，五座漁村由東到西的順序分別是里奧馬焦雷、馬納羅拉（Manarola）、科尼利亞（Corniglia）、維那薩和濱海的蒙泰羅索（Monterosso al Mare）。這五座村莊最大的共通特色，就是矗立在峭壁上或山谷色彩繽紛的房屋，和壯麗的海岸線相互輝映下，整片景觀更顯夢幻。五座村莊彼此間的距離不算遠，都規劃了健行步道，也可用火車和渡輪來銜接都很方便。如果是自行開車前來，除非是有預訂停車位的住宿，否則外來的車輛是無法開進村莊內，要特別留意。

　　時間有限的人，當然也不需要全部參觀，其中里奧馬焦雷、馬納羅拉及維那薩是最漂亮的三座村莊，造訪這幾處應該就夠了。除非你是計畫去沙灘玩水，那麼就可以再加上濱海的蒙泰羅索。

五漁村地圖

蒙泰羅索 Monterosso al Mare
維那薩 Vernazza
科尼利亞 Corniglia
馬納羅拉 Manarola
里奧馬焦雷 Riomaggiore
拉斯佩齊亞 La Spezia

∝ I N F O

五漁村國家公園 Parco Nazionaledelle Cinque Terre

網站 parconazionale5terre.it

交通 計畫進入國家公園健行的人，可以購買五漁村卡，如果不打算健行的人，除非你停留的天數比較長，不然購買單程的火車票搭配渡輪往返各村莊即可，這樣能同時體驗火車和渡輪兩種交通工具。

官網

- **五漁村卡（Cinque Terre Card）**
  - 購買 各村莊的火車站、旅遊中心、健行步道起點
  - 範圍 往返五漁村和 La Spezia 及 Levato 之間的交通
  - 價位 成人：1 日健行票 7.5 €、附加火車票 16 €；2 日健行票 14.5 €、附加火車票 29 €；3 日健行附加火車票 41 €。4 ～ 12 歲兒童：1 日健行票 4.5 €，2 日健行票 7.2 €、附加火車票 10 €
  - 附註 搭車前記得去機器打票

- **火車票**
  - 購買 各火車站自動售票機或櫃檯
  - 價位 成人：單趟 4 €、兒童：單趟 2 €
  - 附註 搭車前記得去機器打票

- **渡輪票**
  - 購買 海邊搭船的碼頭處
  - 價位 成人：1 日票 35 €、單趟 6 €起跳；兒童：1 日票 20 €、單趟 3 €、6 歲以下免費
  - 附註 在 14:00 過後，凡是購買的船票超過 27 €，都享有八折優惠

$\frac{1}{2}$ 1. 馬納羅拉的火車站 2. 搭乘渡輪往返各村莊，是另類的體驗

1／里奧馬焦雷市區

里奧馬焦雷（Riomaggiore）一字的由來，是因為村莊位於馬焦河（Rivus Major）所形成的谷地裡，所以依這條河的名稱來命名。這裡是五漁村最東邊的村莊，所以從義大利各大城市前來此地的遊客，許多人會選擇這裡做為造訪五漁村的起點。

根據當地居民流傳的說法，8世紀左右，一群希臘人為了逃避東羅馬帝國皇帝的迫害，乘風破浪搭船逃到這裡落腳，打造了這個村莊。數百年來，整座村莊沿著科倫布街（Via Colombo）的兩側發展，延續到今日，這條街道林立著琳琅滿目的商店及餐廳，成為全村最熱鬧的中心。

要欣賞里奧馬焦雷的全景，最直接的方式就是搭乘渡輪，從海上就能一窺整座村莊和山谷的全貌。後方的維魯戈拉（Verugola）山，自古以來就象徵著城市的守護者，村莊的徽章就是以這座山的外型來描繪。

最熱鬧的科倫布街（Via Colombo）

里奧馬焦雷小鎮地圖

愛情步道
Via dell'Amore

火車站
Stazione

里奧馬焦雷城堡
Castello di Riomaggiore

Via Colombo

Via Santuario

BISTRO "Grandma Vittoria"

Trattoria Bar
"La Grotta"

Salita Costa del Fuso

Via Telemaco Signorini

Via di Loca

Strada Provinciale 32

渡輪碼頭
Ferry Dock

2 / Via dell'Amore
愛情步道

　　長 1 公里的愛情步道，聯繫了里奧馬焦雷和隔壁的馬納羅拉兩座村莊，整條步道沿著海邊的垂直峭壁盤繞蜿蜒著，從遠處看著緊貼峭壁的步道著實讓人嘆為觀止。走在步道上，可以欣賞到一望無垠的大海景色，所以被喻為「世界上最浪漫的濱海步道」。

　　在愛情步道上，望著海天一色的美景，相信任何人心情都會覺得輕鬆自在。沿途中，你會看到情侶們留下各式各樣的浪漫留言，欄杆上也掛了不少情人鎖，可見大家都是深深地被眼前的美景所感動。然而，因為地質的關係，這裡曾經發生地震引發落石而坍崩的意外，所以出發前要先上網查詢愛情步道是否有開放。

∞ I N F O

網站　cinqueterre.com/la-via-dell-amore
時間　視天氣和實際狀況而開放
交通　從里奧馬焦雷火車站旁，就是愛情步道的起點

官網　　　　地圖

3 / Castello di Riomaggiore
里奧馬焦雷城堡

　　興建於 1260 年的里奧馬焦雷城堡，佇立於村莊的山坡上，居高臨下的地點能夠有效地防禦外敵入侵，是一座軍事用途的堡壘。雖然城堡的規模不算大，但是以石塊堆砌成的四方形外觀和兩座圓塔的造型，依然非常引人注目。

　　在 19 世紀法國拿破崙統治的時期，這座堡壘內因為有多餘的土地，而被當成埋葬死者的墓地。如今所看到的建築，是 20 世紀末重新修建的模樣，目前是當地市政府的會議廳和文化中心。

∞ I N F O

地址　19017 Riomaggiore,
　　　Province of La Spezia

地圖

馬納羅拉 Manarola

　　馬納羅拉是五漁村最耀眼的村莊，一間間色彩斑斕的房屋矗立在 70 公尺高的海邊峭壁上，遠遠望過去相當壯觀！如此險峻的地形，海邊也沒有沙灘的環境，但依然吸引許多遊客來這裡做日光浴，或是下海游泳戲水。

　　自古以來，本地的居民就是以捕魚和釀酒賴以維生。由於這裡的葡萄藤數量是五漁村之最，所以釀製葡萄酒成為傳統的興盛產業，以香甜的 Sciacchetra 這款酒最受歡迎。

∽ I N F O

地址	19017 Manarola, Province of La Spezia

地圖

維那薩 Vernazza

　　1080 年義大利的歐伯藤基（Obertenghi）家族在維那薩加強建設，把這裡當作一處前往海上的基地，在港口聚集了士兵和艦隊，以捍衛附近的海盜。從這時候開始，維那薩就逐漸發展成村莊的型態。位於港口旁邊的聖瑪格麗塔教堂（Chiesa di Santa Margherita），是村莊最古老的建築。

∽ I N F O

地址	19018 Vernazza SP

地圖

當地特產

香蒜青醬 Pestoalla Genovese

　　這款香蒜青醬就是我們平常說的「青醬」，源自於熱內亞（Genoa）地區。傳統的香蒜醬，主要的成分是羅勒葉，加入搗碎的大蒜、松子仁、帕瑪森起司和少許鹽巴，然後倒些橄欖油一起攪拌均勻，就是超級美味的香蒜青醬。這種青醬除了能煮菜調味之外，直接塗抹在麵包上也非常好吃。

檸檬產品

　　由於良好的氣候環境，檸檬樹在五漁村生長得特別好，因此隨處可以看到檸檬的產品，包括檸檬酒（limoncino）、香皂、果醬、奶油及蛋糕等。每年 5 月在濱海的蒙泰羅索（Monterosso al Mare），還會特別舉辦檸檬節慶。

現炸花枝 & 海鮮

以捕魚為傳統產業的五漁村，海鮮當然是這裡的特產。在科倫布街這條主街上，有許多家販售炸海鮮的小店，包括炸花枝、炸蝦、炸沙丁魚等等，不妨買一份來吃看看，保證讓你一口接一口。

價位　一份 10 ～ 12 €

Trattoria Bar "La Grotta"

這間自 1920 年就開張的餐廳，位於里奧馬焦雷的主街科倫布街，距離港口只有幾步之遙，是本地的知名老店。老闆是土生土長的當地人，所以菜餚的口味非常道地，店內仍然可以看到自 14 世紀保留到今日的紅磚拱廊，是一間古蹟等級的房屋。

官網　　　地圖

地址　Via Colombo, 247, 19017 Riomaggiore SP
網站　e-cinqueterre.com
價位　海鮮義大利麵、青醬義大利麵 14 €（餐桌費每人 3 €）

BISTRO "Grandma Vittoria"

這家酒吧的位置在挑高的階梯上，對於想小酌一杯的人很適合，坐在戶外的露臺能欣賞到主街熙熙攘攘的人潮，體驗五漁村夏季熱鬧的氛圍。餐廳提供的開胃菜 bruschetta，採用當地的傳統青醬搭配新鮮的番茄，清爽酥脆的口感，會讓人吃得津津有味。

地圖

地址　Via Colombo, 176, 19017 Riomaggiore SP
價位　番茄佐青醬 bruschetta 一份 8 €
時間　每天 7:00 ～ 22:00

希臘
GREECE

● 雅典
Athens

★ ★ ★ ★

絶美濱海小鎮

伊亞
Oia

伊亞 ●
Oia

» 參觀時間　2 天

» 鄰近機場　雅典國際機場
　　　　　　（Athens International Airport）

» 鄰近城市　雅典（Athens）

» 交通方式

雅典 ● ╳ 雅典國際機場

伊亞 ●

1. 自雅典搭乘地鐵 M1 到皮瑞斯站（Piraeus Station），
   從港口搭乘渡輪到聖多里尼，船程約 7 小時 30 分鐘；
   或是自雅典機場搭乘 X96 號巴士，在皮瑞斯港（Piraeus Port）下車，
   再轉搭渡輪。下船後，往左邊的方向走就是巴士總站，先搭乘巴士
   到費拉（Fira）的公車總站，再轉搭公車或租車前往伊亞。渡輪建議
   事先上網購票，網站：bluestarferries.com。

渡輪購票官網

2. 自雅典或是歐洲其他國家，可以搭乘飛機直接抵達聖多里尼機場。
   自機場搭乘巴士到費拉，再轉公車或自行租車前往伊亞。

3. 許多旅館和民宿會提供機場接送服務，自行搭計程車到費拉的費用約 30 €。

座落於愛琴海上的聖多里尼島（Santorini），希臘文稱為錫拉
（Thira），由於位在埃及和希臘兩大文明古國之間的交通要塞，據說
在西元前 3 千年就有人類在此活動，因此擁有相當長久的歷史背景。
然而西元前 1600 ～ 1500 年左右，聖多里尼島的火山嚴重爆發，導致
島上的人文活動消失了好幾百年之久。這次火山爆發後所發生的大地
震，也讓原本是個圓形狀的島嶼，形成目前的半月形。

矗立於峭壁上方約 150 公尺高的伊亞（Oia），是聖多里尼島上的主
要城市之一，整個城鎮沿著火山口北部邊緣延伸將近 2 公里長，藍白
相間的房屋也成為島上最美的景致。伊亞最早被稱為 Apano Meria，意
指為「上面」，當地居民口語上說的 Apanomeria 就是這樣演變而來。
直到 19 世紀之後，才改名為伊亞。

伊亞的發展，要歸功於它優越的地理位置。這裡位於俄羅斯和北非
之間的海上貿易路線，在 18 ～ 19 世紀之際，伊亞下方的港口區停滿
了許多帆船和貨品。來來往往的水手和船隻，讓居民才 2 千多人的伊
亞顯得熱鬧非凡。聖多里尼島上生產的葡萄酒，也跟隨著外銷到西歐
的法國等地。

在 19 世紀末，因為蒸汽船的問世，雅典附近的大港：皮瑞斯
（Piraeus）隨之興起，失去了經濟價值的伊亞，逐漸地邁入蕭條的景
象。1956 年 7 月，聖多里尼島又發生規模 7.2 的大地震，導致居民紛
紛搬離，只剩下 3 百多人住在島上。

到了 70 年代，希臘國家旅遊局積極推廣伊亞的保護和開發計畫，
修繕傳統的洞穴屋，改建成許多餐廳及飯店。沿著蜿蜒的階梯走去，
放眼望去盡是漆成白色外牆的房屋，搭配藍色屋頂的造型，散發出優
雅輕鬆的氣息。峭壁上密密麻麻的白色房屋和湛藍的大海，形成一幅
唯美的景象，也是聖多里尼島最特殊景觀。

1 / Fira 費拉

位於聖多里尼島西岸中央位置的費拉，是島上最大的城市兼首府。由於交通便利，加上餐廳、酒吧及商店林立，許多來造訪聖多里尼的遊客都會選擇在費拉落腳，成為島上最繁忙的商業城鎮。白天即使艷陽高照的時候，街上總是有如織的遊客；到了傍晚入夜後，天氣轉為涼爽，巷弄間會湧現更多的人潮，五光十色的夜生活也頓時間展開。

除了便利的生活機能之外，費拉壯麗的風景也是讓人如癡如醉。整個城鎮建立於垂直的峭壁上方，另一側便是廣闊的大海，遠遠看過去就非常險峻。往海面上望去，還能夠清楚地看到不遠處的帕拉亞·卡梅尼（Palaia Kammeni）和尼阿·卡梅尼（Nea Kammeni）這兩座火山島，擁有絕佳的視野。

2 / Red Beach 紅色海灘

費拉南部 12 公里處阿克羅蒂里（Akrotiri）村附近的紅色海灘，是聖多里尼島上一處特殊的景點，這也是火山活動所遺留下來的奇景。由於這處沙灘由火山岩斷層所形成，故周圍都是紅色砂岩的丘陵地。沙灘的後方則是整片光禿的岩壁，暗黑又帶點栗紅的色澤，和湛藍的海水形成強烈的對比，因此景觀相當漂亮。不過這裡風大浪大的情況，經常吹到塵土滿天飛揚，而且有時山壁的土石會滑落，來這裡的遊客要注意。

由火山岩斷層形成的紅色沙灘

地圖

3 / 世界上最美的夕陽

　　伊亞位於聖多里尼島半月形的頂端，由於它地理方向和地勢的緣故，一望無垠的海天相連景觀，讓伊亞成為島上看日落最佳的地點。尤其夏季傍晚的希臘，大概是一天中最舒爽的時刻了，這時候的氣溫不像白天那麼酷熱，又有迎面吹來的徐徐海風，的確是欣賞日落的最佳環境。

　　夏季日落的時間，大約介於 7 點半到 8 點半之間。約莫傍晚 7 點多過後，人們便從四面八方開始湧進伊亞小鎮，就像趕來赴一場盛宴似地，街上有人牽著自己心愛的伴侶、有人攜家帶眷、也有人呼朋引伴一起前來，甚至不少人帶著晚餐和美酒，大包小包地前來看夕陽。大家找空位席地而坐，沉浸在夕陽餘暉下，彷彿周遭的一切都靜止了，難怪會被稱為世界上最美麗的夕陽景觀！

1. 傍晚時分聚集在碉堡區看夕陽的人潮 2. 夕陽照映在伊亞市區的浪漫景色 3. 伊亞號稱擁有世界上最美的夕陽

伊亞小鎮地圖

伊亞
Oia

尼阿‧卡梅尼
Nea Kammeni

帕拉亞‧卡梅尼
Palaia Kammeni

費拉
Fira

聖多里尼機場

渡輪碼頭

阿克羅蒂里
Akrotiri

紅色海灘
Red Beach

希臘串燒 Souvlaki

當地特產

　　希臘有許多賣串燒的小店，單買一支約 2 歐元，或是食量大的人可以購買套餐 9 歐元。串燒的種類很多，有豬肉、雞肉、雞肉培根及香腸等，其中最好吃的就是雞肉培根串燒。嫩而不澀的雞肉口感，搭配微鹹的培根，真的是上等的美食，一吃就會上癮！

希臘沙拉 Greek Salad

　　希臘沙拉最上面會有一層白起司，搭配番茄、洋蔥、青椒、小黃瓜、橄欖等菜類，吃起來散發出濃濃的地中海風味，非常清爽可口。

餐廳推薦

Cacio e Pepe

　　這間位於費拉的義大利餐廳，採用新鮮的食材及傳統的烹飪方式，從多元化的前菜，包括義式薄餅、香蒜麵包、帕瑪火腿搭配哈密瓜就能擄獲顧客的心，到了龍蝦義大利麵、搭配松露的菲力牛排正式端上桌時，更是讓人讚不絕口，是當地非常受歡迎的餐廳之一。

官網　　地圖

地址　25is Martiou, Thira 847 00, Greece
網站　ammoudisantorini.com/
時間　4 ～ 10 月 每天 11:00 ～ 23:00
附註　事先上網訂位

Ammoudi Fish Tavern

　　這間餐廳位於伊亞市區下方的海邊，望著湛藍的大海和海浪的拍打聲用餐，是多麼愜意的人生享受。餐廳除了提供傳統的希臘料理之外，多種豐富又新鮮的海產可以選擇，任誰看了都想大快朵頤一番。

地址　Ammoudi Bay, Santorini, Oia, Ammoudi 847 02, Greece
網站　cacioepepe.gr/
時間　每天 13:00 ～ 00:00
附註　事先上網訂位

官網　　地圖

葡萄牙
PORTUGAL

● 辛特拉Sintra

★★★★
—童話故事小鎮—

辛特拉
Sintra

● 里斯本
Lisbon

⟨⟨ 基本資訊 ⟩⟩

» 參觀時間　　2 天
» 鄰近機場　　里斯本機場（Lisbon Airport）
» 鄰近城市　　里斯本（Lisbon）
» 交通方式

從里斯本機場搭乘地鐵紅線在 Alameda 站轉車，轉搭綠線往 Cais do Sodre 方向，在 Rossio 站下車。從 Praca do Rossio 廣場另一側的 Estação do Rossio 火車站，搭乘火車到辛特拉，直達車車程約 40 分鐘（半小時一班車），抵達辛特拉後再轉搭公車前往各景點。

● 辛特拉

里斯本國際機場 ✈

里斯本 ●

位於里斯本近郊的辛特拉（Sintra），根據當地出土的文物顯示，舊石器時代早期就已經有人們在這裡活動，並且還有許多新石器、青銅器時代的陶瓷器皿等文物陸續出土，足以證明這裡在數千年前有相當活躍的人類文明。

一直到了 12 世紀，亨利伯爵（Count Henry）征服辛特拉城堡。他的兒子阿方索一世（Dom Afonso Henriques）在摩爾人城堡內興建教堂，帶來基督教的統治，並簽署了法案和憲章，宣布辛特拉為獨立的城鎮。自這個時候開始，陸續建設許多房舍、修道院、莊園及軍事堡壘，變為一處規模不小的城鎮。

由於辛特拉山巒起伏的鄉村環境，葡萄牙歷任的國王喜歡在酷熱的夏季前來避暑，騎著馬在蔥蔥鬱鬱的山林裡狩獵，再加上這裡擁有天然的山泉水，吸引了王公貴族們前來度假。正因如此，政府更著手加強辛特拉的建設工程，興建許多美麗城堡及莊園。然而在 1755 年，里斯本地區發生嚴重的地震，鄰近的辛特拉不但死傷慘重，也有不少建築遭受損毀。

直到 18 世紀末期到 19 世紀，因為浪漫主義的思潮興起，辛特拉地區富有藝術特色的建築，開始受到外國遊客和葡萄牙貴族的重視，促使了這裡的觀光產業發展，讓沉睡已久的典雅古城，又重新活躍於世人面前。

Day1

3 辛特拉宮
Palácio Nacional de Sintra
⏱ STAY 2小時

4 雷加萊拉莊園
Quinta da Regaleira
⏱ STAY 4小時

1 摩爾人城堡
Castelo dos Mouros
⏱ STAY 3小時

Day2

2 佩納宮
Palácio da Pena
⏱ STAY 3小時

1 / Palácio da Pena
佩納宮

色彩繽紛的佩納宮，是辛特拉最熱門的景點。在中世紀，辛特拉的山頂上因為聖母顯靈，民眾才在這裡蓋了一座聖母小教堂。當時的國王約翰二世（João II）和其繼任者曼努耶爾一世（Manuel I），兩人都非常虔誠，非但經常前來朝聖，還下令在教堂的遺址興建修道院，成為一處隱蔽在山林中的修行場所。

18 世紀時，老舊的修道院接連遭受雷擊和地震的破壞，僅殘留部分的雕像和大理石，於是這裡變成了一片廢墟。直到 1838 年，葡萄牙國王費南多二世（Fernando II）收購修道院、摩爾人城堡和周邊的土地，將修道院的遺址改建成宮殿，當作皇族夏季的度假行宮。

由於國王和皇后的個人喜好，想要打造一座如童話故事場景的城堡，決定融合了多種不同風格。在佩納宮興建的過程中，建築師還多次造訪德國萊茵河附近的城堡，當作興建城堡的參考藍圖。除了當時主流的浪漫主義元素之外，還包括新哥德式、新伊斯蘭式及新文藝復興等五花八門的色彩。

到了 20 世紀時，這座宮殿仿照原本的顏色進行粉刷修復，鮮豔的色彩和石破天驚的美麗外觀，立即吸引了大批遊客前來參觀。佩納宮也在 1995 年被聯合國教科文組織列為世界遺產，同時也名列葡萄牙的七大奇景之一，因此來到里斯本的遊客可千萬不能錯過。

1
2
1. 佩納宮融合了多種建築風格 2. 佩納宮內的雕刻裝飾

∿ INFO

地址　Estrada da Pena, 2710-609 Sintra
網站　parquesdesintra.pt
價位　宮殿＋公園，成人 14 €、6 ～ 17 歲兒童 & 65 歲以上 12.5 €、家庭票（2 大 2 小）49 €
時間　全年 10:00 ～ 18:00（最晚售票時間 17:00）
附註　建議事先上網購票，可以省去排隊的人潮，同時購買辛特拉多個景點的聯票會有額外的折扣

官網

地圖

2 / Castelo dos Mouros
摩爾人城堡

由摩爾人在 8 世紀所興建的摩爾人城堡，是一處重要的軍事要塞。與其說是城堡，其實整體的感覺更像是一座防禦性的堡壘。由於摩爾人為穆斯林民族，因此和北方篤信基督教信仰的人們時常有紛爭，這座宛如縮小版的萬里城牆，就成了一道劃分彼此的界線，同時也是保護居民的屏障。

1147 年，葡萄牙人圍攻里斯本的戰役獲勝後，城堡向基督教的勢力歸降，並在城牆內建造了小教堂。後來，城堡被猶太人短暫的占領、遭逢大地震的損毀，到了 19 世紀許多塔樓已經變成廢墟。在國王費南多二世的號召之下，重新整建雜草叢生的城堡，逐步地修復城牆及教堂。

如今，蜿蜒在花崗岩上方的摩爾人城堡，早已經被葡萄牙列為國家級的古蹟。居高臨下的優越位置，不但能夠眺望周邊高低起伏的山巒景致；站在城牆上欣賞美景的同時，更是讓我們感受到古代建築工藝的震撼。

1
2
3

1. 曾經淪為廢墟的摩爾人城堡
2. 從摩爾人城堡可以眺望山下的辛特拉市區
3. 摩爾人城堡頗有萬里長城的味道

∽ I N F O

地址　2710-405 Sintra
網站　parquesdesintra.pt
價位　成人 8 €、6～17 歲兒童 & 65 歲以上 6.5 €、家庭票（2 大 2 小）
　　　26 €
時間　全年 10:00 ～ 18:00（最晚售票時間 17:00）
附註　建議事先上網購票，可以省去排隊的人潮，同時購買辛特拉
　　　多個景點的聯票會有額外的折扣

官網

地圖

1

2

1. 辛特拉宮有兩根顯眼的圓錐狀煙囪 2. 從摩爾人城堡鳥瞰辛特拉宮

3 / Palácio Nacional de Sintra

辛特拉宮

　　位於山下的辛特拉宮，是當時這地區統治者的居所，和山上摩爾人城堡屬同時期的建築產物。後來，葡萄牙國王阿方索一世征服了辛特拉，就把辛特拉宮納為他私人的城堡。1415年，國王約翰一世（King John I）進行大規模增建的工程，包括目前的外觀、中庭及醒目的圓錐狀煙囪，都是在這時期所建造。

　　在 15 ～ 19 世紀期間，許多國王長期居住在辛特拉宮的緣故，因此宮殿的裡裡外外，從家具的裝飾、畫作擺設及瓷磚花樣，都是經過悉心的挑選。里斯本大地震的時候，部分宮殿也遭受損毀，直到 1940 年代，建築師進行修復的工作，從其他的宮殿找來合適的家具，讓辛特拉宮恢復了往日的風采。

∾ I N F O

地址　Largo Rainha Dona Amélia, 2710-616 Sintra
網站　parquesdesintra.pt
價位　成人 10 €、6 ～ 17 歲兒童 & 65 歲以上 8.5 €、家庭票（2 大 2 小）33 €
時間　全年 9:30 ～ 18:00（最晚售票時間 17:00）
附註　建議事先上網購票，可以省去排隊的人潮，同時購買辛特拉多個景點的聯票會有額外的折扣

官網　　　地圖

4 / Quinta da Regaleira
雷加萊拉莊園

在巴西長大的卡瓦洛‧蒙泰羅（Carvalho Monteiro），是一位葡萄牙裔的昆蟲學家。除了繼承家族的龐大遺產之外，他同時販售咖啡和珠寶增加了許多財富，成為當時一位知名的百萬富翁。在 1892 年，他買下雷加萊拉莊園的宅邸和周邊 4 公頃的土地，聘請義大利建築師將莊園打造成現今的模樣。

位於莊園入口處旁邊的雷加萊拉宮（Palácio da Regaleira），是莊園內最霸氣的建築物；八角形的塔樓及哥德式尖塔造型的外觀，遠遠望去就相當令人驚豔，房屋大門的入口處，上方的雕刻裝飾，精美

的程度幾乎可以比擬教堂一般。這棟樓房共有 5 層樓，一樓外面有拱廊式的走道設計，內部房間細分成客廳、餐廳、主要臥室及僕人臥室等等，整體的空間相當寬敞。

至於莊園內其他建築，也是依照蒙泰羅先生的文化喜好，展現出中古世紀的煉金術、共濟會等宗教含意，彷彿是小說裡騎士聖殿騎士和玫瑰十字會的場景。隨意遊走在莊園內，在池塘旁或是裝飾牆壁後面，你會不經意地發現隱藏的祕密通道，穿過通道會有柳暗花明又一村的驚喜。尤其是迴旋天井（Initiation Wells），特殊的景觀吸引了遊客紛紛在此拍照留念。

1 | 2 / 3　1. 雷加萊拉宮是一棟五層樓的建築 2. 雷加萊拉宮的走廊 3. 迴旋天井的底下有秘密通道

∞ INFO

地址　Quinta da Regaleira, 2710-567 Sintra
網站　regaleira.pt/
價位　成人 8 €、6 ～ 17 歲 & 65 ～ 79 歲 5 €、0 ～ 5 歲 & 80 歲以上免費
時間　4 ～ 9 月 9:30 ～ 20:00、10 ～ 3 月 9:30 ～ 18:00，最晚入場
　　　時間為售票結束前 1 小時
附註　建議事先上網買票

官網　　　　地圖

西班牙
SPAIN

• 巴塞隆納
Barcelona

• 瓦倫西亞
Valencia

• 伊比薩
Ibiza

絕美濱海小鎮

伊比薩 *Ibiza*

🐚 基本資訊

• 巴塞隆納

• 瓦倫西亞
伊比薩機場✈ •伊比薩

渡輪班次官網

» 參觀時間　**2 天**
» 鄰近機場　伊比薩機場（Aeropuerto de Ibiza）
» 鄰近城市　巴塞隆納（Barcelona）、
　　　　　　瓦倫西亞（Valencia）

» 交通方式
1. 可自西班牙的馬德里、巴塞隆納，搭乘伏林航空
   （Vueling Airlines）、瑞安航空（Ryanair）及西
   班牙航空（Iberia Airline）前往，航程約 1 小時 20 分鐘。其他
   歐洲各大城市，皆有航班直飛伊比薩。從伊比薩機場搭乘 10 號
   公車，即可抵達伊比薩，單程車資約 3.5 €。
2. 從西班牙的巴塞隆納、瓦倫西亞和 Denia 可以搭乘渡輪前往，渡
   輪的班次可查詢 balearia.com

　　我們平常說的伊比薩島（Ibiza），在加泰隆尼亞語稱為伊維薩（Eivissa），是地中海一處熱門的度假島嶼，尤其對於喜歡參加派對的人們來說，這裡向來就是以電音熱舞聞名，號稱世界上最瘋狂的派對聖地之一。夏季來到島上，你會看到狂歡到早上才散場的人群、你會聽到許多飯店的游泳畔播放著動感音樂、你會見識到歐洲年輕人的狂歡方式。

　　伊比薩座落於西班牙本土的外海，因為居處地中海航道的必經路線，自古以來就是重要的貿易據點。早在前 654 年，善於經商和航海的腓尼基人就來到了島上設置港口。後來腓尼基族群日漸衰微，伊比薩被來自北非的迦太基人所掌控。直到迦太基人被羅馬人襲擊，雙方談判簽署了協議，而變成羅馬帝國的一部分。

　　當西羅馬帝國滅亡後，這裡短暫地歸屬拜占庭帝國統治。直到 902 年，來自北非的摩爾人征服了這座島嶼後，伊比薩成為伊斯蘭文化的領地，吸引不少柏柏爾人（Berber）移民前來定居。1235 年，亞拉岡國王詹姆士一世（Aragonese King James I）入侵，驅逐穆斯林居民，基督徒也跟著從西班牙本土來到此地。

　　自此開始，伊比薩被納入了西班牙帝國的版圖。1715 年，西班牙國王菲力普五世（King Philip V）廢除地方政府的自治權，伊比薩以多種形式維持它的獨立政府狀態，到了 1833 年才正式成為西班牙的一個省份。即使 19 世紀時出現獨立運動，但是卻無功而返，最終和鄰近的幾處地中海島嶼，包括馬約卡島（Mallorca）、梅諾卡島（Menorca）組成巴利亞利群島（Islas Baleares），在 1983 年成為西班牙的自治區。

1 / Dalt Vila
伊比薩舊城

1
2

1. 散發著度假氛圍的舊城
2. 舊城裡的水果攤

居高臨下的伊比薩舊城，最早是由腓尼基人所建造。不但鄰近海港而且距離機場又近，在擁有如此便利的交通條件下，城市順勢地發展成為一處繁華的據點。遊走在舊城區裡，漆著白色外牆的房屋，流露著典型地中海島嶼的氛圍；隨風搖曳的棕櫚樹和街頭擺設的露天咖啡座，構成了理想度假環境的主要元素。整體的感覺就是那麼自在，營造出一股悠閒的氣息。

如果想要輕鬆地逛街購物，白天是伊比薩城比較寧靜的時段，時尚精品店、時裝店、鞋店等琳瑯滿目的店家，讓你身在小島上也能享受購物的樂趣。每到夜幕低垂之際，這個島嶼彷彿才開始甦醒過來，各式各樣的餐廳和酒吧開始湧入人群，你可以盡情地享受五光十色的夜生活，體驗夜總會和舞廳的四射活力。

2 / Platja d'en Bossa
波薩海灘

既然來到地中海的島嶼，當然不能錯過歐洲海灘奔放的熱情。綿延 2 公里長的波薩海灘，是伊比薩城附近最熱門的沙灘，許多豪華度假村和夜店都進駐此地。你可以赤腳踩在細緻沙灘上，泡泡沁涼透徹的海水，或是在海邊找間酒吧坐下來喝一杯，享受著徐徐吹來的海風。

如果你想要見識一下歐洲人的派對，這裡也有幾家知名的夜店，包括 Ushuana、Bora Bora Beach Club 等等，每天皆會提供不同主題的活動。不管是白天還是夜晚，幾乎到處都能看見人群聚集在游泳池畔熱舞，甚至穿泳衣玩著泡沫浴，隨時隨地都是在狂歡的狀態。

INFO

地址　07800 Ibiza,
Balearic
Islands

地圖

3 / Baluarte de Santa Lucha
聖魯西亞堡壘

　　矗立於伊比薩舊城頂端的巨型建築物，就是聖魯西亞堡壘。早期為了防止土耳其人的入侵，西班牙國王在 16 世紀時興建了堡壘及城牆，堅固厚實的外觀看起來就牢不可破。城牆呈現七邊形，每處頂點都有防禦性的塔樓，並設計了幾個入口城門。

　　賽陶勒斯城門（Portal de Ses Taules）是其中最主要的出入口，以吊橋來聯繫城外的斜坡通道，城門的兩側各有一座古羅馬雕像的裝飾。穿過城門後，便是鋪滿鵝軟石的庭院和斑駁的房舍。走在石砌的蜿蜒巷弄間，偶爾會遇見幾間小酒館、餐廳等小店，那種感覺有點像懷舊的眷村，散發著歲月的痕跡。

　　來到堡壘的頂端，你能欣賞到整個伊比薩海港和漁民區舊房子的壯麗美景。不論是看到海天一色的壯闊海景，還是另一邊密密麻麻的房舍，走一趟聖魯西亞堡壘就好像是見證了伊比薩舊城的歷史，因此堡壘和整個舊城區被列為世界遺產之林。

∞ INFO

地址　Carrer Santa Llúcia, s/n, 07800 Eivissa
價位　免費
時間　全年 24 小時

地圖

伊比薩小鎮地圖

聖魯西亞堡壘
Baluarte de Santa Lucía
Cucha ●

伊比薩舊城 Dalt Vila

波薩海灘
Platjad'enBossa

餐廳推薦

Cucha

　　來到西班牙旅行，當然要來小酒館品嘗當地的小菜 tapas。這間餐廳位於伊比薩的舊城區，除了提供 tapas 之外，獨特研發的咖哩醬配香腸，更是熱門的招牌菜餚，喜歡美食的饕客千萬不能錯過。

地址　Placadel Sol 2, 07800 Ibiza
網站　cuchaibiza.com/
時間　新鮮檸檬汁 4.5 €，咖哩香腸 Currywurst 小 6 €、大 11.5 €

官網

地圖

東 歐 最美小鎮

EASTERN EUROPE

克魯姆洛夫 Český Krumlov・
契斯凱布達札維 České Budějovice

皮蘭 Piran

捷克
Czech Republic

斯洛維尼亞
Slovenia

波士尼亞
Bosnia

亞得里亞海

蒙特內哥羅
Montenegro

莫斯塔 Mostar

科托 Kotor

捷 克
CZECH REPUBLIC

● 布拉格
Prague

● 契斯凱布達札維
České Budějovice

克魯姆洛夫 ●
Český Krumlov

童話故事小鎮

克魯姆洛夫 *Český Krumlov*

基本資訊

» 參觀時間　　1 天

» 鄰近機場　　布拉格機場（Václav Havel Airport Prague-Ruzyne）

» 鄰近城市　　布拉格（Prague）、
　　　　　　　契斯凱布達札維（České Budějovice）

布拉格機場 ✈ ●布拉格

契斯凱布達札維 ●
　　　　　　　●克魯姆洛夫

» 交通方式

1. 自布拉格機場搭乘快捷公車（Airport Express Bus）到市區的中央火車站（Praha Hlavni Nadrazi），車程約 35 ～ 45 分鐘。再轉搭火車前往克魯姆洛夫，直達車約 2 小時 50 分鐘，或是經由契斯凱布達札維轉車，火車班次可以查詢 www.cd.cz，但是火車站離契斯凱布達札維市區步行約半小時的距離，建議搭乘公車比較方便。

2. 自契斯凱布達札維搭公車前往，車程約 30 ～ 45 分鐘；從布拉格搭公車（Student agency、Flixbus）前往，車程約 3 ～ 3.5 小時。

3. 自契斯凱布達札維開車前往，車程約 20 分鐘；自布拉格開車前往，車程約 3 小時。

火車班次
查詢

位於捷克南波希米亞的克魯姆洛夫（Český Krumlov），我們簡稱為「CK 小鎮」。這個地名源自於德文的「Krumme Aue」，意指為「彎曲的草地」，就是描述它的天然地形。至於克魯姆洛夫前面還加個捷克（Český）一字，是用來區分摩拉維亞（Moravia）地區另一個同名的小鎮。

克魯姆洛夫被蜿蜒的伏爾塔瓦河（Vltava River）所環繞，自古以來這條河流就是對外的交通要道。早在西元前 1500 年的青銅器時代，就已經有人們在這裡定居。之後隨著凱爾特人及斯拉夫人移居此地，利用伏爾塔瓦河來運送貨物，於是河沿岸成了一條重要的貿易路線，順勢帶動了城鎮的發展。

1240 年，捷克貴族：維提克（Vítkovci）家族在這裡興建了城堡，市區也從城堡周邊為據點開始擴張，逐漸成為一座小規模的城鎮。後來城堡被羅森柏格（Rožmberkové）家族繼承，致力推動商業貿易和手工藝的製造，帶領著克魯姆洛夫邁向繁榮的途徑，城內許多精美的房屋都是在這時期所建造。

15 世紀末期，由於這附近發現了金礦，吸引大批德國工人前來採礦，並攜家帶眷移居此地。幾百年下來，城裡德國人的數量居然高達捷克人的好幾倍，種族之間常有紛爭。不僅如此，在兩次大戰期間，這個城鎮的主權也是數次易主。

一戰爆發時，克魯姆洛夫所屬的波希米亞地區被宣判為德國—奧地利的領土，在 1918 年底，捷克軍隊占領了整個區域，才回歸成為捷克的一部分。但是二戰前夕，納粹德國根據《慕尼黑協定》併吞了這裡。幸運地，小鎮並沒有遭受到戰火的波及，到二戰結束時，美軍將講德語的人口驅逐，解放了這個城鎮，克魯姆洛夫才重新加入捷克的陣容。

然而在共產捷克的時期，政府並沒有花太多心思打理這處古城。直到 1989 年的天鵝絨革命後，這座保存完善的歷史城市，開始對外界開放，蘊藏多年的文化古蹟大放異彩，頓時間成為熱門的旅遊勝地，並在 1992 年被列為世界遺產。

1 / Státní hrad a zámek Český Krumlov
克魯姆洛夫城堡

矗立於市區最高處的克魯姆洛夫城堡，由超過 40 棟的建築所組成，是捷克規模第二大的城堡（僅次於布拉格城堡）。因為這裡居高臨下的優越位置，所以當人們最初來到克魯姆洛夫定居時，就選擇在這塊峭壁上作為落腳的據點。

城堡最早由維提克公爵所興建，他是來自捷克非常強盛的家族分支，臂章上五瓣玫瑰的印記就是著名的標誌。後來，城堡由羅森柏格家族統治到 1602 年，他的家族代表著捷克的上流人士，是兼具文化、藝術及教育的人文主義者，擔任著波希米亞王國的最高職位。在長達 3 百多年的薰陶下，奠定了克魯姆洛夫日後的文藝氣息。

隨後在魯道夫二世及艾格伯格的統治期間，致力於農業、建築和藝術各方面的發展，富裕的經濟環境加持下，打造出一座唯美的城堡。到了 18 ～ 19 世紀期間，不管是經濟還是藝術都經歷停滯期，城堡的德國主人史瓦森柏（Schwarzenberg）家族也經常不住在這裡。城堡就這樣持續到二次大戰結束，在德國人被驅逐之後，才轉移到捷克的國家資產。

城堡外部規劃了 5 座廣場及花園，裡面則有起居室及各式各樣的廳堂，每座廣場皆有不同的風格。城堡外圍大門的護城河溝底，自 1707 年起就餵養著熊。據說是因為羅森柏格家族和義大利的歐西尼（Orsini）家族有淵源，而義大利文的熊是 Orsi，所以才把熊當作城堡的象徵性動物。

進入城堡後，迎面而來的是第二廣場，偌大的廣場中央有座噴泉。旁邊的城塔（Hrádek）距離河面高達 86 公尺，不但是市區最醒目的焦點，也是整座城堡最古老的部分。穿過第二廣場後，就是貴族的宮殿及城堡劇院。

偌大的城堡區，是克魯姆洛夫數百年來歷史文化的縮影，還能夠將整座城鎮盡覽眼底，成為這城市最熱門的觀光景點。

∞ I N F O

地址　Český Krumlov Castle，381 01 Český Krumlov
網站　zamek-ceskykrumlov.cz
價位　成人 320 Kč、6 ～ 18 歲兒童 220 Kč
時間　4 月 2 日～ 5 月 31 日、9 月 1 日～ 10 月 31 日　週二～日 9:00
　　　～ 16:00；6 月 1 日～ 8 月 31 日　週二～日 9:00 ～ 17:00

官網

地圖

2 / Plášťový most
斗篷橋

　　如果你是開車前來克魯姆洛夫的話，從停車場走進市區的途中，便會穿越橫跨於兩塊大岩石上方的斗篷橋。這座橋在 15 世紀首次出現在文獻記載中，當時還是一座木造的吊橋，用來守護城堡西側的防禦工事。在神聖羅馬帝國的魯道夫二世統治期間，這座橋設有檢查身分的關卡及閘門，以控管進出的人。

　　1686 年時，這地區的統治者約翰‧馮‧艾格伯格（Johann Christian I. von Eggenberg）下令興建一座新的橋樑，工程之浩大直到 1765 年才完工。新的橋共分為三部分，最上面是三層樓封閉式的房間，聯繫著城堡花園與修道院；中間的走廊通道，兩側擺著雕像裝飾，連接城堡劇院和大廳；最下層則是有拱門造型的岩石，整體的感覺非常壯觀。

∽ I N F O

地址　381 01 Český Krumlov

地圖

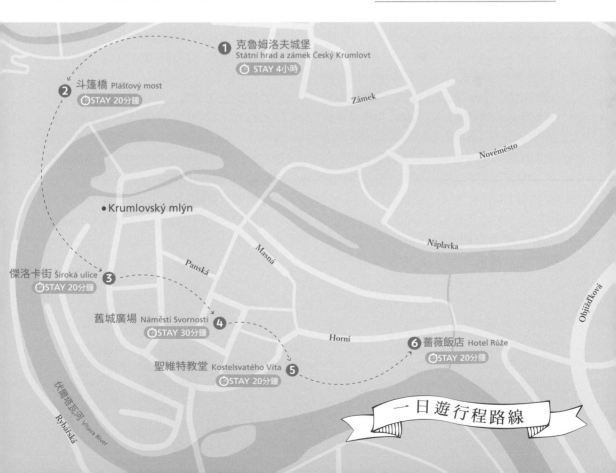

① 克魯姆洛夫城堡
Státní hrad a zámek Český Krumlovt
⏱ STAY 4小時

② 斗篷橋 Plášťový most
⏱ STAY 20分鐘

Zámek

Novéměsto

● Krumlovský mlýn

Masná

Náplavka

③ 傑洛卡街 Široká ulice
⏱ STAY 20分鐘

Panská

④ 舊城廣場 Náměstí Svornosti
⏱ STAY 30分鐘

Horní

⑥ 薔薇飯店 Hotel Rúže
⏱ STAY 20分鐘

聖維特教堂 Kostelsvatého Víta
⑤ ⏱ STAY 20分鐘

伏爾塔瓦河 Vltava River

Rybářská

Objížďková

一日遊行程路線

傑洛卡街是克魯姆洛夫最寬敞的街道

3 / Široká ulice
傑洛卡街

　　Široká 這條街的意思就是「寬街」，是克魯姆洛夫市區最寬敞的街道。由於有足夠的空間，自中古世紀起就是市集的所在地。這條街上最重要的兩間屋子，分別是 74 及 77 號。

　　74 號的 4 層樓房屋，原本是一棟哥德式的建築，目前古典主義的外觀是 19 世紀重建後的模樣。外牆上緣採用流線形的拱頂造型，每層都有四扇窗戶的設計，屋內則保留了文藝復興時期的裝飾風格。現在，這間房子的一樓是商店，樓上則是當作民宿出租。

　　另一間值得關注的房屋，是座落於兩棟中世紀建築中間的 77 號。這間屋子早在 16 世紀就存在了，多年來經過多次易主。關於這間房子，當地人流傳著小故事。相傳早期有位自稱安東・麥克（Anton Michael）的煉金術士住在這裡，他向羅森柏格家族宣稱能用特殊的方式將金幣倍數成長，實際上是為了騙取金錢。

　　當謊言被揭穿後，據說他被懸吊於一座塔裡行刑，實際上卻是被處死在家裡，並埋葬在走廊上。陰魂不散的他時常會出現在這棟房子內，發出嘆息的聲音，成為當地家喻戶曉的佚事。如今這間房屋改建成精品旅館及餐廳，每間房都是採用典雅復古的裝飾風格，非常具有電影場景的復古氛圍。

∽ INFO

Hotel a Restaurant Ebersbach Český Krumlov
地址　Široká 77, 381 01 Český Krumlov
網站　hotelebersbach.cz
價位　雙人房一晚約 200 ～ 300 €

官網　　　　地圖

4 / Náměstí Svornosti
舊城廣場

白色的市政廳是由兩間房屋所合併

地圖

自 13 世紀就存在的舊城廣場，長久以來扮演著市中心的角色。廣場周邊矗立著許多百年老屋，色彩繽紛的模樣和精美絕倫的造型，彷彿是童話故事中才會出現的夢幻場景，吸引遊客們佇足欣賞。

一側的白色市政廳，由兩間哥德式的古屋改建合併在一起，為廣場上規模最大的房屋。市政廳底下，拱廊造型的入口及拱頂的走廊是在 16 世紀所設計。正面外牆上有四枚徽章的圖樣，分別代表著國徽、早期統治克魯姆洛夫的家族及市徽；頂端整排的白色花瓶雕刻裝飾，則是在 1796 年所添加，簡單樸素又不失高雅的氣息。

位於市政廳對面的噴泉紀念碑，是為了紀念中古世紀的瘟疫災情。紀念石柱上是聖母瑪利亞的雕像，底下由 8 位聖人的石雕所環繞，象徵守護著城市的居民。紀念碑底部外圍的噴泉，於 1843 年所增建，取代當時廣場中央的另一處噴泉。

5 / Kostelsvatého Víta
聖維特教堂

聖維特教堂的原址有間小教堂，後來因為城市擴展，居民人數不斷地增加，教堂無法容納為數眾多的信徒，於是 1407 年在舊教堂的地基上蓋了這座教堂。歷年來，統治克魯姆洛夫的貴族們都出資參與教堂的修復工程，教堂裡甚至還建造「心之墓」，用來保存公爵的心臟。

原本，聖維特教堂有著巴洛克式的風格及洋蔥狀尖塔，但是 19 世紀修建時，將巴洛克的元素拆除，注入新哥德式的風格。如今，教堂入口處上方依然掛著羅森柏格家族的徽章，內部的大理石祭壇向上延伸至挑高式的肋骨拱頂，都是典型的哥德式教堂特徵。

INFO

地址 Kostelní, 381 01 Český Krumlov
網站 farnostck.bcb.cz

官網

地圖

1 1. 聖維特教堂內部
2 2. 教堂外牆上的中世紀浮雕

煙囪捲 Trdelník

煙囪捲是捷克最常見的街頭小吃，在各城鎮都能看到它的蹤影。揉成條狀的麵糰捲在鐵管上，然後放置於爐火上燒烤，成形後撒上糖粉或核桃仁，就是中空的煙囪捲了。烤好的煙囪捲有多種不同的口味變化，可以搭配冰淇淋、巧克力醬、水果等等，吃起來酥脆又不會太甜膩，是捷克最熱門的小點心。售價一份約 50 ～ 100Kč。

餐廳推薦

Krumlovský mlýn

這間位於河邊的磨坊餐廳，是原本城市舊有磨坊的一部分，在共產時代之後才改建成餐廳及旅館，餐廳的室內區還保留了早期磨坊的工具作為裝飾。戶外區的座位可以欣賞到伏爾塔瓦河的景觀，寬敞的室內區有足夠的座位，容納團體的團客都沒問題。

官網　　　　地圖

地址　Široká 80 381 01 Český Krumlov
網站　krumlovskymlyn.cz
價位　燉肉佐酸菜（Krumlovská bašta）290Kč、
　　　炸豬排（Smažená vepřová kotleta）260Kč

契斯凱布達札維 *Česke Budějovice*

童話故事小鎮

» 參觀時間　　1 天

» 鄰近機場　　布拉格機場
　　　　　　　（Václav Havel Airport
　　　　　　　Prague-Ruzyne）

» 鄰近城市　　布拉格（Prague）、
　　　　　　　克魯姆洛夫（Český
　　　　　　　Krumlov）

布拉格機場✈ ●布拉格

契斯凱布達札維●

●克魯姆洛夫

» 交通方式

1. 自布拉格機場搭乘快捷公車（Airport Express Bus）
   到市區的中央火車站（Praha Hlavni Nadrazi），車
   程約 35 ～ 45 分鐘。再轉搭火車前往，車程約 2.5
   小時，火車班次可以查詢 www.cd.cz。

2. 自布拉格搭乘 Student Agency、FlixBus 等巴士前
   往，車程約 2 小時 15 分鐘～ 50 分鐘，視公車的路
   線而異。

火車班次查詢

　　捷克南部的契斯凱布達札維（České Budějovice），我們一般簡稱為 CB 小鎮。13 世紀的時候，波希米亞王國的勢力逐漸擴張，於是國王奧托卡二世（Ottokar II of Bohemia）派遣騎士：赫爾佐（Hirzo）於 1265 年建立了契斯凱布達札維這座城鎮，一來作為南部貿易的據點，二來可以平衡羅森伯格家族的勢力。

　　自此開始，許多來自波希米亞森林區和上奧地利（今日林茲一帶）的居民，紛紛搬遷到這裡定居。1341 年，國王約翰一世允許猶太人居住在城牆內，並在 1380 年興建猶太會堂。然而想要促進不同宗教信仰人民融合的好意，卻在 15 世紀末到 16 世紀初期，發生了幾次反猶太人的屠殺活動，造成長期以來的宗教衝突。

　　雖然宗教上的動盪不穩定，但並沒有影響契斯凱布達札維的繁榮。畢竟這裡位於歐洲的交通樞紐，許多礦產、農作物都經由此地轉送往其他城市，成為一處貨物集散中心。附近的地區也因為生產銀礦，帶動了城市的工業發展。

　　在 1945 年 3 月的二次大戰期間，契斯凱布達札維曾經遭受到美軍二次的襲擊，不僅破壞市區裡的許多建築物，也有許多人因此而犧牲生命。直到 5 月份蘇聯解放了這座城市，隔天兩軍才在廣場上議和，共同慶祝這個城鎮獲得自由。

1 / Náměstí Přemysla Otakara II
普傑米斯・奧托卡二世廣場

普傑米斯・奧托卡二世廣場是以建立這座城市的國王來命名，在建城的時候就已經規劃了。長寬皆 133 公尺長的正方形廣場，自古以來就是契斯凱布達札維的市中心，也是最重要的地標。廣場周邊整排精美可愛的房屋櫛比鱗次，包括哥德式、文藝復興及巴洛克等多樣的建築風格，宛如是一座戶外的博物館。

廣場的中央是造型相當華麗的參孫噴泉（Samsonova kašna）。在 16、17 世紀期間，由於搬遷到這裡的居民與日俱增，民生和工業需求的用水量增加，於是 1716 年市議會決定在廣場上建造了一座噴泉，導引伏爾塔瓦河的水源，再將水源分配到市區各地。

八角形的噴泉由石匠 Zachariáš Horn 和雕塑大師 Josef Dietrich 聯手設計，外圍由 24 根石柱和鐵鍊所環繞，池子的邊緣擺著四座如花瓶般的石雕裝飾。噴泉中央的棱柱基座底部，四面各有一面鬼魅的雕像，上方則由四個人撐起碟盤，最頂端則立著參孫馴服獅子的雕像，呈現出精美的巴洛克式風格。

關於這座廣場，流傳著一則傳說故事。自 1937 年起，廣場的地面就鋪滿了方形石磚，但是在參孫噴泉旁邊（往 Hotel Zvon 的方向），卻保留了一片 15 世紀的原始石塊。在 1470 年時，有 10 位青年為了反抗當時的政權，因而在此被處決，這塊刻有十字架符號的石塊就是為了紀念他們。據說，如果你不經意踩過這塊石頭，在晚上 10 點前還沒回家的話，那就永遠找不到回家的路。

地圖

夜間的廣場散發出浪漫的氛圍

2 / 聖尼可拉教堂及黑塔

Katedrálasvatého Mikuláše & Černávěž

1 | 2 / 3　1. 聖尼可拉教堂和矗立一旁的黑塔　2. 從黑塔上鳥瞰普傑米斯‧奧托卡二世廣場　3. 安裝在黑塔內的大鐘

　　在契斯凱布達札維建城不久後，隨即就開始興建了聖尼可拉教堂，直到 14 世紀中葉才竣工。原本哥德式的教堂在 1513 年間發生火災，之後經過多次的整修，目前的巴洛克式外觀是 17 世紀後所重建的模樣。教堂的旁邊原本是公墓的所在地，在 1784 年城市擴建的時候才禁止繼續在此埋葬。

　　緊鄰教堂的黑塔，高達 72 公尺，塔頂是眺望市區和普傑米斯‧奧托卡二世廣場的最佳地點。黑塔興建於 1549 ～ 1577 年間，起初是當作監視和觀望周遭環境的塔樓，另一方面也是為了凸顯當時城鎮繁榮的象徵。由於底部的土質鬆軟，在建造塔樓前還得先用橡木樁對土壤進行加固，因此耗時相當長的時間才完工。

　　目前鐘塔內依然保存著五座 18 世紀安置的大鐘，最重的一座高達 3429 公斤。遊客們可以爬上塔頂，從高處鳥瞰整座城市的景觀。

∞ I N F O

地址　Kanovnická, 370 01 České Budějovice
網站　dekanstvicb.cz/
價位　成人 30Kč、兒童 20Kč
時間　黑塔 7 ～ 8 月 每天 10:00 ～ 18:00；
　　　4 ～ 6 月、9 ～ 10 月 週二～日 10:00
　　　～ 18:00

官網

地圖

3 / Radnice České Budějovice
市政廳

　　這間外觀雅致的市政廳，位於普傑米斯·奧托卡二世廣場的角落。原本市政廳是一棟文藝復興時期的建築，興建於16世紀中葉，目前巴洛克風格的模樣是1727～1730年間，由建築師安東尼·馬丁內利（Antonín E. Martinelli）所設計重建；他打通兩邊的房舍所擴建，所以立面比旁邊其他的房屋還要寬敞。

　　市政廳正面頂端有三座鐘塔的裝飾，中間的鐘塔下搭配帆船狀的山形牆設計。屋簷上方矗立著四尊雕像，分別代表著「正義」、「勇氣」、「智慧」和「審慎」的公民美德。內部會議廳天花板的壁畫，是在1730年左右完成的作品，描繪著所羅門王審判的神話典故，是值得參觀欣賞的重點。

∞ ⊠ I N F O

地址　Náměstí Přemysla Otakara II. 1/1
　　　České Budějovice, 37001

地圖

契斯凱布達札維小鎮地圖

百爺啤酒廠 ●
Budweiser Budvar

Masnékrámy ●

聖尼可拉教堂及黑塔
Katedrálasvatého Mikuláše
& Černávěž

鹽倉庫 ●
Salt Warehouse

市政廳
Radnice České Budějovice

普傑米斯·奧托卡
二世廣場
Náměstí Přemysla Otakara II

4 / Budweiser Budvar
百爺啤酒廠

捷克的啤酒廣受大眾青睞，全國各地生產了超過 700 種不同口味的啤酒。其中聞名世界的百威啤酒，它的原始產地就是契斯凱布達札維。自從 1265 年建城起，國王奧托卡二世就授予這個城鎮釀造啤酒的權利，神聖羅馬帝國的皇帝甚至還欽點此地替皇室釀酒，足以可見它的實力。

然而在 1876 年，美國百威啤酒的創始人阿道夫‧布希（Adolphus Busch）來到這裡觀摩，並學習製造啤酒的技術，將捷克的老牌啤酒帶回美國重新包裝行銷後，讓百威啤酒聲名大噪。因此發生了兩款同名百威啤酒的爭奪之戰，後來台灣才將正宗捷克生產的稱為「百爺啤酒」。

百爺啤酒廠提供多種語言的導覽行程，1 小時的啤酒廠導覽中，導覽員會帶領大家參觀釀造啤酒的過程，包括高溫發酵的廠房、低溫儲存啤酒的環境、包裝的生產線等等，並提供最新鮮的美味啤酒試喝。在入口處的商店，還可以購買各式各樣的啤酒回家，不論是自己飲用或當伴手禮都兩相宜。

1. 啤酒的生產線 2. 高溫發酵的廠房，散發著濃郁的香味

∞ INFO

地址　Karolíny Světlé 512/4, 370 04 České Budějovice
網站　budejovickybudvar.cz
價位　成人 150Kč、18 歲以下兒童 80Kč、6 歲以下免費
時間　每天（9:00～17:00）
附註　9～6 月每天 14:00、7～8 月每天 11:00～14:00、1～2 月
　　　週一～六 14:00，不需要預約就有導覽團，其他時間需事先
　　　上網預約。導覽團有捷克文、德文及英文等

官網　　　地圖

5 / 鹽倉庫
Salt Warehouse

這間位於聖母修道院旁邊的白色樓房，外觀有階梯式的三角狀山形牆，立面的窗戶皆非常小的設計，是典型的哥德式風格建築。這棟房屋興建於 1531 年，當時作為存放軍械和火藥的倉庫使用，後來變成了糧倉和鹽倉，所以當地人稱之為「鹽倉庫」。

鹽倉庫的建築主體，直到 21 世紀才經過翻修；白色外牆上有三個臉像的石刻浮雕，沒有人能夠確認它們的來源，據說是盜賊從一旁修道院所偷出來。至於房屋內部，仍舊保留了數百年前中世紀的木頭樑柱，流露出古色古香的氛圍。2019年 3 月底，SOLNICE 餐廳在此開幕營業，除了提供傳統的當地菜餚外，他們獨特釀造的啤酒也深受大家的喜好。

∽ INFO

地址　Piaristické náměstí 3,37001 České Budějovice
網站　restauracesolnice.cz
時間　週一～四 11:00 ～ 23:00、週五～六 11:00 ～ 24:00、週日 11:00 ～ 22:00
附註　可以事先上網訂位

官網

地圖

餐廳推薦

Masné krámy

這家餐廳是百爺啤酒在契斯凱布達札維市區的直營店，旅客在這裡就能夠暢飲新鮮美味的啤酒。過去數百年來，這間餐廳的原址是販售豬肉的市場，直到 1953 年才重建成目前的建築物。Masné krámy 餐廳也在該年 10 月正式營業，所以餐廳內部，也保留了當時一格格攤販的房間，是一間結合美食及歷史的餐廳。

官網

地圖

地址　Krajinská 13, 370 01 České Budějovice
網站　masne-kramy.cz
價位　烤鴨肝佐洋蔥 99Kč、烤雞胸肉佐梅子醬 209Kč
時間　週一～四 11:00 ～ 23:00、週五～六 11:00 ～ 24:00、週日 11:00 ～ 21:00
附註　建議事先上網訂位

斯洛維尼亞
REPUBLIC OF SLOVENIA

● 盧比安納
Ljubljana

● 皮蘭
Piran

絶美濱海小鎮

皮蘭
Piran

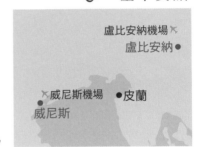

━━ 基本資訊 ━━

» **參觀時間**　1 天

» **鄰近機場**　盧比安納機場、威尼斯機場

» **鄰近城市**　盧比安納（Ljubljana）、
　　　　　　　威尼斯（Venezia）

» **交通方式**

1. 自盧比安納機場搭乘 28 號公車到市區的巴士站，車程約 45 分鐘（票價約 4€），再轉搭公車到皮蘭，車程約 2 小時 30 分鐘～ 3 小時。

2. 從盧比安納開車過來約 1 小時 30 分鐘，自威尼斯開車過來約 2 小時 20 分鐘。由於皮蘭市區禁止外來車輛進入，得將汽車停在山坡上的 Garage Fornače 立體停車場（停車費每小時 1.7 €），從停車場附近有免費的接駁公車到市區。

3. 從義大利威尼斯機場搭乘 5 號公共渡輪到市區，從 San Basilio 碼頭轉搭渡輪到皮蘭，船程約 2 小時 45 分鐘（僅夏季的週六行駛，渡輪網站：venezialines.com/）；6 月底～ 9 月初期間，義大利的特里亞斯特（Trieste）有渡輪往返皮蘭，船程約 30 分鐘（渡輪網站：eng.libertylines.it/）。

Venezialines

libertylines

地圖：盧比安納機場、盧比安納、威尼斯機場、威尼斯、皮蘭

在斯洛維尼亞西南部的皮蘭，濱臨亞得里亞海（Adriatic Sea），位於伊斯特拉半島（Istra）。早期，這地區的山丘上住著一群由漁夫、農民和獵人組成的原始部落。因為生活條件不佳，他們也偶爾從事海盜的打劫活動，直到西元前一百多年才被羅馬帝國所降服。

歷史上，這裡分別被古羅馬、拜占庭帝國、倫巴底王國和威尼斯共和國統治過。長久以來，混居著不同種族的影響下，因此民眾普遍能講 2 ～ 3 種語言。第一次世界大戰之後，伊斯特拉半島和目前義大利的特里亞斯特（Trieste）被劃分到義大利的統治範圍內。延續到二次大戰結束時，都還未能有效地解決這地區的歸屬權。

直到 1954 年，義大利和前南斯拉夫才達成協議，確認這座半島歸為後者的領土。由於曾經被義大利統治的背景，這裡在 20 世紀中期以前，主要的語言還是以義大利文為主，現在皮蘭的路標依然能看到同時列出雙語的情況；包括街道的建築、飲食習慣等文化，都深受義大利的影響。

1990 年 12 月，斯洛維尼亞進行全民公投，隔年正式宣布為獨立的國家，皮蘭便跟著斯洛維尼亞脫離前南斯拉夫。如今，在義大利和克羅埃西亞中間的皮蘭，到鄰近這兩個國家都不到半小時車程，又地處斯洛維尼亞出海口的位置，美麗的景觀和地點優勢的加持下，成為一處非常熱門的度假區。

1 / Tartinijev trg
塔替尼廣場

　　來到皮蘭市區，讓人印象最深刻的景點就是塔替尼廣場。這座面向海港的廣場，正中央的白色典雅樓房是市政廳，左右兩側則林立著五顏六色的美麗屋子。廣場名稱由來，以威尼斯共和國時代的知名作曲家：朱塞佩·塔替尼（Giuseppe Tartini）來命名，廣場中央還設立了一座他的紀念碑。

　　在 19 世紀末期之前，這個廣場的所在地還低於海平面，當時是停滿一艘艘漁船的港口。到了 1894 年，政府將海港填平建造房屋，才成就今日的廣場模樣，所以包括市政廳在內的多數建築，都是在這時期所建造。唯一例外的是，市政廳左側被稱為威尼斯人的房子（Bene anka）。這棟房屋自 15 世紀保存下來，外觀有精美雕刻的窗戶和凸出陽台的裝飾，是廣場周圍最古老的建築物。

1
—
2

1. 塔替尼廣場是皮蘭的市中心
2. 典雅的白色市政廳

∾ I N F O

威尼斯人的房子
（Bene anka）
地址　Ulica IX. korpusa
　　　2, 6330 Piran

地圖

2 / 聖喬治教堂
Župnijska cerkev sv. Jurija

1 | 2
1. 聖喬治教堂和旁邊的鐘塔 2. 從鐘塔上眺望市區和亞得里亞海

位於小山丘上方的聖喬治教堂，隸屬於羅馬天主教的教堂，為巴洛克式風格的建築。早在 12 世紀左右，這裡就存在了一間小教堂，到了 1592 年，才在舊教堂的原址重新建造目前的教堂。如今教堂內部有 7 座精美的大理石祭壇，天花板上唯妙唯肖的畫作，更是難得的珍品。

至於教堂旁邊直指天際的鐘塔，是皮蘭最醒目的地標之一，因為是後來仿照威尼斯的鐘樓所增建，所以形成一座獨立的塔樓。高聳筆直的鐘塔有 47 公尺高，頂端的景觀台擁有絕佳的視野，可以鳥瞰整個皮蘭市區和一望無際的湛藍海洋，還能欣賞到市中心的塔替尼廣場全景。

∞ INFO

地址 Via Primož Trubar 18a, 6330 Piran
時間 4 & 10 月 每天 10:00 ～ 18:00、5 & 9 月 每天 10:00 ～ 19:00、
6 ～ 8 月 每天 10:00 ～ 20:00
費用 登上鐘塔成人 2 €、學生 1.5 €、6 ～ 15 歲兒童 1 €

地圖

3 / Piransko obzidje
皮蘭城牆

　　原本皮蘭市區有三座古城牆，位在舊城區內的是第一堵牆，於 7 世紀所建造，當時還設立了四道城門供居民進出，以防遭遇危險之際方便撤退。在城鎮擴建的時候，建造第二堵防禦工事的城牆，更完善地保護半島形狀的市區。至於第三道城牆，也就是目前矗立於山坡上如堡壘的塔樓，為目前保存最完善的一座，並開放遊客登上城牆參觀。

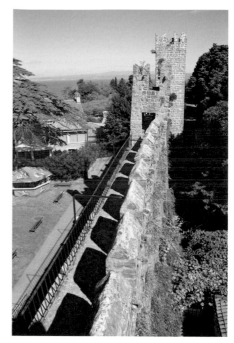

∾ I N F O

地址　Ulica IX. korpusa, 6330 Piran
時間　每天 8:00 ～ 20:30
費用　2 €、學生 1.5 €

地圖

皮蘭第三道城牆是眺望市區的好地方

4 / Akvarij Piran
水族館

　　說老實話，不管是外觀還是內部，皮蘭的水族館第一眼看起來就覺得很陽春。但是，你可千萬別這樣就忽略了它。這棟水族館所在的 Villa Piranesi 樓房，曾經是海關的辦公室，算起來是一棟有歷史性的建築物。水族館的地板下，還保存著 11 世紀古教堂的遺跡，參觀水族館的同時還能欣賞古蹟。

水族館的地下是古蹟

　　這間水族館主要展示的生物，以皮蘭附近海域的魚類為主，不過也收藏海星、扇貝、其他棘皮動物和珊瑚礁等，讓旅客了解到附近的海洋生態。每週三和週日的 14:00，館方有提供餵魚的活動，如果剛好在這時間造訪的人，不妨來體驗一下。

∾ I N F O

地址　Kidričevo nabrežje 4, 6330 Piran
網站　aquariumpiran.si/
時間　每天 9:00 ～ 19:00（10 月開放到 19:00，10 ～ 4 月的週一休館）
費用　成人 5 €、14 歲以下兒童 3.5 €

官網

地圖

5 / 舊城區

皮蘭最原始風貌的地區，就是位於半島凸出的三角形頂端。這裡佈滿了狹窄的蜿蜒巷弄和古色古香的房屋，有點像傳統眷村所散發的氛圍。雖然看似複雜的小徑，但是不看地圖隨便走倒也不至於迷路。

位於舊城區中心位置的五月一日廣場（Prvomajski trg），在義大利人統治的時代被稱為舊廣場（Piazza Vecchia），是一座小巧精美的廣場。廣場的階梯左右兩側，矗立著兩尊象徵權力的雕像，隨著階梯走到挑高的露台，底下是早期的蓄水池。數百年前，這裡是皮蘭的市中心，舊有的市政廳也在這廣場上，後來才遷移到塔替尼廣場。

在穿過巷弄後來到了海邊，有種柳暗花明又一村的驚喜感。環繞著海邊的 Prešernovo nabrežje 街道，是舊城最熱鬧的地區。街上一間間的餐廳和酒吧，面向著海天一色的景觀，坐在餐廳享用美食的同時，還能飽覽壯闊的海景。許多遊客就大辣辣地躺在岩石上做日光浴，或是下水消消暑氣，體驗陽光熱情的亞得里亞海。

$\frac{1}{2}$ | 3

1.Prešernovo nabrežje 街道一邊是餐廳酒吧，另一邊是大海 2. 五月一日廣場有兩座象徵權力的雕像 3. 舊城區的房舍，充滿著義式風味

海洋紀念品

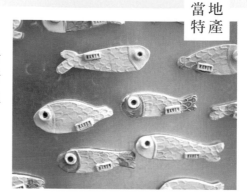

　　位於海邊的皮蘭，自然有許多關於魚類或是海洋的紀念品，包括貝殼所製成的吊飾、各種魚類的磁鐵或是紀念 T 恤等。生動活潑又可愛的造型，洋溢著滿滿的海邊風情。

皮蘭鹽巴 Piran Salt

　　皮蘭地區生產的鹽，是世界上品質最好的之一。這裡附近有許多鹽田，仍然依循百年前的古法程序製造鹽巴，用木製刮刀將鹽堆成斜堆，讓它以天然的方式結晶，並堅持手工收集鹽巴，以少量的簡單貨車運輸到特殊的儲藏室，就是為了保存鹽巴最完整的風味。對於許多饕家來說，皮蘭出產的鹽巴就是上等的好貨。

餐廳推薦

Kavarna Piran

　　這家餐廳位於塔替尼廣場的周圍，坐在戶外的露天座位區，正前方望去就是市政廳和寬敞的廣場，擁有相當讚的視野。餐廳自早上開門營業到凌晨打烊，中間完全沒有休息，所以任何時間都可以來這裡大快朵頤。餐廳自製的薄荷涼茶，非常清爽可口，在炎熱的夏日搭配生菜沙拉或是海鮮，都非常讚！

Kavarna 餐廳的美味菜餚

地址　Tartinijevtrg 10, 6330 Piran
時間　每天 6:00 ～ 2:00
附註　薄荷涼茶 3.5 €、炸花枝 12.9 €

波士尼亞
BOSNA I HERCEGOVINA

莫斯塔
Mostar

中古風情小鎮

● 薩拉耶佛
Sarajevo

莫斯塔 ●
Mostar

=== 基本資訊 ===

» 參觀時間	1 天
» 鄰近機場	薩拉耶佛 （Sarajevo International Airport）、 杜布羅夫尼克（Dubrovnik Airport）
» 鄰近城市	薩拉耶佛（Sarajevo）、 杜布羅夫尼克（Dubrovnik）

薩拉耶佛國際機場 ✈ ● 薩拉耶佛

莫斯塔 ●

杜布羅夫尼克 ● 杜布羅夫尼克機場

» 交通方式

1. 前往莫斯塔的大眾交通班次不多，建議的方式是自行租車。從首都薩拉耶佛開車前往最方便，大約 2 小時 20 分鐘的車程；另外也可以從克羅埃西亞的杜布羅夫尼克開過去也是差不多的距離，但是因為跨國得過海關，所以旺季會耗費比較久的時間（而且開過邊境的租車費用比較貴）。

2. 從薩拉耶佛機場搭乘接駁公車（單程票價 5 公里）或計程車到市區，再從巴士總站（火車站附近）轉車，每天約有 14 班公車開往莫斯塔，車程約 2 小時 40 分鐘，單程票價約 5 ～ 11 €。從杜布羅夫尼克機場搭乘公車到市區（單程票價 40 公里）的公車總站，每天約有 4 班公車前來，車程約 3 個多小時。

根據考古顯示，早在史前時代，就有人們在莫斯塔生活。從一些墓地和要塞遺址的出土文物中，發現了許多當時人類居住的洞穴、武器及貨幣，附近甚至還有古羅馬時期的教堂。直到羅馬帝國崩潰後，斯拉夫人才來到這裡定居。

1468 年，莫斯塔屬鄂圖曼土耳其的領土，有數十名軍人駐守在此地，當地的居民則淪為奴隸從事耕種的工作。由於這裡位居波士尼亞與赫塞哥維納（Bosna i Hercegovina）通往亞得里亞海的交通要塞，內陸的礦產若是要運送至海岸地區，莫斯塔就成為貿易路線的中繼站，因而逐漸地發展擴大。16 ～ 17 世紀期間，居住在這裡的人口已經遽增至 10 萬人，舊城區裡各行各業往來熱絡，市區興建高達 24 座的清真寺建築，盡顯露了欣欣向榮的景象。

19 世紀末期到第一次世界大戰時，莫斯塔所屬的地方割讓給奧匈帝國，直到二次大戰後，這裡歸屬前南斯拉夫所管轄，發展成為該國一處工業城鎮。到了 90 年代，波士尼亞與赫塞哥維納宣布從南斯拉夫獨立，於是在 1992 ～ 1993 年間爆發了波赫戰爭，南斯拉夫人民圍攻莫斯塔，整座城市遭受嚴重的槍彈砲擊，摧毀了包括老橋、清真寺在內的許多建築物。

在 1995 年戰爭結束後，莫斯塔在西班牙、美國及荷蘭等諸國集資的金援下，有規劃地展開修復的工程。舊城裡許多被摧毀的歷史性房舍和老橋，就是在這之後進行重建，莫斯塔市區才能以原本的樣貌再度重現於世人眼前。2005 年，聯合國教科文組織將莫斯塔舊城區和老橋列入世界文化遺產之林，成為一處古色古香的觀光景點。

1 / 老橋
Stari most

地圖

1
2

1. 老橋是莫斯塔的地標
2. 走到橋下是欣賞跳水的最佳地點

這座橫越內雷特瓦河（Neretva）的石橋，於 1557 年開始建造，耗時 9 年才完工，用來取代原本的木製吊橋。在那個年代，人工興建這樣的一座拱橋是件大工程，但是關於建造這座橋樑的記載卻不多。相傳，鄂圖曼土耳其帝國的國王：蘇里曼一世下令由 Mimar Hayruddin 監督建造，若是失敗的話則處以死刑。在沒有退路的壓力下，這座以人工打造的石橋如期竣工。

長 29 公尺、寬 4 公尺的石頭拱橋落成後，成為當時世界上的壯舉。17 世紀有位探險家描述說：「這座橋就像是一道彩虹拱門，高高地聳立於河面，從一側的懸崖延伸到另一側懸崖⋯⋯我已經穿越了 16 個國家，但從來沒有見過這麼高的橋。」足以可見橋樑的壯觀。然而，數百年歷史的古橋在波赫戰爭中被炸毀。

目前的橋樑是 2001 年依照原來舊橋的外型、採用相同的技術和材料所重建；在重建的過程中，甚至派了潛水員到河底打撈舊橋的碎片，不足的部分再從附近地區的礦場收集材料，就是要力求恢復橋樑的原貌。今日，老橋不但是莫斯塔的地標，也是觀光客爭相拍照的景點。

由於內雷特瓦河的水流湍急，河水又冰冷，自從 17 世紀開始，就有當地深黯水性的男子挑戰從橋上跳水的活動。這項傳統一直延續到今日，演變成收費的街頭表演，當遊客給的錢達到某個數目時，跳水者就會從 21 公尺高的橋上一躍而下。所以當夏季來造訪此地的人，不妨在橋下欣賞刺激的跳水表演。

莫斯塔小鎮地圖

聯合世界學院
United World College

舊城區 Old Town

柯斯基·麥邁德·巴夏清真寺
Koski Mehmed Pasha Mosque

Restoran Šadrvan

老橋
Stari most

2 / Old Town
舊城區

　　位於老橋兩側的區域，就是莫斯塔的舊城區。這個城鎮在 15 ～ 16 世紀期間，是鄂圖曼土耳其帝國的邊境城市，不同種族的人民在此共同生活，造就了大放異彩的環境，非但清真寺林立，穆斯林風味的房屋和市集也洋溢著異國風情，回教、基督徒及猶太人兼容並蓄的影響下，激盪出多元文化的特殊面貌。

　　然而舊城區因為在波赫戰爭中遭受到嚴重的破壞，經過國際科學委員會多方面的協助重建下，逐步地恢復過往的模樣。如今，鋪著鵝卵石的舊城街道，兩旁林立著復古風味的店家和餐廳，和聯繫舊城兩岸的老橋勾勒出一幅美麗的景致。

1 | 2　1. 老橋周邊便是舊城 2. 散發著濃厚伊斯蘭風味的舊城

3 / Koski Mehmed Pasha Mosque
柯斯基‧麥邁德‧巴夏清真寺

莫斯塔唯一的圓頂清真寺（左）

　　興建於 1617 年的柯斯基‧麥邁德‧巴夏清真寺，為莫斯塔唯一保留了原始色彩和牆壁裝飾的清真寺，整個建築群包括清真寺本身、伊斯蘭學校、飲水噴泉池及墓碑的後院。它直指天際的尖塔和圓頂的造型，從市區的各角落都非常容易辨識，而被列為國家保護級古蹟。

∽ I N F O

地址　Mala Tepa 16, Mostar 80807

地圖

4 / 巴拉凱

Blagaj

　　距離莫斯塔約 20 分鐘車程的巴拉凱，位於布納河（Buna river）的源頭，水源是來自洞穴地下 30 幾公里深的泉水，因此水的顏色如碧玉一般的清澈。位於峭壁底下的修道院興建於 1520 年，是典型鄂圖曼土耳其帝國的建築風格，遊客還可以搭著小船進入洞穴中一窺究竟，近距離觀賞潔淨的泉水。

∞ I N F O

交通　從莫斯塔的聯合世界學院（United World College）搭
　　　10 號公車前往，車程約 20 分鐘，平日每小時一班車，
　　　週末及假日約每 2 小時一班車。

波士尼亞 džezva 咖啡壺

當地
特產

雖然這裡曾經被土耳其所統治過，喝咖啡使用的容器也很相似，但是波士尼亞咖啡和土耳其的煮法卻大相逕庭。土耳其咖啡是水加研磨好的咖啡粉一起煮，但波士尼亞人是先把水倒進 džezva 的銅製容器中，放在鍋爐燒熱後，倒出一小部分的水在旁邊。接著把咖啡粉加入容器內繼續煮幾秒，煮到咖啡沸騰產生泡沫，這樣重複幾次，再倒進一旁的熱水回沖。根據當地人的說法，這樣煮出來的咖啡會更加濃郁，而且銅製的咖啡壺具有良好的保溫效果。

餐廳推薦

Restoran Šadrvan

　　這間餐廳提供傳統的巴爾幹地區菜餚，包括各式各樣的燒烤。除此之外，還有鱒魚、雞肉和牛肉等可供選擇。

官網　　　地圖

地址　Jusovina 11, Mostar 88000
網站　restoransadrvan.ba/
價位　燒烤類 3.5 ～ 8.5 €、牛肉料理 6 ～ 7.5 €

蒙特內哥羅

MONTENEGRO

- 科托
  Kotor

- 波多理察
  Podgorica

基本資訊

» 參觀時間　**2 天 1 夜**

» 鄰近機場　**提瓦機場（Tivat Airport）**

» 鄰近城市　**波多理察（Podgorica）、**
　　　　　　杜布羅夫尼克（Dubrovnik）

» 交通方式

1. 距離科托最近的機場是 8 公里遠的提瓦機場，再搭乘計程車到科托市區約 20 歐元（車程約 20 分鐘），自巴黎、倫敦、羅馬、法蘭克福、日內瓦、米蘭等地，也可搭乘黑山航空（Montenegro Airlines）或 easyJet 等航班前往。

2. 從波多理察和杜布羅夫尼克的公車總站搭巴士前往，車程約 2 小時（因得過邊境檢查，旺季容易塞車）。訂票網站：getbybus.com/、buscroatia.com/

3. 自行租車前往，每小時停車費 0.8 歐元起跳，一天停車費約 15 歐元。

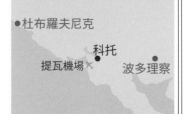

杜布羅夫尼克

科托
提瓦機場　　　　波多理察

getbybus

buscroatia

前南斯拉夫成員之一的蒙特內哥羅（Montenegro），於 2006 年成為獨立的國家。「蒙特內哥羅」字面上意指「黑色的山」，幾乎整個國家都是山脈和丘陵地為主要景觀，唯一例外的地區，就是西南部海邊的狹長平原，也就是科托峽灣（Bay of Kotor）的所在地。

科托峽灣自亞得里亞海往內陸延伸長達 28 公里，為歐洲位置最南端的峽灣，峽灣的兩岸有許多美麗的小鎮，其中座落於峽灣底部的科托，便是這地區熱門的旅遊勝地。許多地中海地區的遊輪，會一路航行到這裡，前來造訪這美麗的峽灣景致。

對於科托最早的源起，大約要追溯到 2 千年前，初期僅是簡單的防禦性堡壘。至於首次出現在文獻記載中，則是在西元前 168 年，那時隸屬於古羅馬人的一個省分。中古世紀時，科托分別被保加利亞、拜占庭帝國、塞爾維亞公國所占領，並在當時成為重要的港口城市。1420 到 1797 年間，這裡被威尼斯公國所統治，許多城市的古老建築，也都是在這期間所建造。

雖然科特的規模不大，但是因為其隱蔽的海灣地形，自古以來就極具重要的戰略地位。第一次世界大戰期間，這裡是奧匈帝國的三大海軍基地之一，那時這裡和斯拉夫人發生了激烈的戰鬥。直到戰爭結束後，科托才正式歸屬於前南斯拉夫的一部分。

由於特殊的景觀和豐富的文化背景，科托早在 1979 年就被列為世界遺產之林。不管是搭乘渡輪還是搭車前來，每天都有絡繹不絕的旅客造訪這個絕美的城鎮。

1 / St John Fortress
聖約翰堡壘

科托最著名的景觀，就是環繞於城鎮外圍的城牆及堡壘，這完善的防禦系統不僅是城牆，還包括了一氣呵成的城門、塔樓及運河。環狀的堡壘約莫有4.5公里長，最頂端處高達海拔280公尺，厚度介於2至16公尺之間，彷彿是縮小版的萬里長城。

科特的舊城區就位在防禦性的城牆內，前方臨著大海、後面倚著山壁，充分地運用自然環境的巧思。在歷史上各帝國的統治期間，皆有投入參與修建碉堡的工程，但是歷年來戰爭和地震的緣故，碉堡遭受到嚴重的損毀。目前所遺留下來的斷壁殘垣，是在威尼斯公國時期所建造。

沿著市區後方的小路往碉堡走上去，沿途有點像登山的健行路線。位於途中的半山腰，有座興建於1518年的聖母教堂（Church of Our Lady of Remedy），而這座教堂底下原本是另一座基督教教堂的遺址。根據考古學家的研究，舊教堂可追溯到6世紀，是蒙特內哥羅已知最古老的建築。

過了教堂之後，從高處往市區的方向望去，可以清楚地看見密密麻麻的紅磚瓦房屋，被城牆所包圍的舊城景觀。厚實的城牆外，則是高山連綿不絕的港灣美景。大型遊輪停靠在港口，和古城及教堂鐘塔相互輝映，就是科托最經典的角度。

1
2

1. 從堡壘鳥瞰科托市區及港口 2. 盤踞於科托市區後山的堡壘，底下是古迪克門

科托之心 The heart of Kotor

由於堡壘和城牆在入夜後會打燈，燈光和湖面上的倒影會形成一個美麗心型的形狀，許多人稱為「科托之心」。拍攝的位置要到科托對岸的 Jadranska magistrala 這條路上，喜歡拍照的朋友可以列入清單。

∾ INFO

地址 Put do Svetog Ivana, Kotor
時間 全年開放（每天 8:00 ～ 20:00）
價位 8 €
附註 山路的石頭有點滑，建議穿抓地力好的登山鞋前來。沿途會有小販賣水，建議可以自行準備。

地圖

2 / St. Luka's church
聖盧卡教堂

這間教堂興建於 1195 年，是科托少數倖免於地震的古建築之一，歷史相當悠久。教堂的規模不大，從背面能清楚地看見主體分成三部分，結合了羅馬式和拜占庭式的特色。走進教堂內部，南面的牆上依然能看到殘留的濕壁畫，這是自教堂建造時就保存至今日的作品。

從簡單的裝飾風格中，同時能看見天主教的十字架和東正教圖樣的祭壇，足以證明科托因為地緣關係，自古以來就融合多元文化的特色。一直到 1930 年代前，本地多數居民死後就埋葬在教堂底下。目前教堂的地板，則是用從前的墓碑所堆砌而成。

∾ I N F O

地址　Trg Sv. Luke, Kotor
價位　免費
時間　8:00 ～ 20:00

地圖

二日遊行程路線

Day2　佩拉斯特半日遊

• 河門 River Gate

Day1　聖約翰堡壘
St John Fortress
⏱ STAY 半天

❶

• Citadela Restaurant

港口

❺ 拿破崙劇院 Napoleon Theatre
⏱ STAY 10分鐘

❷ 聖盧卡教堂 St. Luka's church
⏱ STAY 20分鐘

往堡壘登山步道的 •
入口處

公爵舊邸 Duke Palace •

❹ 武器廣場 The Square of Arms
⏱ STAY 10分鐘

• 鐘塔 Clock Tower

城門 Gate ❻
⏱ STAY 60分鐘

前往堡壘的 •
登山步道

Regina Del Gusto •

聖母教堂
Church of Our Lady
of Remedy

舊城區

❸ 科托大教堂
Cathedral of Saint Tryphon
⏱ STAY 30分鐘

• 公車站

3 / 科托大教堂

興建於 1166 年的科托大教堂，最珍貴之處在於它悠久的歷史背景，比起歐洲的一些知名教堂還古老。雖然教堂在幾次的大地震中遭受損毀，後來又仿照原貌所重建，但是教堂內部的壁畫，自 14 世紀保存至今，許多古羅馬時期的雕刻和裝飾品，目前也都擺放在教堂內展示，宛如一座時光隧道的博物館。

1 | 2　1. 科托大教堂外觀 2. 大教堂內部是採用紅磚的建材

∽ I N F O

地址　Trg Sv. Tripuna 336, Kotor
網站　kotorskabiskupija.me
價位　3 €

官網　　　地圖

---

4 / 武器廣場

穿過海門進入城牆後，映入眼簾的就是武器廣場。在威尼斯共和國時期，這裡是製造和儲放彈藥的地方，因而被稱為武器廣場。今日，廣場上林立著琳瑯滿目的商店、銀行、餐廳，一整排的露天咖啡座，總是高朋滿座的人潮，是科托最熱鬧的廣場。

廣場周邊，有座美麗的三層樓鐘塔（Clock Tower），採用文藝復興時期的傳統建築工法「bunjato」，以厚實的石塊堆砌建造。這座鐘塔建於 1602 年，在數次地震中都倖免於倒塌的危機，僅有塔身稍微傾斜。

根據流傳，在中世紀時這座鐘塔旁邊立了根用來折磨犯人的柱子（Torrisi torturae）。犯罪的人會被綁在這裡，然後讓居民看到他們被凌虐的情況，以達到殺雞儆猴的效果。因此大家懷疑，如今鐘塔前像金字塔的柱子，該不會跟傳說中的那根柱子有所關聯。

市區最熱鬧的武器廣場

地圖

5 / Napoleon Theatre
拿破崙劇院

　　拿破崙劇院位於武器廣場的盡頭，是蒙特內哥羅的第一座劇院。這棟建築興建於 17 世紀，直到 1810 年被法國統治的期間，才改為劇院使用；到了 20 世紀時，成為科托的市政廳。目前劇院外觀的古典造型，是在 1979 年的大地震後，學者和建築師們合作修建，包括雕刻裝飾和露台等小細節，都力求恢復其原本的模樣。

　　2006 年，這棟樓房和旁邊的公爵舊邸（Duke Palace）改裝成 4 星級的精品旅館：Hotel Cattaro，不管是房間內部的裝潢還是氣派的大廳，仍舊保持 18 世紀時原汁原味的傳統風格，讓旅客感受到復古的氛圍。當地許多會議或是婚禮活動，都會在這裡舉行。如果想要一窺老劇院，大家不妨安排來這裡住一晚。

∽ I N F O

Hotel Cattaro
地址　Kotor Vista, Kotor
網站　cattarohotel.com/
價位　雙人房一晚約 120 ～ 200 €

官網

地圖

1　1. 精美的拿破崙劇院
2　2. Hotel Cattaro 採用復古的裝飾風格

海門 (Sea Gate) 是科托的主要出入口

6 / Gate
城門

　　科托市區有三道城門，分別是西面的海門（Sea Gate）、北面的河門（River Gate）和南面的古迪克門（Gurdic Gate）；其中面向港口的海門是最主要的入口，許多搭乘渡輪前來的旅客，都是從這個門進出。

　　海門興建於 1555 年，入口處的兩旁各擺放一座大砲，門底下的拱門通道設計和兩邊的精美支柱，顯露文藝復興時期的建築特色。拱門內牆上採用哥德式風格的浮雕裝飾，右邊是聖母抱著耶穌的雕像，左側則是代表著科托城鎮的守護神 St. Tryphon 和 St. Bernard。至於北門，是為了紀念科托在 1539 年時的一場勝役所興建。大門上刻著碑文，描述當時土耳其軍隊率領 2000 艘船和 3 萬名士兵來襲，依然無法攻佔科托的歷史典故。

7 / Perast
佩拉斯特

位於科托西北方約 12 公里處的佩拉斯特，原本是一座樸實的小漁村。由於這裡是科托峽灣的最窄處，自古以來就是商船貿易的集散地，而逐漸地累積了財富。這座小鎮的規模不大，卻擁有 7 間教堂和奢華的石砌老屋，就是最佳的證明。

位於科托峽灣的美麗小鎮：佩拉斯特

在佩拉斯特前方的海域有兩座岩礁小島，分別是聖喬治島（St. George）和聖母島（Our Lady of the Rocks）。聖喬治島是一座天然的島嶼，島上有座興建於 12 世紀的修道院；然而旁邊的聖母島卻是一座人工島，目前島上有座聖母教堂，遊客可以搭船來到聖母島遊覽。

根據流傳，在 1452 年 7 月 22 日，漁夫出海的時候在這裡發現了聖母和耶穌的聖像，於是他們在每次平安歸來後，就丟了一塊石頭或廢棄的船隻到大海裡，久而久之就變成了一座小島。在 17 世紀時，突尼西亞和迦太基的海盜入侵，摧毀了教堂，如今的聖母教堂是在 1722 年重新整修過，內部展示著許多畫作和銀器。

INFO

交通 自科托的巴士站搭乘藍線巴士，車程約 30 分鐘
價位 搭船到聖母島來回一趟 5 €、進入聖母教堂 5 €
附註 佩拉斯特沒有提款機，要準備現金前來

科托的貓

古代的科托，因為城鎮建立在水域周邊，所以市區的地下道內有不少老鼠；再加上鄰近的山區經常有蛇，甚至會入侵一般的住戶裡，所以許多居民就養貓，以驅趕這些動物。久而久之，科托的市區隨處可看到貓的蹤影，成為科托的特色之一。

餐廳推薦

座無虛席的 Regina Del Gusto 餐廳

Regina Del Gusto

　　這間餐廳位於大教堂廣場的旁邊，提供各種便宜的套餐，在用餐時間經常是座無虛席。除了海鮮料理之外，也有其他肉類的選擇，對於經濟預算有限的人，可以考慮這家平價的餐廳。

地圖

地址　Stari grad 330,Kotor
價位　12 ～ 20 €
時間　10:30 ～ 00:30

Citadela Restaurant

　　這間餐廳為 Hotel Cattaro 附屬的餐廳，位於北面城牆上，旁邊看過去就是運河和海港，擁有絕佳的景觀。不過有時候送餐的速度比較慢，價位也比其他餐廳稍微貴一點。如果你下榻在 Hotel Cattaro，可以預訂房間加晚餐的套裝優惠，這樣比較划算，如果不打算吃飯的人，推薦來這裡喝一杯就好。

地圖

地址　433 Stari grad, Kotor

1 | 2

1. 城牆上的餐廳有絕佳的景觀
2. 超級美味的炭烤小卷

北歐 最美小鎮

NORTHERN EUROPE

卑爾根 Bergen

北冰洋

挪威
Norway

北海

丹麥
Denmark

波羅的海

歐登塞 Odense · 里伯 Ribe

丹麥
DENMARK

哥本哈根
København

羅斯基勒
Roskilde

里伯
Ribe

歐登塞
Odense

童話故事小鎮

歐登塞 *Odense*

━━━ 基本資訊 ━━━

» 參觀時間　　1 天
» 鄰近機場　　哥本哈根機場
　　　　　　　　（Københavns Lufthavn, Kastrup）
» 鄰近城市　　哥本哈根（København）、里伯（Ribe）
» 交通方式

哥本哈根●
哥本哈根機場
●歐登塞●
里伯

　1.從哥本哈根機場車站（CPH Lufthavn）搭火車
　　直達，或經哥本哈根車站（København H）轉
　　車前往歐登塞車站，車程約 1 小時 30 分鐘～ 2 小時。

　2.從哥本哈根車站搭火車前往歐登塞車站，車程約 1 小時 11 分鐘～ 37 分鐘。

　3.從里伯車站（Ribe St.）搭火車經 Bramming St.，轉車前往歐登塞車站，車程約 1
　　小時 34 分鐘。

　· 北歐物價高昂，若能提早確定行程，官網購買早鳥票可省下不少交通費，自搭乘日前兩個
　　月開賣，但早鳥票限該班次搭乘，無法退票。

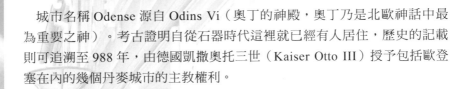

　　城市名稱 Odense 源自 Odins Vi（奧丁的神殿，奧丁乃是北歐神話中最為重要之神）。考古證明自從石器時代這裡就已經有人居住，歷史的記載則可追溯至 988 年，由德國凱撒奧托三世（Kaiser Otto III）授予包括歐登塞在內的幾個丹麥城市的主教權利。

　　1086 年丹麥國王克努特四世（Knud the Holy）被謀殺，可說是歐登塞歷史上最著名的事件，這也是傳統上代表著歐登塞的維京時代結束，轉向中世紀的開端。位於西蘭島（Zealand）與日德蘭半島（Jutland）之間的航線位置，賦予了它的戰略重要性。中世紀早期也是丹麥的混亂時期，大部分城市和舊大教堂在內戰期間被摧毀。

　　15 世紀末歐登塞成為金融中心，也重新獲得了文化影響力，丹麥最早出版的兩本書都是在此製作。緊接著克里斯汀女王（Queen Christine）搬來 Næsbyhoved 城堡時更是吸引許多商人、藝術家跟進，帶動了消費力，並且漸漸恢復繁榮成為商業中心，小鎮更加成長茁壯。

　　經歷 17 及 18 世紀和瑞典之間的多次戰爭，這裡跟丹麥的其他城市一樣逐漸步入衰退。1804 年運河和港口開放後，商業活動日益頻繁和人口急速的增加，城鎮恢復了以往的蓬勃風貌；後來的鐵路建設更促進貿易往來，歐登塞再次步上實質的經濟及社會發展。這時期的各項建設，直到現在對於城市仍有深遠的影響。19 世紀下半期，歐登塞最普及的啤酒 Albani、現代化的機械廠、電子廠及製藥廠相繼設立，一躍成為丹麥第二大工業城市。

　　雖然擴張及成長仍然持續進行，但由於 20 世紀末期西方國家普遍開始降低工業比重，於是歐登塞面臨轉型的壓力。在新基礎設施方面進行了大量投資，重新定位於教育、旅遊、高科技醫療及機器人行業，以富含知識及創造力的企業取代工業，重現昔日的光芒。這城鎮的景點集中，走路就可輕鬆遊小鎮，也可以搭乘行經主要景點的 10 號公車，平日 9:00 ～ 17:00，週六則是 11:00 ～ 16:00，每 10 分鐘即有一班。

free bus
時刻表

1 / Hans Christian Andersens Museum
安徒生博物館

坐落在舊城區的安徒生博物館，以時間為主軸，介紹他自童年的窮困經歷、前往哥本哈根追逐夢想、接受教育後，到開始發表作品，直到晚年的生活，鉅細靡遺地呈現他的一生。

喜歡這位童話故事作者的人，透過他留下來的手稿及書信，將會對他有更深入的認識。除了寫作之外，他很喜歡剪紙和旅行，當年旅行的行裝也在博物館裡展出。

博物館商店備有相關紀念品出售，安徒生童話迷不可錯過。開幕以來隨著安徒生童話在世界各地知名度的提升，曾經數度擴建，現今正在進行整修中，預計 2020 年底重新開幕。目前暫時在原館附近的建築裡展出。

一日遊行程路線

安徒生博物館
Hans Christian Andersens Museum ❶
🕐STAY 90分鐘

城市歷史博物館
Møntergården
🕐STAY 60分鐘

安徒生的出生地
HC Andersens Hus ❷
🕐STAY 30分鐘

❸

❹

打火匣兒童體驗館
Børnekulturhuset Fyrtøjet
🕐STAY 60分鐘

聖克努特教堂
❺ Sankt Knuds Kirke
🕐STAY 60分鐘

安徒生童年故居
❻ HC Andersens Barndomshjem
🕐STAY 60分鐘

館區內的小庭園

ᘜ INFO

地址　Claus Bergs Gade 11, 5000 Odense
網站　hcandersensodense.dk/h-c-andersen-museum/?lang=en
時間　1/2 ～ 6/14 週二至日 10:00 ～ 16:00
　　　6/15 ～ 9/15 週一至日 10:00 ～ 17:00
　　　9/16 ～ 12/30 週二至日 10:00 ～ 16:00

官網　　　　　地圖

2 / HC Andersens Hus
安徒生的出生地

現今看來小巧可愛的房屋，在安徒生出生的年代是貧窮區，他的父母因為窮困沒有自己的居所，所以來此投靠家人，在這裡待了2年。小小的空間重現了客廳及共用廚房。1905年被收購，3年後對外公開。世界上最古老的詩人博物館之一。

∽ I N F O

地址　Hans JensensStræde 45, 5000 Odense
網站　hcandersensodense.dk/h-c-andersens-birthplace/?lang=en
時間　1/2 ～ 6/14 週二至日 11:00 ～ 16:00
　　　6/15 ～ 9/15 週一至日 10:00 ～ 17:00
　　　9/16 ～ 12/30 週二至日 11:00 ～ 12:00、
　　　13:00 ～ 14:00 及 15:00 ～ 16:00
　　　12/31 僅 13:00 ～ 14:00 及 15:00 ～ 16:00

官網　　　地圖

出生地周邊的可愛建築

3 / Møntergården
城市歷史博物館

博物館設在一幢建於1646年文藝復興時期的建築裡，當年為貴族的豪宅。18及19世紀兩度被改建，而失去原本面貌。約1世紀之後市政府出面收購，花了不少時間復原。自1941年以來作為博物館，展示眾多的當地歷史、文化、藝術相關文物，歷年來建築風格及裝飾方法的變化也著墨甚多，深入了解小鎮歷史的好去處。

∽ I N F O

地址　Møntestræde 1, 5000 Odense C
網站　montergarden.dk/
價位　18 歲以上 85kr、18 歲以下免費
時間　1/2 ～ 6/14、9/16 ～ 12/30 週二至日 10:00 ～ 16:00
　　　6/15 ～ 9/15 每天 10:00 ～ 17:00，第 7、17、24、42 星期的
　　　週一開放。12/24、12/25、12/31、1/1 休館

官網　　　地圖

4 / Børnekulturhuset Fyrtøjet
打火匣兒童體驗館

雖然是兒童體驗館，但是對安徒生童話故事感興趣的大人小孩都適合來參觀。館方透過戲劇及說故事等方式，帶你走入童話的情境中，還提供戲服讓遊客化身為故事裡的角色，盡情發揮想像力與創意。

❧ I N F O

地址　Møntestræde 1, 5000 Odense C
網站　hcandersensodense.dk/the-tinderbox/?lang=en
時間　6/15 ～ 9/15 每天 10:00 ～ 16:00，除此之外則僅有
　　　週六、週日及假日開放 10:00 ～ 16:00

官網

地圖

充滿童趣的招牌

5 / Sankt Knuds Kirke
聖克努特教堂

以維京時期的最後一任國王克努特四世命名，又稱為歐登塞大教堂（Odense Domkirke），可說是北歐國家哥德式建築教堂中的代表作。14 世紀開始建造，前後花了近 200 年的時間才完成，塔樓則是 16 世紀末所增建。內部是純白色哥德式拱門與穹頂，還有令人目眩神迷的鍍金木雕祭壇畫。

❧ I N F O

地址　Klosterbakken 2, 5000 Odense C
網站　odense-domkirke.dk/page/330/english
價位　免費
時間　全年開放，週一、週日及假日 12:00 ～ 16:00
　　　週二～六 10:00 ～ 16:00

官網

地圖

6 / 安徒生童年故居
HC Andersens Barndomshjem

安徒生 2 ～ 14 歲生活的地方，除了原本居住的小房子之外，隔壁間也被收購，1930 年整修後成為童年故居公開展示。裡面的擺設重現安徒生的童年生活景況，另有展出部分手稿及日記。安徒生小時候常常流連的後花園就在屋後。

∽ INFO

地址　Munkemøllestræde 3-5, 5000 Odense C
網站　hcandersensodense.dk/h-c-andersens-barndomshjem/
時間　1/2 ～ 6/14 週二至日 11:00 ～ 16:00、6/15 ～ 9/15 週一至日 10:00 ～ 17:00、9/16 ～ 12/30 週二至日 11:00 ～ 16:00
備註　安徒生博物館、安徒生的出生地、打火匣兒童體驗館、城市歷史博物館、安徒生童年故居，這 5 間博物館聯票夏季（6/15 ～ 9/15）成人 135kr，其他時間則為 110kr，18 歲以下小孩免費

官網

地圖

── 特色活動

安徒生戶外劇場 The Hans Christian Andersen Parade

夏季時節限定的免費戶外劇場，在安徒生花園的童話城堡舞台的表演，真人演出安徒生童話故事，演出結束後還可以和演員合照。

官網

時間
7 ～ 8 月上旬（每年日期會前後微調）週一～六 11:00 及 13:00 各一場，約 24 分鐘

歐登塞安徒生童話雕像 Fairy Tale Sculptures in Odense

作為安徒生的故鄉，除了一系列相關的博物館之外，還有許多的雕像在公園裡或是街道上等著大家來發掘。雕像出自不同藝術家之手，靈感全來自安徒生童話故事，像是國王的新衣及小美人魚等等，還有安徒生坐在長椅上等著大家一起入鏡。遊客可以拿著雕像地圖按圖索驥，或是隨興散步和雕像偶遇也不錯。

官網

里伯 *Ribe*

交通方式

1. 從哥本哈根機場車站搭火車經 Fredericia St. 及
   Bramming St.，轉車前往里伯車站，車程約 3 小
   時 50 分鐘。

2. 從歐登塞車站搭火車經 Bramming St.，轉車
   前往里伯車站，車程約 2 小時 17 分鐘；若經
   Fredericia St. 及 Bramming St. 轉車，車程約 1
   小時 52 分鐘。

§ Stormflodssøjlen

位於河邊的木製柱子，用來標示歷史上席捲里伯的多次洪
水，提醒世人不要輕忽大自然的力量。最頂部的綠環，記錄
了 1634 年造成數千人喪生的水患高度，比正常高 6 米多。幸
好現在的堤防系統，提供處於低窪地區的里伯更完善的保護。

地址　Skibbroen 25, 6760 Ribe

---

§ 里伯維京中心 Ribe Vikinge Center

這裡距離小鎮以南約 3 公里處，模仿早期維京人的村莊重建，屬於露天型博物館。園
區內，工作人員穿著傳統的服裝，宛如回到維京時代的生活，呈現了舊時的工藝技術，
讓遊客深入了解維京人歷史。此外，還有許多體驗活動，不單只是一窺不同文化的生活，
也能擁有置身其中的感受。若覺得走路太累，火車站前有巴士 417 可以搭乘前往，但僅
在學生上學日行駛，或搭計程車、在 Danhostel 青年旅館租借腳踏車。

地址　Lustrupvej 4, 6760 Ribe
網站　ribevikingecenter.dk/en/home.aspx

§ 中世紀老城區

　　老城區以里伯大教堂為中心，所有的房子和街道都圍繞著教堂往外擴散。悠閒穿梭在不寬且充滿復古懷舊場景的石板小巷，欣賞歪歪扭扭的半木結構建築。這裡沒有連鎖商店，僅有在地的個性商家，不用擔心在小巷弄迷失方向，抬頭找大教堂塔樓，即能確認所在方位。

§ 舊市政廳 Det Gamle Redhus Ribe

　　根據文獻記載，里伯的舊市政廳建於 1496 年，但真正歷史應該更久遠。這棟哥德式風格的建築，於 1708 年被里伯市政府收購後，隔年開始當作市政廳直到 2007 年，是丹麥最古老的市政廳。現今是小型展覽場所，展出中世紀的生活情景，包括儀式文物及相關法制，也是當地人舉辦婚禮的熱門地點。

地址　Von StøckensPlads, 6760 Ribe
網站　detgamleraadhusiribe.esbjergkommune.dk/

§ 里伯大教堂 Ribe Domkirke

　　大教堂位於老城區的中心，於 1150 年重新建造，取代原先位置的石頭教堂，持續花了 1 世紀的時間才完工，為丹麥最古老的教堂。建築的核心為羅馬式，擴建時採用哥德式，新舊巧妙地融合，反映了丹麥不同時期的建築風格。教堂內部由世界知名的藝術家 Carl Henning Pedersen 設計，包括豐富色彩的濕壁畫、馬賽克及玫瑰花窗。爬上 248 階梯來到曾當作洪水觀測站的塔樓，可將整個小鎮美景盡收眼底。

地址　Torvet 6760 Ribe
網站　ribe-domkirke.dk/

§ 里伯美術館 Ribe Kunstmuseum

於 19 世紀末期開幕的美術館，是丹麥最古老的博物館之一。這棟荷蘭文藝復興風格的紅磚建築，本身就是極為特別又醒目的藝術傑作，原本這是當年富商的私人宅邸，全部使用上等材質所建造。後來因富商移居他地，而被收購變身為美術館。館內收藏著包括黃金時期藝術家的作品，可說是認識丹麥藝術史的最佳選擇。美術館的後花園免費對外開放。

地址 Sct. Nicolaj Gade 10, 6760 Ribe
網站 ribekunstmuseum.dk/en

§ 里伯維京博物館
Museet RibesVikinger

展出許多考古發掘出來的文物，進而了解里伯維京時代的過往，包括生活的日常及交易的方式等等。體驗室裡分別模擬了 800 年及 1500 年的生活樣貌。適合對里伯維京時代及中世紀時期的歷史有興趣的人。

地址 Odins Pl. 1, 6760 Ribe
網站 ribesvikinger.dk/en/

§ 守夜人活動 The Night Watchman

特色活動

早在 14 世紀就有守夜人在夜間進行巡視，旨在維護入夜後街上行人的安全，以及傳達火災或洪水警報。整點時吟唱，一方面讓居民安心有人在外巡守，另一方面也提供報時的功能。直到 1902 年守夜人機制才畫上休止符，30 年後這項傳統成為旅遊活動的賣點，僅在二次世界大戰期間短暫停止。

通常在 5 到 10 月的晚上 8 點開始，夏天天黑的晚，所以會加開一場晚上 10 點。守夜人穿著傳統服飾，拿著油燈和長矛帶領大家從市中心的 Weis Stue 前廣場出發，漫步在每一個角落，吟唱古老的歌曲，介紹小鎮的古往今來，以丹麥文為主英文為輔，講述時伴隨著非常生動有趣的肢體動作。全程約 45 分鐘，不需事先預約。若有安排在此過夜，晚上先聽一遍，隔天跟著記憶中守夜人走過的路線參觀小鎮，感受特別不同。

地址 Torvet 2, 6760 Ribe

挪威
NORWAY

● 卑爾根
　Bergen

奧斯陸
Oslo
●

絕美濱海小鎮

卑爾根
Bergen

» 參觀時間　　1 天
» 鄰近機場　　卑爾根機場
　　　　　　　（Bergen Lufthavn Flesland）
» 鄰近城市　　沃斯（Voss）
» 交通方式

1. 從卑爾根機場搭機場巴士前往布呂根（巴士站名為 Dreggsallmenningen），車程約 40 分鐘。
2. 從沃斯搭火車前往卑爾根（Bergen），車程約 1 小時 20 分鐘。

· 搭機場巴士事先在官網、機場售票機或是 APP 購票，比車上購買便宜。
　網站：flybussen.no/billett/#/reise/til/bergen-flyplass/bgo

flybussen

卑爾根（Bergen）城市原名稱為 Bjurgvin，根據冰島歷史學者 Snorri Sturluson 所著的《挪威王列傳》，由挪威國王奧拉夫三世（Olav Kyrre）於 1070 年所建立，他所執政的時期也是挪威罕見的和平世代。因為當時的卑爾根為皇室的住所，12 世紀升格成挪威的首都，可惜在下一世紀末就被奧斯陸所取代。

由德國商人成立的漢薩同盟（Hanseatic League），擁有超過 150 個會員城市，主導了歐洲北部地區的貿易，是中世紀歐洲最大的經濟體系。14 世紀在挪威最古老的區域布呂根（Brygge）成立了貿易站後，將這裡視為主要據點，進而成立漢薩同盟海外辦事處，派遣眾多德國人駐守在此，由此可見其重要性。

之後，因為荷蘭和英國航運公司的競爭，加上同盟的內部糾紛，漢薩同盟的影響力大大的減少，最終在 1630 年解散。然而作為重要的航運及海上貿易中心，城鎮仍然持續蓬勃發展。因為眾多的木造建築和街道狹窄的緣故，卑爾根曾多次遭受祝融之災，僅有教堂和石材建築得以倖存。所以在重建房屋的過程中，居民除了依照舊有的技術及結構之外，為了防止火勢蔓延並拓寬道路，也增加開放空間。

在航運、造船與紡織業持續發展下，城鎮也蓬勃成長。1909 年，隨著聯繫首都奧斯陸及其他地區的鐵路開通後，更促進卑爾根的繁榮。20 世紀末北海挪威海域發現了石油，卑爾根開始投入石油工業的領域，特別是鑽井技術的發展及各種相關的研究。

濱海的卑爾根被七座山環繞，而被稱為「七座山之間的城市」，因受到地理位置的影響，這裡一年平均降雨天數達到兩百多天，而有挪威雨都之稱。雖然是挪威的第二大城，卻充滿著小鎮風情，加上又是通往峽灣的門戶，所以吸引著各地的觀光客前來造訪。

1 / Bryggen
布呂根

布呂根是這城鎮的港口區，五顏六色的木造小屋櫛比鱗次，彷彿是童話故事場景。在 12 世紀，這裡就已經發展成貿易中心，讓卑爾根成為北歐最古老的港口城市之一。1350 年，漢薩同盟在此設立了辦事處，並逐漸取得掌控權，在當時四個海外辦事處中，僅有布呂根遺跡保存至今。縱然幾個世紀以來，小鎮多次遭受大火蹂躪，每次都依循傳統的技術及房屋結構來重建。

現今的景觀，是 18 世紀大火後所重建的樣貌。整排比鄰的房屋，藉由木製狹窄通道隔開，保留著中世紀城鎮結構。恣意走在巷弄間，周圍盡是密密麻麻的木屋，遊客還可以爬上木梯到樓上參觀。雖然不再有繁忙的商業氣息，也沒有堆滿漁獲和穀物，如今取而代之的是風味餐廳、個性小店及藝術家工作室等。 1979 年列入聯合國教科文組織的世界文化遺產，也是最常出現在旅遊文宣上的知名景點。

∽ INFO

地址　Bryggen, 5003 Bergen

地圖

❶ 布呂根
Bryggen

弗洛伊恩山 ❹
Mount Fløyen

❷ 魚市場
fisketorget

一日遊行程路線

❸ KODE藝術博物館1

● KODE藝術博物館2

● KODE藝術博物館3

● KODE藝術博物館4

2 / Fisketorget
魚市場

　　擁有狹長海岸線的先天優勢，幾個世紀以來，海洋漁業對挪威的經濟和文化生活都占有一席之地。卑爾根的魚市場歷史悠久，自 1200 年代起就是漁民和商人聚會的場所，為挪威最大型且最知名的露天市場之一。

　　在魚市場內，你可以自行挑選各式各樣的海鮮交由攤販料理，也有現作輕食及魚子醬罐頭，還有蔬菜、水果及鮮花等等，可說是海鮮饕客的天堂。2012 年，一旁的室內魚市場 Mathallen 開張，不但全年營業還附設餐廳，是天冷或下雨時的好選擇。

❀ I N F O

地址　Torget 5, 5014 Bergen
網站　bergen.kommune.no/hvaskjer/tema/fisketorget
時間　室內魚市場 5 ～ 9 月週日～四 10:00 ～ 23:00、週五～六 9:00 ～
　　　23:00；其他月份週一～四 10:00 ～ 22:00、週五 & 週六 9:00 ～
　　　22:00、週日 11:00 ～ 22:00

官網

地圖

3 / KODE Art Museums
KODE 藝術博物館

　　北歐地區規模最大的藝術中心之一，包括繪畫、歷史文物及音樂等當代藝術，總共超過 5 萬件收藏品。其中，挪威知名藝術家愛德華蒙（Edvard Munch）的許多重要作品在 KODE 3 展出，KODE 4 則是第一個擁有專為挪威兒童設計的藝術博物館，並附設海鮮餐 Lysverket。

∽ I N F O

地址　KODE 1: Nordahl Bruns gate 9, 5014 Bergen
　　　KODE 2: Rasmus Meyers allé 3, 5014 Bergen
　　　KODE 3: Rasmus Meyers allé 7, 5014 Bergen
　　　KODE 4: Rasmus Meyers allé 9, 5014 Bergen
網站　kodebergen.no/en
官網
價位　一張票價可在兩天內參觀四間 KODE，18 歲以上 130NOK、學生 60NOK、18 歲以下免費
時間　5/20 ～ 9/14 KODE 1 & 2 & 4 每天 11:00 ～ 17:00、KODE 3 每天 10:00 ～ 18:00。其他日子
　　　為冬季，KODE 2 & 3 & 4 週二～五 11:00 ～ 16:00、週六～日 11:00 ～ 17:00、週一休館。
　　　KODE 1 則是 3/15 ～ 9/15 僅開放週六 11:00 ～ 17:00。5/1、5/17、12/24 ～ 1/4 全部休館

4 / Mount Fløyen
弗洛伊恩山

百年歷史的登山索道纜車（Fløibanen），既是山坡上居民及幼稚園的交通工具，也是觀光客登上弗洛伊恩山最輕鬆的方式，不到 10 分鐘就抵達山頂。標高僅有 4 百多公尺的弗洛伊恩山，可說是俯瞰卑爾根的最佳位置，而且纜車站離布呂根及熱鬧的魚市場都很近。

山上視野良好的觀景平台，能將擁有峽灣、海港，以及被七座山包圍的卑爾根美景盡收眼底，也有餐廳、咖啡廳、紀念品店、小孩的遊戲區。

天氣和體力許可的話，建議回程可以利用完善的森林步道循著指標步行下山，約 45 分鐘就能回到市區。沿路能沉浸在充滿芬多精的林蔭中，還可以從各種角度眺望卑爾根的絕佳視野，近距離欣賞當地人的生活環境。不趕時間的人，不妨在山上等待夕陽西下來觀賞夜景。

∿ INFO

地址 Vetrlidsallmenningen 23A, 5014 Bergen
網站 floyen.no/en
價位 5 ～ 8 月 16 歲以上單程 60NOK、4 ～ 15 歲 30NOK，來回無優惠。其他月份 16 歲以上單程 45NOK，來回無優惠。4 ～ 15 歲及 67 歲以上單程 25NOK，來回 45NOK
時間 週一至五 7:30 ～ 23:00、週六及週日 8:00 ～ 23:00
　　　12/24 8:00 ～ 15:00、12/25 & 12/26 11:00 ～ 20:00、12/31
　　　8:00 ～ 20:00。15 ～ 30 分鐘一班

官網

地圖

搭遊輪遊峽灣

挪威最有名的就是峽灣了，來到峽灣之都卑爾根更不能錯過搭遊輪遊峽灣。有計劃順道前往首都奧斯陸的人，非常推薦參加由卑爾根出發，一路搭火車、巴士、遊輪利用三種不同交通工具，享受壯麗的峽灣及高山瀑布等不一樣的美景，包括列入世界文化遺產的納柔依峽灣 Nærøyfjord，最終抵達奧斯陸的一整天行程。最經典的行程是全年都有的 The original Norway in a nutshell，若打算先玩奧斯陸再玩卑爾根，也可以由奧斯陸出發至卑爾根。

時間不夠多也沒打算前往奧斯陸的人，則可以選擇由卑爾根出發來回的 3 小時行程。

The original Norway in a nutshell

網站 norwaynutshell.com/original-tour/
價位 成人 2200NOK、0 ～ 3 歲 110NOK、4 ～ 15 歲 1265NOK，小孩人數多時享有折扣。不怕麻煩的人可以分段直接在鐵路、巴士、遊輪官網購票，最大的差別在於挪威國鐵自搭乘日前 3 個月開放早鳥票，長程線可省下不少費用。但早鳥票僅限該班次搭乘適合行程固定的人。

官網

卑爾根出發

網站 rodne.no/en/fjordcruise/fjord-cruise-to-mostraumen/?utm_
source=fjordnorway&utm_medium=article&utm_campaign=best-
fjord-cruises

價位 3 ～ 10 月成人 650NOK、4 ～ 15 歲 350NOK、4 歲以下免費。
家庭票（2 位成人＋最多 4 位小孩）1600NOK。
1、2、11、12 月成人 550NOK、4 ～ 15 歲 350NOK、4 歲以下免費。
家庭票（2 位成人＋最多 4 位小孩）1500NOK

時間 3 ～ 10 月每天的 10:00 &14:00；7&8 月的週四、週五、週六 18:00；
1、2、11、12 月每天的 10:00，週六及週日 14:00 出發

官網

德國
Germany

• 法蘭克福

班堡

伍茲堡•

羅騰堡• • 紐倫堡

• 布拉格

捷克
Czech Republic

• 特奇

契斯凱布達札維•

克魯姆洛夫•

• 慕尼黑

{ 德國及捷克 }

●劍橋

Upper
Slaughter
　●莫頓因馬什
　●Lower Slaughter
水上伯頓●
　●拜伯里　●牛津

●巴斯

●倫敦

萊伊●

{ 英國倫敦及周邊小鎮 }

羊角村●

艾登●
　●馬肯
沃倫丹

阿姆斯特丹●

荷蘭
Netherlands

●布魯日

●根特

布魯塞爾●　●魯汶

比利時
Belgium

●那慕爾

●迪南

{ 荷蘭及比利時 }

• 羅馬

義大利
Italy

巴里 •

拿坡里 • 龐貝
蘇連多 • • 阿瑪菲
波西塔諾

阿貝羅貝洛 •
馬泰拉 •
奧斯圖尼

{ 南義 }

• 巴黎

• 里博維萊

• 納維爾

里克維爾 •

凱斯堡 •

科瑪 •

• 埃吉桑

{ 東法小鎮及法國巴黎 }

• 巴黎

{南法小鎮及巴黎}

Day1 台灣（桃園）〉法國（尼斯）
Day2 尼斯市區參觀
Day3 尼斯〉艾日〉蒙地卡羅
Day4 保羅（Saint-Paul-de-Vence）
Day5 坎城
　　　🛏 Day 1～5 尼斯
Day6 尼斯〉馬賽
Day7 馬賽市區參觀
Day8 Casis
　　　🛏 Day 6～8 馬賽
Day9 馬賽〉亞維農
Day10 Les Baux de Provence〉嘉德水道橋
Day11 勾禾德〉塞南克修道院〉Roussillon
　　　🛏 Day 9～11 亞維農
Day12 亞維農〉巴黎
Day13 巴黎
Day14 巴黎
　　　🛏 Day 12～14 巴黎
Day15 巴黎〉搭機返家

嘉德水道橋 •　　　•塞南克修道院
　　　•亞維農　•魯西隆
　　　　　　勾禾德
普羅旺斯地區萊博 •

　　　　　　　　　尼斯　•蒙地卡羅
　　　　　　　聖保羅•　•
　　　　　　　　　　艾日
　　　　　　　坎城•

馬賽•
　　•卡西斯

{瑞士}

- **Day1** 台灣（桃園）〉蘇黎世
  - 🛏 Day 1 蘇黎世
- **Day2** 蘇黎世〉伯恩〉格林德瓦
- **Day3** 格林德瓦
- **Day4** 少女峰
  - 🛏 Day 2 ～ 4 格林德瓦
- **Day5** 格林德瓦〉策馬特
- **Day6** 策馬特
- **Day7** 策馬特
  - 🛏 Day 5 ～ 7 策馬特
- **Day8** 策馬特〉貝林佐那
- **Day9** 盧加諾
  - 🛏 Day 8 ～ 9 貝林佐那
- **Day10** 貝林佐那〉Rigi〉琉森
- **Day11** 鐵力士山
  - 🛏 Day 10 ～ 11 琉森
- **Day12** 琉森〉蘇黎世
- **Day13** 萊茵瀑布
  - 🛏 Day 12 ～ 13 蘇黎世
- **Day14** 蘇黎世〉台灣

• 萊茵瀑布

• 蘇黎世

琉森• •瑞吉峰

•伯恩

鐵力士山•

瑞士
Switzerland

•格林德瓦

少女峰•

•策馬特

盧加諾•

•貝林佐那

• 薩拉耶佛

波士尼亞
Bosnia

• 莫斯塔

{巴爾幹地區}

- **Day1** 台灣（桃園）〉薩拉耶佛
- **Day2** 薩拉耶佛
  - 🛏 Day 1 ～ 2 薩拉耶佛
- **Day3** 薩拉耶佛〉莫斯塔
  - 🛏 Day 3 莫斯塔
- **Day4** 莫斯塔〉杜布羅夫尼克
- **Day5** 杜布羅夫尼克
  - 🛏 Day 4 ～ 5 杜布羅夫尼克
- **Day6** 杜布羅夫尼克〉科托
- **Day7** 科托
  - 🛏 Day 6 ～ 7 科托
- **Day8** 科托〉波多理察
  - 🛏 Day 8 波多理察
- **Day9** 波多理察〉台灣

蒙特內哥羅
Montenegro

• 杜布羅夫尼克

克羅埃西亞
Croatia

科托•

• 波多理察

弗洛姆•

•沃斯

•卑爾根

•奧斯陸

挪威
Norway

丹麥
Denmark

•赫爾辛格

羅斯基勒• •哥本哈根

里伯• •
歐登塞

｛ 挪威及丹麥 ｝

Day1 台灣（桃園）➤挪威（卑爾根）

Day2 卑爾根
🛏 Day 1 ～ 2 卑爾根

Day3 卑爾根➤沃斯➤弗洛姆
🛏 Day 3 弗洛姆

Day4 弗洛姆➤奧斯陸

Day5 奧斯陸

Day6 奧斯陸
🛏 Day 4 ～ 6 奧斯陸

Day7 奧斯陸➤哥本哈根

Day8 哥本哈根

Day9 哥本哈根

Day10 羅斯基勒

Day11 赫爾辛格➤希勒
🛏 Day 7 ～ 11 哥本哈根

Day12 哥本哈根➤歐登塞
🛏 Day 12 歐登塞

Day13 歐登塞➤里伯

Day14 里伯
🛏 Day 13 ～ 14 里伯

Day15 里伯➤哥本哈根
🛏 Day1 5 哥本哈根

Day16 哥本哈根➤台灣

人生夢幻絕景：一生至少要去一次的歐洲最美小鎮

作者	蘇瑞銘、鄭明佳
責任編輯	李素卿
版面編排	江麗姿
封面設計	走路花工作室
資深行銷	楊惠潔
行銷專員	辛政遠
通路經理	吳文龍
總編輯	姚蜀芸
副社長	黃錫鉉
總經理	吳濱伶
發行人	何飛鵬
出版	創意市集 Inno-Fair
	城邦文化事業股份有限公司
發行	英屬蓋曼群島商家庭傳媒股份有限公司
	城邦分公司
	115 台北市南港區昆陽街 16 號 8 樓

城邦讀書花園　http://www.cite.com.tw
客戶服務信箱　service@readingclub.com.tw
客戶服務專線　02-25007718、02-25007719
24 小時傳真　02-25001990、02-25001991
服務時間　週一至週五 9:30-12:00，13:30-17:00
劃撥帳號　19863813　　戶名：書虫股份有限公司
實體展售書店　115 台北市南港區昆陽街 16 號 5 樓
※ 如有缺頁、破損，或需大量購書，都請與客服聯繫

香港發行所　城邦（香港）出版集團有限公司
香港九龍土瓜灣土瓜灣道 86 號
順聯工業大廈 6 樓 A 室
電話：(852) 25086231
傳真：(852) 25789337
E-mail：hkcite@biznetvigator.com

馬新發行所　城邦（馬新）出版集團 Cite (M) Sdn Bhd
41, Jalan Radin Anum, Bandar Baru Sri Petaling,
57000 Kuala Lumpur, Malaysia.
電話：(603)90563833
傳真：(603)90576622
Email：services@cite.my

製版印刷　凱林彩印股份有限公司
初版一刷　2020 年 5 月
初版 8 刷　2024 年 7 月
ISBN　9789579199872／定價　新台幣 450 元

Printed in Taiwan
版權所有，翻印必究

※ 廠商合作、作者投稿、讀者意見回饋，請至：
創意市集粉專 https://www.facebook.com/innofair
創意市集信箱 ifbook@hmg.com.tw

國家圖書館出版品預行編目資料

人生夢幻絕景：一生至少要去一次的歐洲最美
小鎮／蘇瑞銘、鄭明佳著；-- 初版 -- 臺北市；
創意市集・城邦文化出版／英屬蓋曼群島商家
庭傳媒股份有限公司城邦分公司發行，2024.07
　面　；公分
ISBN 978-957-9199-87-2（平裝）
1.CST: 自助旅行 2 歐洲

740.9　　　　　　　　　　　　　109002350